Trust Law : Principles And Practices

信託法原理與實務

楊崇森　著

三民書局

國家圖書館出版品預行編目資料

信託法原理與實務／楊崇森著.－－初版一刷.－－臺
北市: 三民, 2010
　　　面；　公分

　　ISBN 978-957-14-5406-1　（平裝）

　　1.信託法規 2.論述分析

561.2　　　　　　　　　　　　　　　　99019134

ⓒ　信託法原理與實務

著 作 人	楊崇森
責任編輯	沈家君
美術設計	陳宛琳
發 行 人	劉振強
著作財產權人	三民書局股份有限公司
發 行 所	三民書局股份有限公司
	地址　臺北市復興北路386號
	電話　(02)25006600
	郵撥帳號　0009998-5
門 市 部	（復北店）臺北市復興北路386號
	（重南店）臺北市重慶南路一段61號
出版日期	初版一刷　2010年10月
編　　號	S 586000

行政院新聞局登記證局版臺業字第○二○○號

有著作權・不准侵害

ISBN　978-957-14-5406-1　　（平裝）

http://www.sanmin.com.tw　三民網路書店
※本書如有缺頁、破損或裝訂錯誤，請寄回本公司更換。

自　序

　　信託事業之興衰，關係一國社會與經濟發展至鉅，尤其今日乃信託時代，舉凡家產之增殖、工商之籌資、公司之營運、破產之預防、老後與遺孤生活之照顧、社會福利之推動、文化遺產與環境生態之維護等在在均有賴信託之運用。本書作者早於三十年前二度受財政部委託起草信託法草案，並受法務部委託主持該法草案之審議，復有專書《信託與投資》問世，惟鑑於信託法雖已於民國八十五年施行，國內有關信託書籍亦漸見增加，但全盤探討信託法問題之專書尚不多見，影響所及，信託事業在國內尚未全面展開，推原其故，殆因信託學術研究，尚待倡導，有以致之。

　　作者有鑑於此，除勉力糾合同志創辦中華民國信託協會（後改稱台灣信託協會），設法宣導信託制度外，今特將歷年研究信託之心得，連同在臺灣大學及臺北大學研究所講授信託法講稿，配合手邊國內外新法令、新文獻，窮數年之力重新撰成此書，其特色如次：

　　1.我國信託法雖多仿自日本，但信託窮本溯源乃英美歷史之特殊產物。故本書除詳細分析批判現行法制外，對英美信託發展之歷史以及英美法上信託制度之重點與特色，亦詳加析述比較，俾讀者對信託窮本溯源，有較完整之認識。

　　2.鑑於我國信託實務多屬法人信託，敘述現行信託法，若不附帶提及信託業法相關規定，則對信託法之瞭解仍不免有所掛漏，故在必要範圍內，亦將相關信託業法規定併予敘述。

　　3.鑑於日本新信託法於不久前大幅修正，導入不少新規定，其內容可能成為我國信託法修正之參考，爰將日本新信託法之主要內容亦詳加介紹，並將其主要條文加以迻譯，殿於本書之後，作為附錄。

　　4.本書除以信託法為經，信託業務為緯，對有關問題詳加析述外，對較複雜深入之問題，則另以「深度研究」欄做較深入之介紹，俾有興趣之讀者進一步研讀，而一般讀者亦不妨按程度選讀。

5.本書對複雜的問題，儘量做成圖解，俾利讀者了解。

6.本書作者另有姊妹作《信託業務與應用》一書，對公益信託、宣言信託等各種信託之實務，探究甚詳。如能與本書一併研讀，則對信託制度之實際運用，當有更深之了解。

惟信託制度及其運用異常複雜，況本書探討問題極多，所涉至廣，疏漏舛誤之處在所難免，如能對我國信託事業之發展有所裨益，則著者之幸也。

本書之完成，承家姐楊詠熙律師協助、丘宏達教授、施敏雄教授、武永生院長、李念祖大律師、好友王志興與符兆祥先生、高足汪渡村教授、李智仁博士、李佩昌律師、周秀美會計師、高鳳英律師、陳逢源律師等之鼓勵與協助，內子潘毓瑩、黃婉柔小姐等協助繕打，誌此聊表謝忱。

楊崇森　識於臺北

中華民國九十九年九月

信託法原理與實務

目　次

第一章 信託之基本觀念

第一節 緒 言

信託 (trust) 係一種為他人利益管理財產之制度，乃英美法系特有之產物，為大陸法系所無。在十一世紀諾曼民族入侵 (Norman Conquest) 英倫之後不久傳入英國，其初被民眾用為逃避法網之手段，後受衡平法院之襁育而長成❶。信託主要之特色為具有莫大之彈性，可用於實現各種法律上所難於達成之目的，不但可用於家產之管理、遺產之處分，尤可用於許多日新月異之商事交易；其彈性之強，應用之廣，效果之大，誠令大陸法系之法律家為之驚嘆。大陸法系國家雖有若干法律制度在某程度踐履與信託類似之社會作用，但其方法不免迂迴曲折，而其功能亦屬隱而不彰，不如信託之靈活機動，應付裕如❷。無怪乎英美信託制度晚近受到許多大陸國家之注意，紛紛以立法予以繼受，隨著國際經濟活動之頻繁與文化交流之增進，深信信託在不久之將來，將愈益發展，而將其影響力擴及於世界更多

---

❶ 信託之前身 USE，依現今有力之學說，並非淵源於羅馬之信託遺贈 (fidei-commissum)，而係源自日爾曼之 Treuhand 或 Salman，信託法之基礎係區別所有權之法律上利益 (legal interest) 與衡平利益 (equitable interest)。而此項劃分實淵源於英國普通法法院 (court of common law) 與衡平法院 (chancery) 之對峙（詳見本書第四章信託之起源與演進之詳細說明）。今日各國信託法之基本原則大體係在英國所形成。時至今日，在英國與美國絕大多數的州裡，普通法院與衡平法院雖已合併為一體，但法律上利益與衡平利益之劃分依然存續，且信託法之本質仍屹立不變。

❷ Pierre LePaulle, The Strange Destiny of Trusts，為 Perspectives of Law, Essay for Austin Wake Scott 一書所收 (Little Brown, 1964), p. 226 et. seq.。又大陸法系與信託類似之制度，雖有第三人利益契約、代理、附負擔之贈與、監護、遺產管理人、遺囑執行人等，但均無法取代信託之功能，其詳細說明，可參照楊崇森著《信託與投資》(正中書局出版)，第二章〈大陸法如何踐履與信託類似之機能〉, p. 53 以下。

地區❸。

第二節　信託之意義與性質

關於信託之意義，由於其內涵之繁複，予以適切完全之定義良非易事。在英國從無法律對信託下過定義，美國信託法權威布葛 (Bogert) 曾對信託一詞，下界說如次：「信託係當事人間一種信任關係，一方享有財產之所有權，並負衡平法上為另一人之利益，管理或處分該財產之義務」(A trust is a fiduciary relationship in which one person is the holder of the title to property, subject to an equitable obligation to keep or use the property for the benefit of another)。而我信託法第 1 條仿日本舊信託法之立法例，將信託定義為「稱信託者，謂委託人將財產權移轉或為其他處分，使受託人依信託本旨，為受益人之利益或為特定之目的，管理或處分信託財產之關係」。茲參照該條定義將信託之性質析述於次：

一、信託係一種財產管理制度，產生以財產為中心之法律關係

在信託，當事人之一方為自己或第三人之利益，移轉其財產權於他方，而他方允為依照一定目的管理處分其財產。亦即某人（即所謂委託人）由於法律行為（即所謂信託行為），將其財產權（即所謂信託財產）移轉予另一人（即所謂受託人），使受託人將該財產按一定目的（即所謂信託目的）為委託人自己或他人（即所謂受益人）或社會大眾加以管理、運用、處分而成立之法律關係。故如委託他人照顧孤兒寡婦，例如劉備對諸葛亮付託輔佐阿斗之有名「託孤」雖亦屬廣義之信託，但究係一種人身信託，並非此處所稱之信託。故財產為信託之第一要素，若不移轉特定財產予受託人，

---

❸　在第一次與第二次世界大戰後，國際聯盟或聯合國曾將多屬戰敗國前殖民地委託列強代管，稱為託管地 (trust territories) 或委任統治地 (mandated territories)，目的在提升當地居民水準，成為自治或獨立國家。在聯合國內部並設有託管理事會 (Trusteeship Council) 監督當地行政。此處託管雖然也用信託 (trust) 一詞，但因並非單純財產管理，故尚非本書所謂之信託制度。

則無成立信託之餘地。在信託，委託人移轉予受託人之財產，稱為信託財產(trust res 或 trust property)，移轉財產之人稱為委託人(settlor 或 trustor)，受讓財產並允代為管理處分之人稱為受託人 (trustee)，因其管理處分而受利益之人稱為受益人 (beneficiary 或 cestui que trust 或 cestui)。例如甲將其房屋之所有權移轉予乙，以乙將房屋出租所得之收益供甲自己或第三人(如子女) 之用（此乃所謂私益信託），或作為救濟某地水災無家可歸災民之用（此乃所謂公益信託），乃其一例。每種信託之成立必須具備委託人、受託人及受益人三種關係人，即具有三面（類似三角形）之法律關係，而與契約通常為相對立之二面關係不同，是為信託之一特色❹。即使受益人與委託人為同一人，即所謂自益信託之情形亦同。

　　信託雖係一種財產法律關係，惟信託財產上所有權之性質甚為特殊，按我民法上所有權係對標的物之絕對支配權，所有人為自己之利益而享有。在英美法受託人對信託財產之所有權，在形式上雖與我民法上之所有權相似，但在內容上受到受益人衡平法上利益（詳如第四章所述）之限制，而須為第三人（受益人）之利益，依一定信託目的予以管理或處分。換言之，在信託財產同一標的物之上，權利之名義人與受益人乃不同之權利主體。由於大陸法系不似英美法承認同一財產權上有普通法與衡平法上兩種不同所有權之觀念，如不加修正，照樣繼受，不無困難。故我信託法仿日本信託法之立法例，規定信託成立後，只能以受託人為信託財產之法律上所有人，受益人則只有受益權，而不似英美法上享有衡平法上之所有權（詳如第四章所述），此點應予注意。

　　信託之基本法律關係（主要以他益信託為例）可圖示如次：

---

❹　參照吳文炳，《信託論》，p. 73。

圖一、最基本單純之信託（即受益人僅一人之情形）

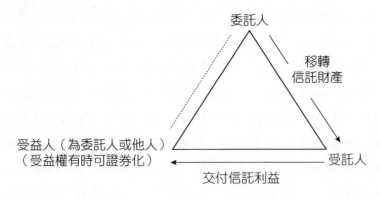

圖二、受益人為二人以上之信託（信託之收益與原本（即剩餘財產）歸二
　　　以上受益人之情形）

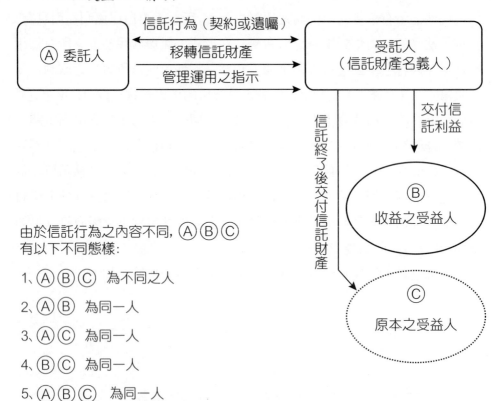

由於信託行為之內容不同，Ⓐ Ⓑ Ⓒ
有以下不同態樣：

1、Ⓐ Ⓑ Ⓒ　為不同之人

2、Ⓐ Ⓑ　為同一人

3、Ⓐ Ⓒ　為同一人

4、Ⓑ Ⓒ　為同一人

5、Ⓐ Ⓑ Ⓒ　為同一人

（參照小林桂吉，《信託銀行讀本》（改訂新版），p. 5）

二、信託係以信任為基礎之法律關係

信託之成立，以當事人間信任關係為必要，例如甲亟思將財產投資，因從事專門職業，無暇兼顧，甲遂將其一定財產委託擅理財而為其信任之乙代為投資理財，以乙之名義執行各種有關事務，於是甲乙之間成立信託，甲將其財產權移轉予乙，從此該財產在法律形式上歸乙所有，第三人皆以乙為該財產權之主體與法律行為之當事人，而與其為各種交易行為。此際若乙將信託財產恣意花用，對甲極其危險，故信託受託人與受益人具有一種信賴關係 (fiduciary relationship)，受益人對受託人寄以重大之信任，受託人雖對受益人之事務有高度之控制，但負擔以誠實信用、忠實無私為受益人之利益，踐履其職務之各種義務。

三、信託係當事人為達到某種經濟或社會目的使用超過其目的之法律手段

在信託，委託人為達到一定經濟上或社會上之目的，以一定財產為信託財產，為受益人之利益（委託人本身或第三人），將其移轉予受託人，由受託人加以管理處分，以達成當事人所蘄求之目的。當事人本來之目的並不在發生信託財產移轉之效果，不過係以移轉財產作為達成其目的之手段而已。例如在上述委託友人投資之例，移轉財產並非當事人間所欲求之真正目的，不過為了便於達到投資之目的，使用信託之方式將財產移轉予受託人而已。委託人有時亦可採取其他法律技術（例如代理權之授與）以達其目的，信託未必為達成其目的之唯一手段（當然亦有許多情形信託為唯一可採行之方法，而非其他法律技術所能代替，例如附擔保公司債之信託，參照本書作者另一本著作《信託業務與應用》），但對第三人為強化受託人之法律地位起見，特將對信託財產排他之物權的處分權賦與受託人。是故在信託委託人為達成一定經濟目的，不問所利用手段對該目的是否必要，可將信託財產之全部權利移轉予他人而成立信託關係。

四、受託人並未取得管理或處分信託財產之絕對權能

信託之受託人雖取得信託財產之所有權，成為管理處分權人，但並未取得管理或處分該財產之無限制或絕對之權能，而須受信託目的之限制，至信託目的如何，應依信託文件（包括信託契約與遺囑）定之。從而受託人在其他方面雖係信託財產之法律上所有人，且以自己名義與第三人為種種交易行為，但與受益人之關係方面，負擔在信託目的範圍內行使所受讓權利之義務，且應以善良管理人之注意，忠實地為受益人之計算，為財產之管理與處分，所生之損益原則上歸受益人承受或負擔，而與受託人無涉❺。

五、信託之效果乃出於當事人之真意

在信託受託人取代委託人取得信託財產之財產權，可以自己名義行使處分信託財產之權能。在外部與第三人之關係以及當事人之間，均欲發生超過所欲達成經濟目的之效果，此種效果乃出於當事人之真意，而不可與通謀虛偽意思表示混為一談。

六、信託係以受託人為信託財產之名義人

信託之委託人負有將信託財產之所有權移轉予受託人之義務，其他財產管理制度，如寄託、委任、代理、行紀等，均不移轉所管理財產之所有權，此乃信託之特色。惟受託人雖以自己之名義為信託財產之管理處分，但僅享有信託財產名義上之所有權，信託財產管理處分所生之損失或實質利益則歸屬於受益人，而與受託人無關。

七、信託財產具有獨立性

信託財產名義上雖歸受託人所有，但為保護受益人之利益，在法律上具有獨立性，與受託人之固有財產或所管理之其他信託財產嚴格區分。

---

❺　參照楊崇森，《信託與投資》，p. 6.

深度研究 海牙信託承認公約對信託之詮釋

　　1984 年之海牙信託承認公約 (The Hague Convention on the Law Applicable to Trusts and on their Recognition) 對信託曾下一定義（雖不甚清晰,但自其規定內容可以看出信託之性質與特色）,此定義為英國法律「1987 年之信託承認法」(Recognition of Trusts Act, 1987) 所繼受。該法第 2 條規定:

　　「為本公約之目的,『信託』一詞係指某人,即委託人於生前或死亡時,將資產為了一個受益人之利益或特定目的,置於一個受託人控制下時,所產生之法律關係。

　　信託有下列特色:

　　一、資產構成一種分離資金,而非受託人自己資產之一部。

　　二、信託資產之所有權歸屬於受託人或代替受託人之另一人之名下。

　　三、受託人有權限與義務,依照信託條款與法律對他所課之特別義務,去管理、使用或處分該資產。

　　委託人保留若干權利與權限以及受託人本身可有權成為受益人未必與信託之存在不一致。」

第二章　創設信託之功用

第一節　信託之社會作用

信託乃英美法之產物，無論在民事、商事、公益慈善、環保、社會福利等方面，均可達到大陸法系許多制度無法達成的功能，大陸法雖亦有附負擔之贈與、委任、代理、監護、遺囑之執行、遺產之管理等類似信託的制度，但不能像信託一樣含有高度的彈性，且其方法亦不免迂迴，其效果亦多隱而不彰。而信託不但具有多方面的功能，而且也是非常有用及彈性之財務與遺產規劃 (estate planning)❶之工具，可協助人們達成節稅、財產增殖，資產保有及其他許多廣泛之目的❷。大陸法原有法律制度所無法達

---

❶ 信託乃遺產規劃之重要一環。遺產規劃近一百年來在美國逐漸風行，惟遺產規劃與稅務規劃 (tax planning) 應加以區別，不可混為一談。因稅務規劃係使財產之處分與管理達到負擔最低稅捐之目的。反之遺產規劃則包括財產所有層面之處分與管理（包括稅捐），故稅務規劃只是遺產規劃之一個層面而已。參與遺產規劃之人通常有六種，即財產所有人、其主要之受益人、人壽保險專家、稅務專家、律師及將來之受託人 (fiduciary)，又投資專家與會計師亦可能網羅在內。（參照 Stephenson & Wiggins, Estates and Trusts, p. 325）

❷ 學者對信託之功能尚有種種不同的見解，包括具有：轉換之機能。（即信託使用為他人處理事務之形式，將財產權分割為形式上財產權之歸屬人（管理權人）與實質利益享受人，不但可保全財產權或財產權人現狀之實質，同時可轉換為適合財產權人追求各種目的之型態。）四宮和夫氏以為此機能又可分為：

　1.權利人之轉換

　　(1)權利人屬性之轉換

　　(2)權利人數目之轉換

　2.財產權之轉換

　　(1)財產權享益時間之轉換

　　(2)財產權性狀之轉換，包括債權化、證券化、財產權之「流動化」等（參照四宮和夫，《信託法》（新版），p.14 以下）

成之任務，往往可用信託之方法巧妙而圓滿地達成❸，包括以下各種：

一、在家庭信託方面

㈠為本人之利益而創設信託

委託人可預先計畫照顧與保障自己、家人與所愛之人之生活，包括照顧老後或失去治產能力後之生活。倘委託人係忙人無暇理財，如將其財產成立生前信託 (living trust)，除可免除投資理財之負擔及能以全副精力處理本身業務外，又可獲得受託人管理財產之服務。

㈡可使事業經營不致中斷

如有人其商業之利益係依賴自身之經營與聲譽，從而一旦生病、死亡或成為無行為能力無法經營時，其商業之價值頓成問題，若將其資產交付信託，不但成為一種獨立資產，且可由具專業能力之人賡續經營，事業不致中斷，甚至可永續經營。

例如英國著名之優質媒體——《衛報》(The Guardian)，為弱勢人們做喉舌。1936 年史考特家族將所有股票與財物價值一百萬英鎊成立史考特信託 (Scott Trust)，由信託全部擁有衛報。由於信託的機制使衛報有獨立財源，不受人亡政息的影響，讓當初創辦人堅持的信念一代代存續下去。又據說英國另一著名期刊——《經濟學人》(The Economist) 亦係用信託方式，維

而新井誠氏則以為信託之轉換機能可另分為以下四種：

　1.財產長期管理之機能

　　⑴意思凍結之機能

　　⑵受益人連續之機能

　　⑶受託人裁量之機能

　　⑷利益分配之機能

　2.財產集團管理之機能

　3.私益財產轉換為公益財產之機能

　4.破產隔離之機能（參照新井誠，《信託法》（第三版），p. 82 以下）

❸　參照楊崇森，《信託與投資》，第二章〈大陸法如何踐履與信託類似之機能〉，p. 53 以下。

持媒體獨立❹。

㈢避免危及自己與家人生活

欲從事冒險性商業活動之人，如將現有積蓄成立信託，構成獨立資產，則他日經營不善負債時，不致危及其個人及家屬生活。

㈣可免投資管理之煩憂

從事專門職業之人，如醫師、律師、教師、傳教士、科學家及從事投資或財產管理以外工作之人，為免除投資與財產管理之種種繁累，亦可能需要信託。因將財產交付生前信託之後，可保留時間與精力從事有趣味之工作，同時可獨立資產，不受將來賺錢能力之影響。此外，繼承遺產而不欲管理，或自認管理經驗不足之人亦需要信託。

二、為委託人家屬或所愛之人之利益

㈠保障親屬生活

委託人為預防其配偶、子女、父母、兄弟姐妹或其他親屬，由於疾病、事故、年老或其他殘疾而無工作能力或足夠收入時，為此等人設立信託，由專家為其管理照顧財產，不但提供確實之所得，且可使受益人不致有經常依賴別人恩惠之感受。尤其如家庭中無人有理財能力時，可透過信託之安排，以免家產遭他人覬覦而被侵吞，或因運用不當或揮霍而損耗。

㈡可庇蔭子孫

有財產的人可透過信託，尤其所謂「浪費者信託」，庇蔭子孫，突破自古以來「富不過三代」的定律。因信託往往可持續至委託人死亡之後很長期間，委託人之意志（信託目的）於身後仍可由受託人執行信託條款加以貫徹，故在英美，人們常謂信託為溝通生前與死後之橋樑，或死人之手自墳墓內指揮活人。

㈢可保障離婚婦女與子女生活

夫妻離婚時，可成立信託，提供他方配偶與子女之生活費與教育費。

---

❹　參照吳韻儀，〈信託機制讓《衛報》挺直腰桿〉，《天下雜誌》409 期 (2008/11/5–2008/11/18)，p. 50。

亦可將法院所命給付之贍養費交付信託，提供子女教育費之用，以免因另一方再婚或理財不當，致子女教育等支出陷於無著。又如外籍新娘於夫亡故後，夫家如擔心外籍新娘將遺產帶走，不照顧子女，則可將遺產交付信託，俾子女生活與教育獲得保障。

㈣可避免禁治產宣告

當財產之所有人識別能力不健全無法管理其財產時，為保護其利益，其家屬雖可向法院請求指定監護人，管理其財產並療治其身體，但會使當事人罹病之事實傳揚出去，故多不願循司法途徑聲請指定監護人，以致該病人之財產乏人照料，產生許多問題。如為該病人設立信託，當可避免訴諸司法，達到照拂該病人之目的。而且由於信託條款有巨大彈性，以及受託人有廣大之裁量權，同樣一個人如擔任受託人，通常比起擔任監護人更能照顧管理識別能力欠缺之人之財產，且其服務對於受益人亦更為有利。

㈤人壽保險信託可照顧被保險人身後家屬生活

被保險人可於生前利用信託將人壽保險金用以照顧身後其家屬之生活，即將支付保險費之資金，委託受託人（通常係銀行或信託公司），或單純締結以受託人為保險金受領人之保險契約，或將已經成立之保險契約受領人之權利，信託讓與於受託人，當發生保險金請求權時，由受託人收取保險金，加以運用，或交付予委託人所指定之受益人❺。

深度研究 保管信託 (custodial trust) 或彈性信託 (springing trust)

近來美國新推出統一保管信託法 (Uniform Custodial Trust Act)，創設一種新穎信託，稱為保管信託或備用信託 (standby trust)，特別適合高齡人士財產管理之需要。較無資力之老人等，不需諮詢律師，可以簡便低廉之方式（填寫表格）而設立信託。亦即財產所有人只需移轉財產予受託人，指定自己或他人為受益人，在他行為能力健全期中，對財產保留重要權力，

---

❺ 關於保險信託之意義及其他詳細介紹，參看楊崇森著《信託業務與應用》一書有關保險信託專章之說明。又參照楊崇森，《信託與投資》，p. 115 以下。

受託人只是信託財產之保管人 (custodian)。但在他變成無行為能力時，受託人成為完全之受託人，繼續為其管理與使用該財產。如受益人一時無行為能力，可於能力恢復時，重新行使其權力。如他欲終止保管信託時，可隨時簡便地予以終止，故可認為係一種保管先行之特殊信託，使信託之彈性更加發揮。

該法另創設一種所謂彈性信託 (springing trust)，其成立與一般信託不同，可附條件，即可以委託人日後心神喪失或精神耗弱，作為信託生效之停止條件，使老人為自己將來無行為能力時之財產管理預作安排。受託人只有在受益人成為無行為能力（由醫師證明）之後，始能管理信託財產。此時由代理人移轉財產予受託人，受託人須按委託人原來之指示管理信託，惟此時信託變成裁量信託，可依受託人之裁量，自信託財產對受益人為給付，並於委託人兼受益人死亡時，信託財產歸屬於被指定之人。

㈥保護浪費者或敗家子

委託人之妻兒或親屬中，可能有過度或恣意花費之習慣或傾向者，委託人為免他日自己或其配偶死亡後，該親屬管理遺產，因揮霍或不知理財而損耗殆盡。此時可利用所謂「浪費者信託」或「敗家子信託」(spendthrift trust) 或「保護信託」(protective trust) 或「扶養信託」(trust for support) 使委託人可保護信託財產免於受益人過度耗費與受益人之債權人之執行❻。

㈦保護其他易受人影響之人

當某人突然獲得大量金錢（如中獎）時，可能受到親友、慈善機構、投資顧問以及投機分子之壓力。此時如成立信託，可使此種所得成為他不能動用之信託財產，無法交與這些人，而免於種種壓力與困擾。

㈧避免債權人之執行

即保護資產不受債權人，追究業務過失之債權人及離婚訴訟之他方配偶之執行。

---

❻ 關於浪費者信託之詳細討論，參照楊崇森著《信託業務與應用》一書有關浪費者信託專章之說明。

(九)可因應家屬現在雖未發生，但將來未知之情況

例如：某人有三名年齡尚幼的女兒。他可以遺囑成立信託，將金錢交付受託人，讓受託人按他日受託人認為合適之方式，或斟酌委託人所約定之各種因素，妥當分配與各女兒。例如受託人可在將來適當時期，決定各分四分之一予二個有美滿婚姻的女兒，而分一半予較可憐的未婚女兒。委託人亦可賦與受託人裁量權，將財產之原本(本金)或收益或兩者供養受益人。

(十)可改良受益人之習性

即可透過信託條件之安排，使家屬（信託受益人）受到某種紀律之約束，可作為改良其習性之動力，當然亦可要求受益人在一固定金額內生活，每年收取固定數額之收益，而不問貨幣貶值、需求或股票市場對原本產生何種影響。

(土)可避免遺囑驗證

在英美信託繼承之場合可作為降低或避免遺囑驗證手續 (probation) 之代用品❼，確保以委託人認為最佳方法及由最信賴之人來照顧，不但不需

---

❼ 依美國法，不論被繼承人有無遺囑，遺產之繼承通常應經所謂遺囑驗證 (probate) 之程序。該程序係先由遺囑驗證法院之法官同意或派遺囑執行人或遺產管理人，然後由他們通知被繼承人之債權人（直接通知或登廣告），予債權人一段時間，對遺產提出債權主張。在美國各州短則二、三個月，長則九個月或更久。然後須對遺產內所有財產加以估價。即由遺囑執行人僱評價人 (appraiser) 決定遺產內各項物件（自不動產到汽車、傢俱及雜物）之價值（此事對律師特別重要，因常按遺產之價值計算律師費）、繳納聯邦遺產稅（通常為九個月），如對稅額有爭議，則遺產須等待國稅局 (IRS) 檢查或認定正確數額。任何人都可向遺囑驗證法院對遺囑提出法律訴訟，稱為爭議 (contest)。在向債權人清償債權前，在此種遺囑驗證程序，須支付遺囑執行人、律師、評價人及法院之費用，大約為遺產價值之5%至60%或更多。遺囑驗證之時間約需十六個月。依據 Loving Trust 一書作者，他看到最長的遺囑驗證案件耗時二十八年，第二長為二十三年。通常遺囑驗證之缺點為(1)花費多(2)耗時久(3)變成公共記錄，人人可來查閱，死者生活史與財務情形公開，甚至成為新聞喧騰之話題。參照 Esperti & Peterson, Loving Trust, The Smart, Flexible Alternative to Wills and Probate (Penguin Books, 1991), p. 51。由於信託可避免遺囑驗證程序之時間與費用，故在英美成為設立信託之一主要動機。

法院之介入，且亦不需監護人、官派遺產管理人 (conservator)❽、律師、遺產驗證法院 (probate court) 之介入，避免支出相關費用及公開化。

㈢可保留贈與物之使用

如擬從事大額慈善捐贈或捐贈有紀念性之建築物，但欲保留贈與物之某種使用（例如定期開放參觀）時，亦可利用信託。

三、在商業信託方面

近年來由於工商之發展，其應用尤為廣泛，舉凡代辦證券事務、招股募債、改革財務計畫、避免破產、提供長期資金、控制公司經營等許多通常法律手段無法達成之事務幾皆可由信託代為之，且隨時可能以新姿態出現，方興未艾，茲僅就其應用之犖犖大者略舉一二，以窺其功用之一斑。

㈠信託有提高員工福利，促進社會安全之功用

信託亦可由企業界作為改善員工福利之用。例如公司可將現金與有價證券交付受託人，由其投資管理，將來參加信託之員工到達退休年齡或喪失工作能力時，保證由受託人自信託財產中支付年金 (annuity)，不致被雇主挪用。此種信託稱為退休金信託 (pension trust)，對於員工福利與社會安全有重大貢獻。其方式甚多，或由公司將一定數量或比例之純益交付信託，約定在將來一定時期將收益分配予所有員工或其中某些員工，俾其亦能參與企業利潤之分配者（稱為參與利潤分配之信託，profit-sharing trust）。或由公司出資成立信託，對服務卓越或有特殊貢獻之員工予以獎金 (bonus)，使其有機會購取公司之股份，成為公司企業之所有人者（稱為股份分紅信託，stock bonus trust）。亦有由公司鼓勵員工儲蓄而將儲蓄金連同公司之補助成立信託者（稱為節約儲蓄信託，thrift and saving plan trust）。另外為免員工失業後生活無著成立信託，而於失業時可向受託人受領失業給付者（稱為失業利益信託，unemployment-benefit trust）。凡此總稱為受僱人福利信託 (employee trust)，其發展極為神速❾，不但發揮了財富之社會作用，而且對

---

❽　所謂 Conservator 係英美法下，在自然人死亡而無遺囑之情形，由法院任命管理其遺產之人，其任務類似遺產管理人。

於安定受僱人生活，促進社會安全亦有莫大貢獻。

㈡信託有籌措資金，促進產業發展與國民經濟之功用

1.公司債之募集

公司因業務經營需要大量資金而發行附擔保之公司債時，如須對不特定之多數公司債債權人一一個別提供擔保，極其困難，且擔保權設定於公司債成立之先，而公司債之債權人，須至將來始能確定，在擔保權成立之當時並未存在，受託公司無法代理債權人登記，又不能用代理人之名義登記。為了克服此等困難，達成募集資金之目的計，可利用英美信託法之法理，將擔保物權與債權分開，以公司債發行公司為委託人，信託公司為受託人，而以全體公司債債權人為受益人，為使公司債債權人享受共同擔保之利益，由發行公司在一定財產設定擔保物權，信託公司為全體公司債債權人取得擔保權，同時管理處分此等擔保物❿。其手續既簡便易行，實際上之目的又能達到，裨益資金之融通誠非淺鮮⓫。現今有許多公司將財產

---

❾　日本在二次大戰之後，為安定公司從業員退休後之生活，亦師美國制度之意，興辦年金信託，其詳可參照川崎誠一，《信託の知識》，p. 101 以下；楊崇森，《信託與投資》，p. 24 以下。

❿　在此種附擔保之公司債信託，公司債債權人與擔保權人分屬不同之人，此點與民法擔保物權與所擔保之債權必須屬於同一主體之原則有所出入。又在此種信託，物上擔保權雖基於委託公司與受託公司締結信託契約而設定，但此項擔保權係在公司債債務成立前已生效力，故與通常民法上之抵押權亦有不同，因民法上之抵押權依擔保物權附從性之原則，非在主債權成立後，不生效力，而附擔保之公司債信託則否，凡此均為其顯著之特色。

⓫　在美國此種信託稱為公司信託 (corporate trust)，以別於個人所成立之信託 (personal trust)。此兩種信託有下列差異：1.就信託財產之移轉占有言，在個人信託，信託財產通常須移轉受託人，由受託人在信託存續中予以保管；反之在公司信託，除股票、債券及其他債權外，財產之占有仍由公司保有，例如企業公司為經營之目的對外借款，而以工廠與設備移轉予受託人以供借債之擔保之場合，如該公司必須將擔保物移轉占有予受託人時，勢必使公司借債之目的無法達到。因此通常只有在公司債務不履行時，受託人始取得信託財產之占有。2.就受益人之人數言，在個人信託，受益人通常僅有一人或數目有限，例如妻、兒女、父母或

放在信託，作為對貸款予公司取得債券之債券持有人之擔保。歐洲公債 (eurobonds) 就是以信託契約 (trust deed) 發行之例子**⓬**。

2.資金之融通

(1)動產設備信託

在鐵路公司或航空公司需要購置火車或飛機時，不必以現金支付製造商，而可以動產設備信託之方式達到融資之目的。此項信託係以動產設備之製造商或販賣商為委託人，動產設備為信託財產，以達到將該設備出售於特定之買受人（包括在出售前出租於該買受人）之目的。其基本構造與進行方式如次：動產設備之製造商、買受人與信託公司三者，先訂立基本信託合約，然後製造商接受買受人之訂貨，製造動產設備，完成後與信託公司締結信託契約，以信託公司為受託人，將該動產設備之所有權移轉予信託公司，自己取得信託受益權。此種信託受益權經信託公司承諾後，可讓與第三人或以之出租，故委託人（製造商）可以信託受益權為擔保接受資金之融通，或將其讓與於第三人收回資金。信託公司則於接受委託之同時，與買受人締結租賃與買賣之契約，將信託財產（動產設備）出租於買受人。買受人依據物之用法使用收益動產設備，對信託公司支付租金（相當於分期付款買賣之分期價金）及其他費用，而於租賃期間屆滿時自信託公司買取該動產設備，取得其所有權**⓭**。

(2)收入債券信託 (revenue-bond trust)

在美國不少市政當局或其他政府機構，因興建或維持各種公共設施（如

其他親友；反之，公司信託之受益人通常係一大群不特定之公司債債權人，其人數往往可高達數千人。公司信託之受益人因係不特定之多數人，在此點與公益信託頗為相似。

⓬ Hayton, The Law of Trusts (4 ed.), p. 2.

⓭ 此為日本所採用之基本模式，此種信託亦被應用於購置船舶與汽車，參照經濟法令研究會編，信託實務のコンサルタント，p. 260。在美國此種信託稱為 Philadelphia Plan Equipment Trust，但其模式之細節與本文所述不盡相同，買受人且可請求信託公司發行「設備信託證書」(equipment trust certificates)，由買受人出售求現。

橋樑、隧道、高速公路、自來水設備、下水道處理廠等），須支付龐大之工程費。為了籌措資金，利用信託方式，發行並出售「收入債券」(revenue bonds)，此等設施本身並不移轉於受託人（或依法律規定不能移轉）作為擔保品，而將徵收受益費所得之收益作為抵押。換言之，以收入之抵押權或質權作為信託財產，受託人努力將所徵收到之費用（例如過路費），清償債券之本息。這種信託乃一種特殊公司信託 (corporate trust) ❶。

(3)作為公司代用品

所謂商業信託（business trust，又稱麻州信託 Massachusetts trust），係從許多人收取資金，作成以受託人會 (board of trustees，相當於公司之董事會) 為中心之企業團體，經營特定之事業，同時將所經營之利潤，分配與出資之受益人（相當於公司之股東），此乃美國特殊之制度，將傳統信託法理加以相當的變更。

(4)可避免破產

例如債務人為避免被宣告破產，同時使總債權人獲得公平完全之清償起見，可將財產信託於某債權人，使其對該財產加以保全管理及換價 (assignment in trust)，此外公司亦可為財務之整理與清算起見，將公司之財產予以信託 ❶。

(5)表決權信託

即公司股東透過表決權之信託，達到參與公司管理等目的。詳言之，美國公司之股東與共同之受託人成立信託，在一定期間將股份移轉予受託人，由其行使股份上之表決權或其他權利，以謀表決權之統一行使 (voting trust)。在信託期間受託人成為股東，原來股東成為受益人，由公司發給新股票予受託人，而由受託人發給信託證書 (trust certificates) 予原股東。表決權信託乃將股東對公司之控制權集中於一人或數人，使這些人透過選舉董事等方法，控制公司之業務。在公司重整時，為了使債權人能控制公司以及在公司設立

---

❶　Stephenson & Wiggins, Estates and Trusts, p. 162.

❶　Re Leisure Study Group Ltd. (1994) 2 BCLC 65; Edwards & Stockwell, Trusts & Equity, (3 ed.), p. 61；楊崇森，《信託與投資》，p. 129 以下。

之初，設立人為了保有公司業務之控制權，也常用表決權信託之方式 ❻。

深度研究 為企業維持獨占市場之信託（托拉斯）

　　信託可被企業利用為壓抑自由競爭與維持獨占市場之方法（即所謂 trust，中譯托拉斯）。1882 年石油大王洛克費勒 (Rockefeler) 與其同事創立了一個信託，約四十個控制全美石油工業百分之九十至九十五的公司股份，被付託與受託人，由受託人為所有股東之利益控制所有公司，此等股東則受領信託證書 (trust certificates)。嗣後其他產業紛紛效尤。後來此等托拉斯由於公司將其自己控制之權力委讓於他人，乃逾越其權利能力之範圍 (ultra vires)，也因目的在於控制交易，被法院認為違法。但托拉斯 (trust) 一詞變成泛指各種形式之獨占，而不問是否利用信託。1890 年美國通過了反托拉斯法 (The Sherman Anti-Trust Act)，對各種「以托拉斯或其他方法限制州際貿易之合併」加以取締。

　　⑹日本之放款信託（貸付信託）

　　第二次世界大戰後，日本為復興經濟，發展電力、煤炭、鋼鐵等基礎產業，需要龐大資金。為解決資金籌措問題，設計了一種放款信託（原文：貸付信託）❼，由銀行發行債券，利用出售收益證券方式，向社會大眾募集，再由信託銀行將所收集之資金成立基金，貸放予各基礎工業。此種構造係以信託銀行為受託人，證券之持有人為委託人兼受益人，將信託受益權有價證券化，收益證券可轉讓流通，其收益依預定分配之比率分配（與合同運用之指定金錢信託之情形相似），對日本戰後經濟復興貢獻極大。現在此種信託之運用已不限於重要產業，且更進而成為籌措發展國民經濟資金之手段（例如為解決房荒之建築基金）與大眾長期儲蓄之方法。

　　⑺日本之不動產信託

　　日本二次大戰之後因為房屋供應不足，建設公司與工廠必須大量興建

---

❻　楊崇森，《信託與投資》，p. 131 以下。

❼　依據 1952 年（昭和 27 年）頒布之「貸付信託法」辦理。

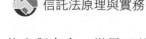

住宅與宿舍，供員工住宿。利用信託方式，自住宅金融公庫等機構接受資金之融通，效果甚佳。後來甚至進而將信託應用於興建與公司業務直接有關之工廠、倉庫、超級市場、加油站，甚至旅館，採取與上述動產設備信託同樣方式，於五年至十年之間支付租金，最後購買其所有權，據說日本也研究利用信託制度在大都市興建高樓大廈，以達到都市再開發之目標。

　　⑻日本之農地信託

　　日本戰後由於農地改革，不承認佃農及公司經營農耕制度，同時由於家督繼承（長子繼承）制度之廢止，農地分割愈益零碎，為增加農業生產起見，採用信託之方式，由零細農地之所有人將土地信託於當地農業協同組合（即相當農業消費合作社），為有效率之經營，再由合作社將土地委託熟練之人耕作，將收益分配予所有人，自己則收取管理費或手續費作為信託之報酬⓲。

四、在公益信託方面

　　將一定財產用於宗教、慈善、學術等目的，使其事業永久存續，在大陸法系國家雖有財團法人之制度，但在英美，同樣目的可以設立信託（公益或慈善信託，charitable trust），由可信賴之個人及設施作為受託人，以達成其目的，且手續簡便，成本低廉，比財團法人更具彈性。在美國今日有數千個基金會 (foundation)，從事各種不同之公益事業，資力雄厚之人往往自己成立其個人的基金會，例如卡內基基金會、洛克費勒基金會等是。在法律上往往係一種公益信託，其中有的財力非常雄厚，規模非常龐大，對於美國甚至世界之學術、教育、科學等均有巨大貢獻⓳。

五、節省稅捐（尤其所得稅與遺產稅）

　　從歷史上看，信託本來就是為了企圖減免封建制度下的負擔（以今日眼光看，其實就是稅捐）而興起。時至今日，許多節稅的機制往往都可利

⓲　川崎，前揭，p. 103。

⓳　楊崇森，《信託與投資》，p. 161 以下。

用信託❷，以達其目的。事實上在美國人們利用信託的另一常見理由是避稅❷，即可利用成立信託之方法而達到重大節稅之目的。由於成立信託，將產生收益之財產移轉予比委託人稅率低之受益人，可節省所得稅。又設計移轉予適用每年聯邦贈與稅（在 2001 年為每個受贈人每年一萬美金）扣除額之信託時，可避免贈與稅。同理如設計正確建構之信託，信託財產將不列入委託人應稅之遺產中，而可節省遺產稅❷。

六、以極具彈性之方式分配資產

在財產所有人贈與財產予他人時，不論生前贈與或遺贈，受贈人對贈

---

❷　Beyer, Wills, Trusts and Estates (2 ed.). 美國國會有一種趨勢以財稅立法在一定範圍內鼓勵人們把財產移付信託。又美國對於合乎規定之受僱人福利信託往往豁免稅捐，對慈善機構為贈與之財產所有人在一定範圍內免付聯邦與州稅捐，而受贈機構亦不負繳納稅捐之義務。參照 Stephenson & Wiggins, op. cit., p. 136。

❷　近來稅務規劃 (tax planning) 已成為熱門學問，美國 Learned Hand 法官在一有名判決曾說：「任何人可安排事務，使稅捐儘量減輕，而不須選擇付給國庫最多稅金的方式，且增加自己的稅捐亦非愛國之義務。」美國最高法院也同意「納稅人有權用法律准許的方式，來減少或避免否則他要負擔之稅額，乃無庸置疑。」（參照 Reader's Digest, You and the Law (1973), p. 674）故吾人在觀念上必須區分避稅 (tax avoidance) 與逃稅 (tax evasion)。因前者為利用合法手段，儘量減少或避免納稅，亦即自達成同一目的之多種經濟行為中，選擇稅賦負擔較輕之途徑。此乃稅法所准許甚至鼓勵之合法行為；反之，後者為採取非法手段，或鑽稅法漏洞，逃避納稅義務或獲得減免稅捐之利益，形式上雖難謂違法，但實質上為立法精神所不容，故係違法行為，且可能受到處罰。

❷　在美國，信託可用來減少或免除受益人將來手中或他們遺產之稅捐。傳統上，信託被用來避免遺囑人之受益人死亡時繳納遺產稅 (estate and inheritance tax)，同時賦予他們許多利益。這些聯邦法律下之優惠，雖為 1976 年所制定（1986 年修正）之「隔代移轉稅」(generation-skipping transfer tax) 所減少，但信託對年輕一代受益人，仍有重大潛在之稅捐優惠，且生存配偶與非年輕一代之他人利益並不受該立法之影響。（參照 Scoles, et al., Problems and Materials on Decedents, Estate and Trusts, p. 349 et. seq.）又英國信託不少委託人主要在避免或減輕所得稅 (income tax)、資本利得稅 (capital gain tax) 及遺產稅 (inheritance tax)。

與財產（贈與物）之運用都取得完全控制權，贈與人很難加以過問或控制。但在英美，贈與人（即委託人）可透過信託，只要不違反法律與公序良俗，可隨心所欲以任何方式限制受贈人（即受益人）對財產之控制權而極具彈性，包括：委託人可決定受託人如何分配信託利益，諸如在時間上可先後將信託利益歸屬予不同之人。委託人亦可賦予受託人裁量權，由其決定選擇何人為受益人以及決定受益人接受分配之時間、方式與數量。此外亦可規定或要求受益人受領或繼續受領信託利益，須符合若干條件或標準，或限制信託財產使用之目的（諸如用於受益人健康、教育之需）等。

又如在英美委託人可成立一個信託，前期是固定信託 (fixed trust)，後期是有裁量權的信託 (discretionary trust)，反之亦然。例如，將信託之收益給甲終身享有，剩餘財產歸受託人依照其裁量權所選擇之甲之子女，或歸屬於按甲之寡妻依其裁量所選擇之子女。與上述類似之結果，亦可由設立一個固定可破毀之信託 (a fixed defeasible trust) 來達成。例如將信託之收益給甲終身享有，剩餘財產歸甲之子女平均享有，除非受託人或甲之寡妻透過第三人將原本依他們裁量所選擇之不同分量在各子女間分配。因此，委託人固然可規定定期定額將收益交付受益人，也可授權受託人隨生活費用或物價波動調整給付額，且在緊急需要時，給付更多數額。當然亦可訂定每期標準額，並指示倘收益未達此數字，可以原本填補其差額。我國將來信託稅法如能配合民間彈性要求加以採納並充實，則上述英美信託之優點並非不可能達成。

七、可綁住捐贈之財產，使數人接續受益

財產所有人固然可對他人作贈與，希望於受贈人死亡後，財產歸屬該人之子女，但此結果無法保證。反之，如透過信託贈與受託人之方式，為該人之終身成立信託，而訂定將剩餘財產歸屬其子女時，則可保證該子女（甚至贈與人另行指定之第三人）獲得財產利益（通常雖不能保證最終受益之人受領到原始的財產，因受託人幾乎都有權出售信託財產，並將出售所得金錢加以投資，但幾乎可保證最終受益之人會獲得來自該財產之利益

（變形物））。

　　例如有人擔心將金錢直接贈與其妻（未來之寡婦）或子女，會因管理不善，導致浪費或散盡，此時可將欲贈與之金錢交付受託人成立信託，規定財產分期支付予將來之寡婦或子女，當可預防此種情形之發生。又委託人亦可賦予受託人裁量權，由受託人決定給付金錢予受益人之時間、方式與數量。

八、便於保障委託人之隱私

　　信託比遺囑更能保障死者之隱私，尤以在英美為然。因信託通常無須公開紀錄，可照顧情婦與非婚生子女之生活，因在英美遺囑須經法院驗證之手續，而遺囑經法院驗證後，變成公共記錄，大眾可以閱覽。反之信託文件可免曝光，而保護委託人之隱私❷❸。

九、避免利益衝突

　　有些人因職務關係，享有或管理某種資產，可能產生不合法或不適宜之利益衝突。例如公職人員，諸如總統、部長或其他政治人物可能擁有股份、債券、不動產及其他投資，可能在其投資與公務決定之間有利益衝突。同理，公司之董監事與重要職員亦可能有類似利益衝突之情形。為了消除此等衝突，避免受人攻擊，美國有所謂盲目信託 (blind trust) 制度。即財產所有人可將資產設立信託，指定獨立之第三人為受託人，約定在委託人擔任該職務期中，放棄對資產管理之控制權，且無權知悉受託人信託投資之內容❷❹。

---

❷❸　其例外為在信託之一部財產係來自委託人遺囑上「傾倒條款」(pourover provision) 時，則自死者遺產驗證 (probate) 後移轉之物件可能出現在公共記錄上，尤其如遺囑受到利害關係人之爭執 (contest) 時為然。此時也許委託人可使用一個「名義合夥」(nominee partnership) 來避免曝光。在美國有不少州，若死者將若干財產權，諸如不動產、證券，或保管箱放在信託時，可能須將該信託辦理註冊，以致其內容會登在公共記錄上。參照 The American Bar Association, Guide to Wills & Estates, p. 72.

十、生前信託可發揮代替遺囑之作用（遺囑代用信託）

　　遺囑信託由於依遺囑方式處分財產，此時利害關係人關於遺囑之執行可能發生紛爭。且如何確保繼承人或遺囑執行人遵從遺囑人指示，將遺產移交受託人亦不無問題。反之，遺囑代用信託係委託人生前將財產信託，以委託人為自己生存期中之受益人，以子女、配偶或他人為「死亡後受益人」，在生前即發生效力，可達成預先分配遺產之目的。即以生前契約方式發揮與自己死亡後財產繼承之死因贈與類似之作用[25]，而避免遺囑信託手續之困擾。尤其在今日少子高齡化社會，財產所有人可由於此種安排確保遺產於身後讓親屬繼承，保障彼等生活之目的。現日本新信託法已特將此種信託予以法制化，設有明文，以杜爭議。

十一、可保護消費者之權益

　　信託具有擔保之功能，而可用於保障債權人尤其消費者之權益。在英國有判例：金錢放款人 (lender) 要求借用人 (borrower) 以信託提供擔保，法院判認貸款可與信託同時並存，因而放款人可由於附加一個信託，成為信託之受益人，使其貸款獲得保障。如借用人後來破產時，仍可受到保護[26]。英國亦有以信託對貨物預先付款之人提供擔保 (security) 之判例[27]。目前我國預付型交易甚為流行，例如在生前契約、臍帶血、禮券（如百貨業、觀光旅館業、瘦身美容業、健身房、圖書等商品或服務）等交易，消費者預先付款後，如廠商倒閉無法履行契約時，則欠款無法回收之風險頗大，因此主管機關近年來積極推動預付型商品之履約保證機制，包括要求廠商將

---

[24]　Beyer, Wills, Trusts and Estates (2 ed.), p. 304.

[25]　新井誠，《信託法》（第三版），p. 169；陳彥宏，〈論代替遺囑之可撤銷生前信託——以遺產規劃為出發點〉，中興大學法律研究所碩士論文（民國 84 年 6 月）。

[26]　Barclay Bank v. Quistclose Investments Ltd. (1968), 3 All ER 651，又 Edwards & Stockwell, op. cit., p. 58。

[27]　例如 Re Kayford (1975), 1 All ER 604，參照 Edwards & Stockwell, op. cit., p. 58。

所受領之預付款交付信託專款專用。

十二、目的信託

在英美，可以為了供養動物而成立信託，尤其可由設立遺囑信託之方式設立。例如供養心愛的動物（寵物），諸如狗或貓，稱為目的信託 (non-charitable purpose trusts)❷❽。

十三、保護環境

在美國與加拿大，信託在環境保護方面也扮演重要之角色。在美國在所謂「公共信託原理」(public trust doctrine) 之下，各州有義務確保海岸線、海口之河床等公共土地能為大眾所利用。在加拿大有「信託環境基金」("trusteed" environmental fund)，為國家提供在採礦或伐木之類有害環境活動終止後，有足夠資金協助被封閉之土地能再為人所利用。惟從事此類活動之人須定期繳納一定金額予受託人（有似退休基金之受託人），由受託人將此等基金投資，作為將來土地再利用耗費之主要財源❷❾。似此將信託概念應用在環保領域之作法，值得我國採用與推廣。

今日不但私人，甚至有不少國家已聯合起來成立信託。例如英國、澳洲與紐西蘭在 1987 年成立了吐瓦魯信託基金（一千二百萬英鎊）來協助在那魯 (Nauru) 東南方的吐瓦魯在結束英國磷酸礦委員會 (British Phosphate Commissioners) 後的居民生活。又第一次世界大戰後，戰勝國為推動「德國賠款扶植青年計畫」(Young Plan for German Reparations)，在 1929 年安排成立了「國際清算銀行」(Bank of International Settlements)，作為信託之受託人，來經理接受由德國所支付之賠款並分配予適當之受領人❸❶。

---

❷❽　Edwards & Stockwell, op. cit., p. 61.

❷❾　Oakley, The Modern Law of Trusts, p. 6.

❸❶　Hayton, The Law of Trusts (2003), p. 1.

十四、生前信託可用於解決特殊遺產計畫問題

生前信託亦可對遺產規劃之特殊問題提供解答。亦即不問當事人情況如何特殊，在建構資產計畫時，可透過生前信託來實現。可分為數種類型：

1.老年愛人

某老人想以遺囑對他在臨終時任何他所愛之人提供供養，惟耽心家人對他的遺囑加以爭執。此時可成立一個生前信託，將所有資產移轉到信託。由於在製作信託文件時，該人之法律上行為能力及透過遺囑將一定財產併入信託不成問題，信託可達到避免支出遺囑驗證 (probate) 之費用與防止將來可能對遺囑爭執之雙重目的。

2.非婚生孫子女

某甲之子有一女友，生下小孩，該女留下嬰孩，嫁與別人，男孩之父母與其非婚生孫子關係良好，欲以某種方式扶養此孫子。

此時亦可用生前信託，提供一個「教育信託」，保障該非婚生孫子受完大學教育，而不必透露當事人之關係或成立信託之理由。

3.垃圾型女兒

甲之女兒乙毒癮甚深，致多年看心理醫生、受徒刑執行，父母雖傷心欲絕，仍欲對其女提供醫療，且於將來復原時，提供其他供養。

此時可成立生前信託，嚴格限制信託收益與原本只供該女兒醫療之用，而信託原本只能在符合下列條件之下分配：

(1)由信託出錢將該女兒交由受託人所遴選之三名獨立心理醫生診斷。

(2)三名心理醫生中至少有二人表示其女已治好吸毒習慣，且有足夠能力受領與利用信託原本。

該信託也要課該女兒與受託人保持聯繫之義務，如該女連續五年怠於與受託人聯繫時，則不予分配。

4.難以治癒之子女

甲女，是一種只影響男性後代之肌肉萎縮症之帶原者，有三個子女，兩男孩也感染了此疾病，無可救藥。第三個小孩是女孩，健康良好。幾乎

兩男孩有關治療之醫藥費都由肌肉萎縮症協會負擔。但甲女欲提供資金以備將來甲女死後該協會不能負擔所有必要費用時之需。

此時可成立生前信託，於甲夫妻死亡時，提供所有子女之照顧、扶養、生活及教育等合理需要之金錢。信託資產不是細分為數股，而是維持一個整體，受託人不可將信託之原本立即分配予女兒，而須等到得病之兩男孩死後才可，且須其時她已達特定年紀。

5.個人主義者

甲夫婦由於白手起家，以為對其兒子只需在完成大學教育前提供照顧，此外不給遺產，亦能自食其力，得到足夠的照顧。

此時他可成立生前信託，於後死之父母死亡時生效。該信託規定如任何子女為未成年人時，受託人應於每個子女滿十八歲以前，對此等子女提供照顧、扶養、生活與教育所需之資金，如某特定子女滿十八歲，且不再求學時，不再提供協助。如一小孩於十八歲以後繼續升學，則受託人應提供該小孩教育所需之資金，但於超過二十三歲後，不再提供教育資助。（對二十三歲限制之唯一例外是：如小孩於十八歲與二十三歲之間服兵役，則可於二十三歲以後，按其服兵役所花年限，每年收領教育補助。）而於最小小孩到達該年紀後，信託資產之餘額分配予甲夫妻之母校[31]。

第二節　以家庭信託為例說明信託之實際運用

以上已就信託之一般特色與功用概括予以說明，由於信託種類繁多，茲姑以日常最常見之家庭信託 (family trust) 為中心，並以具體遺產繼承與未成年人監護為例，說明如未設信託（尤其生前信託，living trust）時，有何流弊與不便，進而觀察信託有何優點，對於家庭福祉有何貢獻，以及如何發揮其效能，藉以窺知信託制度之實益及運用情形之一斑。

---

[31]　Sturman, Adapting the Living Trust to "Special" Problems in Estate Planning, Case & Comment, Jan.-Feb. 1977, p. 40 et. seq.

一、未設立家庭信託之流弊

假設夫婦二人（夫四十五歲，妻三十八歲）、長女（十七歲）、長男（十一歲）、次女（五歲），全家身體健康。設某夜夫妻二人因車禍均告喪生，妻之母年五十九歲，立即趕往其家照料小孩，此際死者之遺產如何處理[32]？

在前例如死者生前未設立信託，則發生種種問題：

㈠遺產平均分配未必對子女有利：誠然「遺產平均分配」為大多數父母之願望，但如進一步觀察，當可發現此項原則對子女不利，因子女年齡不同，各人情況與需要亦異。在前例長女於其父母死亡時年已十七，至其

---

[32]　在美國各州法律雖出入甚多，但如父母死亡，而未留下遺囑或僅留下簡單遺囑時，其遺產係按下列方式處理：

1. 所有家產置於遺囑驗證法院 (probate court) 監督之下，在完成通常驗證手續後，賸餘資產按子女人數平均劃分。

2. 各個未成年子女之應繼遺產，被置於一個「監護帳戶」(guardianship account)。

3. 須為子女指定一監護人，此際如父母生前未以書面特別指定時，按各州法律所定監護人之順序辦理。

4. 在監護期間，每年須向法院提出帳目，保證金錢為受監護人之利益妥善保管。在有監護人之場合，為受監護人之利益或為扶養受監護人而需使用資金時，須經法院准許，頗為不便，且需支出不少費用。

5. 俟各受監護人成年（通常為二十一歲）時，將各人應繼承之遺產予以分配。

其結果產生種種問題：

1. 監護問題：在美國「監護帳戶」劃給各受監護人之資金非經法院准許，不能動用作為日常生活費，因此養育小孩之負擔須由監護人擔當。如其無力負擔時，則避免充任監護人，在此情形下，小孩不但遭喪親之痛，且因無適宜之監護人而併受其他損害。在前例即使小孩之外祖母有資力可養育他們，但其體力能否再捱十五年（其時她已七十四歲），直至次女成人，尚能勝任監護工作，亦有疑問。

2. 遺產驗證之弊：由於未成年人之監護，每年須向遺囑驗證法院繳納法律與會計費用，耗費不少，何況遺產驗證監護 (probate guardianship) 之檔案，大眾可以閱覽，不肖之徒如查閱帳目而測知當受監護人成年時所受領財產之數額，其對當事人之不利，顯而易見。

成年不需太多照料，但對長男與次女言，有無充分金錢供應其衣食教育與醫療之需要，非無問題，長男尚須經六年，而次女則需經十二年始達到長女於其父母死亡時之年齡，因此長女如能獲得資金而於二十一歲時赴美國遊學，則可能使其弟妹受大學教育或醫療之費用歸於無著。

㈡過早繼承對心理之影響：將全部應繼遺產於小孩成年時立即交付，對當事人可能產生嚴重之心理影響，因甫經成年之人智慮尚欠成熟，未必有能力與經驗運用與處理大宗錢財，如過早得到過多資產，對於年輕人人格發展有不良影響，至金錢可能散失或浪費猶其餘事。

㈢在我國如生前未設定信託，則問題嚴重，因國家（含法院）不會主動介入此類繼承案件，致遺產難免被占有人或年長子女占據或由他人壟斷，尤以動產為然。且如無熱心年長親屬主動出面過問，或向法院聲請為未成年子女設置監護人，則子女之身心照拂與福祉將因無人照顧而大受影響。可惜國內朝野尚無有關繼承之實證研究，致其運作實態如何頗滋疑問。

二、設立家庭信託之優點

自上例可知：為人父母者死亡而未留下遺囑或僅留下簡單遺囑時，法定繼承有許多流弊與不便。但如在生前設立家庭信託，尤其生前信託時，則上述缺點當可避免。委託人可事先指示受託人於其死後，在其妻之餘年為其妻之利益繼續信託，且於其妻死後又為其子女之利益而繼續信託。換言之，生前信託於委託人死後繼續存在時，實際上踐履了與遺囑同樣移轉財產之功能。發揮了在委託人生存期間之信託，連同於其死亡時之遺囑之雙重效用。

一般而論，於委託人死後繼續存在之生前信託，至少有下列實益：

㈠死亡並不使信託之管理中斷，受益人因此於委託人死亡時可立即自信託得到利益。

㈡信託可予以足夠之彈性，使其於父母死後宛如父母之延長一樣，能對子女之養育妥為照顧，例如準備資金應付小孩之齒列矯正、補習費、旅行、特別醫療。監護人與受託人可定期會晤，受託人可對監護人提供為適

當教養子女所合理需要之金錢。如能彈性的運用信託，當可解除監護人扶養受監護人之一切財政負擔，從而可使監護人盡其全力踐履監護職務，即收留受監護人，對其慈愛、敦品勵學，在各方面儘量成為父母之代用品。此外信託甚至亦可具有彈性，准許受託人使用信託資金，在監護人家裡增建若干房間，俾有足夠空間容納受監護人。

㈢小孩對遺產應有部分之實際分配可延至小孩成年之後。

㈣委託人可保留於其死亡時將其他財產併入信託之權利，換言之，可使人壽保險契約之保險人向此種信託給付保險金，又可以遺囑指示將一般遺產中其他資產併入信託之內，在此場合，生前信託變成了在委託人生前即已發揮作用之資產計畫 (estate plan)。

㈤如小孩之監護人住於他鄉時，信託可有較大之彈性。

由於信託具有廣泛之彈性，如訂定得宜，可因應各個家庭之實際需要，在信託約定裡可規定於後死之配偶死亡時，子女之中如有尚未成年者，將所有動產、股票、人壽保險金、不動產、銀行存款置於家庭信託之下，為全體子女（不問成年與否）之利益予以保管與經理。在許多情形，信託之遺產不宜立即分割為平等之份數，交付各子女，而應維持一整體，直至家庭中最小之子女接受與其兄姐同等教養為止。因此在前例，當長女至二十歲時，暫不將其應繼承之遺產交付，但可繼續自信託予以資助，以完成大學學業及應付其他生活之需要。置於信託之遺產不予動用，而為較小之長子與次女之繼續撫養而使用，直至全部子女已被賦與同等養育之機會後，始分割遺產。又可運用此種信託技術將小孩應繼分之分配，延至彼等較為成熟之時期。例如信託可規定子女於到達二十六歲時受領應繼分之一半，其餘留至三十歲時分配。由於分配時小孩已長大成熟，對接受遺產較有心理準備，且更能善加利用（在前例長女要到次女二十歲，也就是她三十二歲時，才能分配遺產，此種結果對她並非不公，因次女之教育比長女領錢購買新汽車或遊學更為重要）。

第三章　信託之特色

一、信託富於彈性

在英美任何人可根據契約或遺囑設立信託。委託人可將任何權利或利益，包括動產與不動產，將信託生效的時間訂為立即生效、或在某特定日期生效、或在某不確定事件發生時生效。除了不可過長外，可任意訂定信託之存續期間，其他條款及其終止條件等以因應各個受益人之特殊需要。委託人可先成立一個固定信託，然後再成立一個有裁量權的信託（反之亦然）。例如委託人甲訂定將信託之收益給甲自己終身享有，剩餘財產(原本)歸屬於受託人（由於行使裁量權）在甲數子女間所選擇之人，亦可歸屬於由甲之寡妻（依其裁量）在數子女間所作之選擇。與上述類似之結果亦可由設立一個固定可破毀之信託 (a fixed defeasible trust) 達成，例如甲先訂定將信託之收益給甲自己終身享有，於甲身後將剩餘財產歸甲之子女平均享有，但受託人或甲之寡妻可透過第三人將原本按他們所選擇之不同分量分配予各子女。

信託之受益人在家庭信託 (family trust)❶，可能係委託人本人、配偶、子女（包括成年、未成年、身心正常或不正常、及有特殊稟賦之子女）、父母、其他家屬，以及委託人想要供養的任何人。但在其他信託，例如公司信託 (corporate trust)、受僱人福利信託 (employees trust)、社區信託 (community trust)，受益人之範圍更為廣泛，某一階級之成員，甚至不確定之社會大眾，皆可被指定為受益人。此外信託證書（例如我國不動產證券化）之制度則更進一步，將信託財產分為許多可以出售之單位，投資於不動產營業。換言之，任何人幾乎可使其信託條款隨心所欲，富於彈性。美國信託法權威史考特 (Scott) 教授說過：創立信託的目的，與律師之想像力一樣沒有限制,惟一限制是信託條款不得違反法律之規定或違背公共秩序、

❶　由個人為自己或家屬之利益所成立之信託，又稱為家庭信託。

善良風俗。

信託自昔日狹隘之家庭信託轉變到商業之種種利用，歷久不衰，原因無他，它富於彈性、適應性與活潑性 (flexible, adjustable and versatile)❷，且其觀念 (concept) 能以創造性之方式不斷發展，創新與更加精鍊，有以致之。

二、可接續將財產利益賦予多名受益人

在遺囑信託或生前信託，如收益之受益人在時間上不止二人，例如信託財產之收益先由甲收取十年，期滿改歸乙收益十年或予乙終身，於乙死亡時，剩餘財產再歸丙，此種受益人三人以上分段接續之情形，在英美信託法上作為財產處分之方法被廣泛利用，使信託，尤其他益信託，發揮更大更彈性之作用，可使更多之個人或團體獲得信託之利益。但在我國信託法之下，可否准許多名受益人連續受益，無論在遺囑信託或生前信託，均係值得探討之重要問題。

按我信託法第 65 條係預想到於信託終了時，信託財產歸屬於信託收益之受益人以外之人之情形。故就遺產設立信託，如訂定其受益人為甲（或甲與乙與丙），於信託終了後，信託財產歸屬於戊（即先後共有兩段受益人）之情形，為法律所認可，並無問題。但收受信託財產利益之人其人數可否先後共計超過三段？換言之，並非指定共同受益人或信託財產歸屬權利人為二人以上複數（即甲指定乙與丙為收益之受益人，丁或丁與戊為原本受益人）之型態，而是在時間系列上，除原本受益人外，收益之受益人可否訂定為接續之二階段以上之複數，例如收益之受益人依序分別為甲（如十年）、乙（如五年）（或增加丙等更多人），此問題頗有疑問。

在日本民法下，與此種信託條款類似的有所謂後繼遺贈❸，即在遺贈，

---

❷　Edwards & Stockwell, Trusts & Equity (3 ed.), p. 48.

❸　所謂後繼遺贈 (Nachvermächtnis) 是指受遺贈人甲所受之遺贈利益，因其條件之成就或期限之屆至，應移轉於乙之遺贈，乙亦成為受遺贈人（例如指定受遺贈人甲結婚後，應將其利益交與乙）。此在德、奧、瑞士民法亦均有明文規定。德民法第 2191 條，此時準用有關後繼繼承之規定。我民法雖無規定，自尊重遺囑人

例如某甲遺贈予其媳乙，並指定如乙再婚或死亡，則移轉予次男丙。此種「後繼遺贈」之作法，該國學說多以現行法欠缺明文規定，且如加承認，會發生複雜問題，而認為在上例，對次男之遺贈為無效者。訂定受遺贈人乙所受領之遺贈利益，在條件成就或期限到來時移轉予丙之所謂後繼遺贈是否有效，在日本學說上議論亦甚為分歧。

又高等法院裁判以為如承認此種遺贈為有效，則在現行法下法律關係會變成不明確與複雜，故第二次遺贈之部分歸於無效者❹。

查所謂後繼遺贈之有效性問題雖有爭論，但利用信託為類似財產處分，是否可能，與上述後繼遺贈乃不同問題，此乃信託法上受益人連續是否認許之問題。在日本學說一般多採肯定說。例如四宮和夫氏，以日本舊信託法第 62 條與第 63 條條文為根據，認為論者所謂法律關係變為不明確與複雜，欠缺法的安定性之難點可以解決，而主張承認受益人之連續❺。又植田淳氏亦認為在日本民法母國之德國與法國，有遺產相繼承繼之制度❻，而主張在日本，被繼承人就其遺產為親屬作資產規劃之自由不應受到限制，而有必要承認信託受益人之連續。

查信託制度母國之英美，受益人連續型之信託極多。此種處分可能係因英美物權法核心概念之 estate（不動產）即使不利用信託制度，除可附條件或期限外，亦可按時間先後對不同之人賦予對不動產物權的權利，故衡平法在補充普通法而發展之信託制度，亦承認受益人之連續，使得信託條款之內容更加彈性，從而委託人藉信託欲達成之效果更加多采多姿。

日本近年社會經濟發生變化，致遺囑數目增加，顯示對死後財產處分之方法予以規劃之需要增加，故日本學者以為解釋上似可做英美信託制度承認受益人之連續❼，如此不但可增加委託人選擇受益人之範圍，且可使

意思之立場，應承認後位遺贈為有效。（參照史尚寬，《繼承法論》，p. 466）

❹　日本最判昭和 58.3.18，判時 1075 號，p. 115。

❺　四宮，《信託法》（新版），pp. 128–129。

❻　植田淳，〈わか國における連續受益者型信託〉，《信託》180 號，pp. 8–9。

❼　新井誠，《高齡化社會と信託》，p. 183。

資產規劃更加活潑，惟為杜可能爭議，建議在信託法中增列明文規定，承認其效力。其結果，此次日本新信託法雖未全面承認受益人連續信託，但已以明文部分承認所謂後繼遺贈型之受益人連續信託，只是其有效期間訂為三十年，即規定：「訂定有因受益人死亡，該受益人所有受益權消滅，他人取得新受益權（包含因受益人之死亡，他人順次取得受益權之訂定）之信託，自為該信託時起經三十年以後，現存之受益人依該訂定取得受益權之場合，於該受益人死亡前，或於受益權消滅前，有其效力」（第 91 條）❽。

　　按德國民法繼承篇對指定繼承人設有特殊之前位繼承人及後位繼承人之制度。（參照楊崇森，〈德國繼承法若干特殊制度之探討〉，載法令月刊第 59 卷第 7 期，民國 96 年 7 月）可見被繼承人生前以遺囑指定其遺產在時間上分別由二人先後繼承，並不違反大陸法系民法之本質，從而我國信託法將來似可明文規定委託人可指定連續數受益人。況現日本新信託法打破歷來之困擾，以明文承認受益人連續，則我國信託法若明文承認，在法理上當更不致發生困擾或爭議。

三、法律上所有權與利益之分立（責任與利益之分離）

　　在信託委託人可將法律上之所有權與管理權，與其財產之利益與享有加以分離，對於受託人課以擁有所有權與管理財產之責任、權限與負擔，而同時賦與另一人（受益人）對同一財產利益之完全使用與收益。換言之，委託人可免除自己或其家屬一切所有權與管理之負擔❾，而仍為自己或家屬保留其財產全部之使用與利益❿。

---

❽　參照小野傑、深山雅也，《新しい信託法解說》，p. 263 以下。

❾　以最常見之家庭信託 (family trust) 為例，受託人因取得財產之所有權而須負擔下列各種義務：受託人於接受委託後，負擔以善良管理人之注意義務保存財產，就財產所生之請求權加以行使，對他人提起之訴訟加以防禦，且應為必要之簿記，報繳稅捐，將信託金投資及再投資，經理財產，維持其產生孳息之能力。換言之，受託人在其權限與義務範圍內，負擔了所有照顧與經理財產之一切工作。參照 Stephenson, Trusts In The Everyday Affairs of People, in "Studies In Trust Business", 3rd. Series, p. 8 (1947)。

　　在信託，受益人或委託人對第三人就信託財產之管理不負責任，而由受託人就管理信託所締結之契約或所為之侵權行為對第三人負其責任，但受託人與第三人訂立契約時，可與相對人約定僅於信託財產限度內負其責任，此種安排可使負責之人願意充任他人之受託人，從而促進了信託之設立。信託此種責任與利益分離之結果，可使真正利害關係人以匿名方式，而不直接對外負責，所以有些學者以為在限制風險與匿名之觀點言，信託與公司頗為類似❶。

　　雖然不同之信託在構造與功能上出入甚多，然其一方免除責任，他方集中利益，此為信託之基礎，且為其特色。惟其如此，信託能發揮潛在之能力，使財產在法律上之用途大為增加，並促進資本在社會上之動力性。

---

❿　受益人之利益係使用財產以滿足自身或家庭之需要，包括使用並占有交付信託之不動產（例如家庭居住之房屋），收取並使用受託人經營信託財產所生之收益 (income)，例如由股票、債券、抵押權、農場、房屋及將信託資金投資之企業財產所生之收益。至於對受益人最重要之利益為：由於委託人授權受託人將給付平均分配或動用原本之結果，受益人可收到經常且可靠之定期收入。參照 Stephenson, ibid.

⓫　二者均為高度資本主義強有力之工具，目的都在限制風險與匿名（雖有程度上之不同），由於兩者之彈性，都被應用於各種不同經濟上與非經濟上的目標，提供了進入資本市場之重要方法，且導致複雜商業技術之計畫 (schemes)。

第四章　信託之起源與演進

第一節　信託之起源

　　現代信託 (trust) 之發展歷史頗為悠久，可上溯到中世紀之英國。當時稱為 USE，這是自十三世紀起至 1535 年制定用益條例 (Statute of Uses) 止，在英國所流行的土地所有權方式。為了瞭解 USE 之源流起見，不能不一提羅馬法上之「信託遺贈」(fidei-commissum) 與日爾曼法上之遺囑執行人 (Salman) 制度。

　　原來古代羅馬法時代，家長雖可以遺囑指定繼承人，但對可指定之人的範圍有嚴格限制，人們為了迴避此種限制，設計出稱為「信託遺贈」(fidei-commissum) 之制度。即為了將財產讓與予本來無繼承財產資格之人，家長先指定有繼承財產資格之人（姑稱為甲）作為繼承人，同時在遺囑上命甲將該財產移轉予無繼承資格之乙。在此種方法下，乙雖不能成為繼承人，但不妨接受贈與。所以甲在家長死亡後將財產移轉予乙，使本來不能成為繼承人之乙能達到事實上繼承家長財產之目的。

　　到了中世紀日爾曼法時代，當時規定人們無繼承人時，財產要歸屬於國王。於是人們在無人繼承時，為了達到將財產移轉給想交付之人起見，盛行與第三人約定，以日後移轉財產予心目中之人作為條件，先將財產移轉予該第三人（稱為 Salman＝遺囑執行人），日後該第三人 (Salman) 須將財產移轉予被指定之人。

　　如此類似信託之想法自古有不同表現。現代信託制度之起源，據云係始於中世紀之英國。按十一世紀諾曼人征服英國 (Norman Conquest) 之後，英國受諾曼人統治，日爾曼民族法之精神與 Salman 之觀念亦隨之輸入英國。

一、信託制度在英國發達之原因

　　現代信託制度起源之 USE 據云係發源於中世紀日爾曼法之 Salman 制

度。繼受 Salman 之 USE 何以在英國發達起來？不外出於下列各種理由：

㈠逃避各種封建負擔

當時人們創設 USE 之最重要理由是為避免在封建制度下土地所有權（實亦承租權）之沉重負擔（稅收），亦即在中世紀英國人常用 USE 作為逃避封建負擔（稅收）之工具❶。依當時封建之原則，土地之所有人（實亦承租人）對領主或國王須繳納各種負擔與稅捐，其中以監護與結婚為最沉重。申言之，在土地所有人死亡時，在其成年之繼承人繼承前，須向封建領主 (feudal lord) 支付一定金額及該土地之收益。而未成年繼承人之負擔更為嚴苛，因封建領主為了本身利益，有權使用該土地，直到該人成年為止，是時該人須與封建領主為他所選之對象成婚；如不願受到領主所選之對象之束縛，須向領主賠償婚姻對他的價值。又在監護結束時，該未成年人須向領主支付土地半年之收益。但這些不利如所有人在死亡前先將土地移轉予第三人而供他餘生使用，並於他死後歸其繼承人使用時，則可以避免。在第三人於他死後移轉土地予其繼承人時，因自己並未真正由繼承取得土地，領主對他不能主張上述任何權利❷。

㈡為了迴避「死手法」對於捐贈土地予教會之禁止

在中世紀英國人民因宗教信仰，盛行將土地捐贈予教會及其他宗教團體。然而教會之土地免於封建負擔，故由於民眾捐贈，教會所有之土地擴大，不但使國王與封建諸侯財政發生巨大影響，且教會勢力之增強，亦危及封建制度之根本。故英王亨利三世在 1391 年及其後十五世紀中葉愛德華一世，均發布所謂「死手法」（沒收法，Statute of Mortmain）❸，規定民眾對教會及其他宗教團體讓與土地，須經國王與諸侯之許可，否則將把讓與

---

❶ Oakley, op. cit., pp. 1-2.

❷ 土地所有人如以一人為受讓人時，因該人之死亡開始繼承，會發生上述封建負擔之效果，失去利用 USE 之實益。為防止此種不利起見，將土地讓與予數人，發生土地共有關係，經常交替補充，而可設定永續的 USE，以預防因受讓人一人所生之繼承開始之負擔、復歸等不利。

❸ 所謂 Mortmain 乃死人之手 (dead hand) 之意，因土地一旦歸屬於教會，則失去融通性，長期不能流通。

之土地沒收，以禁壓對教會之捐贈。然無法禁止，因民眾常常可利用所謂USE 之方法迴避。即欲捐贈之人，表面上將土地讓與予不適用該沒收法之人，使該人為教會之利益所有與管理其土地，教會雖非直接取得土地，卻可收取該土地之收益，事實上與獲得直接捐贈（享有土地所有權）擁有相同之利益❹。

在此情形土地為教會之 USE 讓與予他人，讓與人稱為 feoffer（委託人），受讓人稱為 feoffee（受託人），教會稱為 cestui que use（受益人）。如此由於利用 USE❺，直到 1931 年止，能有效迴避此種禁令。

(三)逃避封建法律對於以遺囑讓與之禁止

在封建制度下臣下或土地所有人對國王或領主之義務與負擔，基本上係仰賴土地，如准許人們自由處分土地，會影響封建制度之維繫。故英國自十二世紀左右起，禁止所有人遺贈土地（英國在 1540 年頒行遺囑法 (The Wills Act) 之後，始承認遺囑之效力）。因若准許則土地所有人死亡無繼承人時，會削弱領主之復歸權，而且也侵害長子繼承制度下繼承人之權利。但在長子繼承制度之下，欲對長子以外子女提供生活照料，且依賴祭祀祈求身後冥福之宗教上欲求，逐漸釀成遺贈土地之需要。土地所有人為了迴避此種禁止，遂利用 USE。於生前將土地讓與第三人，使受讓人在讓與人生存期間將土地所生利益交付予讓與人，於其死後依讓與人所定，將其利益交與長子以外之人，或將土地出賣，將其對價交與讓與人之子女❻。

(四)十字軍東征

---

❹　以數人名義為土地所有人，使土地歸其公同共有 (joint ownership)，數個受託人之間，某人發生之情事，例如死亡，只要其他受託人生存，對信託財產不生影響。故多數受託人中即使若干人死亡或犯罪，只要受託人有一人殘存，對信託財產不生任何影響。（參照細矢祐治，《信託經濟概論》，p. 41 以下）

❺　據云在英王亨利八世適用沒收法解散教會、沒收其土地之當時，教會直接所有或以 USE 之型態所有之土地占全國土地三分之一。沒收法實質上可認為禁止教會取得土地之法，故以迴避該法之目的所用之 USE，與下述為了替被禁止取得土地住宅之法蘭西斯派僧侶所利用之 ad opus 有異曲同工之妙。

❻　細矢，前揭，p. 39 以下。

參加十字軍東征之土地所有人，擔心從軍後生命不保，其財產被人繼承，可在東征期中，將土地移轉予另一人，囑其適當管理土地，將其收益給予家屬，如自己生還，則還給本人。

(五)法蘭西斯派僧侶 (Franciscan friars monks) 之所有權

當時法蘭西斯派僧侶傳教到英國來，立誓要安貧樂道 (oath of poverty)，於是信徒們捐贈財產予教會與僧侶時，利用 USE，即指示為教會管理利用之目的，移轉與當地地方政府及有力人士。

(六)用於迴避因犯罪財產沒收及土地復歸之目的

在英國封建制度下，土地所有人之繼承人對國王或領主觸犯叛逆罪 (treason) 時，土地所有人一死亡，其土地復歸 (escheat) 於領主，又土地所有人犯罪，其土地與其他財產為國王或領主所沒收 (forfeiture)。為了避免土地沒收或復歸，土地所有人利用 USE，保留其所有土地之占有與收益權，將其讓與他人。然此時普通法以受讓人（受託人）為土地之所有人，受讓人本身或繼承人犯罪，仍受上述制裁。故以數人為受讓人，只要全部受讓人不發生復歸或沒收之事由，即可避免此種結果，最顯著之例厥為十五世紀中葉之薔薇戰爭❼。

(七)用於詐害債權人之目的

債務人將土地讓與他人，對它只有用益。然當時普通法不承認受益人因 USE 取得收益之權利，故對土地讓與人（債務人）所有之受益權不予債權人救濟，致債務人利用 USE 詐害債權人。此種 USE 係脫法行為，有害公益，故 1376 年英國法律禁止讓與人以詐害債權人之目的所為之移轉❽。

(八)為了自由讓與土地之目的

英國不動產法很早即大為發達，其讓與之方法須嚴格一定，且須公然，而 USE 不須依一定方式，可秘密自由移轉讓與土地，故助長土地所有人利

---

❼ 在薔薇戰爭時期，英國蘭卡斯特與約克（Lancaster 與 York）兩大家族相爭，失敗之一方被科叛逆罪，其土地有被沒收之危險；為預防此種危險起見，保留占有與收益權，將土地秘密移轉予他人。參照細矢，前揭，p. 43 以下。

❽ Hanbury, Modern Equity, p. 8；細矢，前揭，p. 45 以下。

用 USE 之習慣，從而促進 USE 之形成與發達❾。

二、衡平法院與大法官對於信託之扶持

自以上說明，可知信託之成立乃完全基於信賴關係，承受此任務成為受託人之人，須誠實無忝所託。當然有許多受託人忠實履行任務，但亦有因形式上取得普通法上權利，違反信賴，企圖侵占，或此等人之債權人想加以扣押，致強制實現信託上之義務頗為困難。恰巧當時英國有大法官 (chancellor) 與衡平法院之出現，委託人或受益人向大法官申訴，希望實現信託內容，終於說服了大法官來執行 USE 的義務。因此受益人之利益作為衡平法上之起源，以別於受託人之法律上利益。

原來在十二世紀左右，英國發展了所謂普通法法院 (common law courts)❿，在這些法院，民事訴訟須以所謂令狀 (writ) (表明訴因或請求基礎) 提起，早期為了適應新環境創設一些新令狀，但到了十三世紀，不再創設新令狀，如案件不屬於某種令狀，則不能提起訴訟。同時普通法愈變愈僵化，只能提供一種救濟方法 (損害賠償 damages)，許多民眾之委屈無法由普通法院獲得救濟。

由於國王被視為「正義之泉源」(fountain of justice)，許多不服的人向國王請願，國王不欲花時間斟酌，而移給大法官處理。這大法官通常是一名僧侶，被認為「國王良心之守護者」(keeper of the King's conscience)。不久訴訟當事人向大法官本身請願。到了 1474 年，大法官開始基於自己職權，而非替國王對案件下判決，此乃衡平法院 (Court of Chancery) 之開端。該衡平法院完全依賴大法官之良心或對是非之看法下認為更公平之判決，不受法院法律原則或先例之拘束，所下判例稱為衡平法 (equity)，可提供最適合個案之救濟方法⓫。於是信託在衡平法院保護之下逐漸發達起來。

---

❾ Bogert, Trusts, pp. 8–9.

❿ 這些普通法法院似指 Court of King's Bench, Court of Common Pleas，以及 Court of Exchequer。

⓫ 衡平法最重要貢獻是在信託之領域，此外在契約法發展了錯誤與詐欺 (mistake &

英國所有土地在 1500 年前幾乎都受到 USE 的拘束，USE 成功地作為避稅之手段。結果利用信託最大之被害人是國王，以致國庫變得空虛。於是在 1535 年，英王亨利八世頒發禁止 USE 的法律，稱為「用益條例」(Statute of Uses, 1535)。宣布此後 USE 受益人的衡平法上利益視為法律上利益 (legal interests)，以減少 USE 的避稅功用，因此受益人取代了受託人，變成土地之直接所有人❷。

但此法律施行之效果甚為短暫，此後約一世紀 USE 變成不能執行。不久出現在 USE 之上再成立 USE，避免此法律適用之現象（稱為 use upon use，採二重 USE 型態，第二個 USE 並無該條例之適用）❸。大約這時，

---

fraud)，包括不正影響 (undue influence) 之理論。在程序法方面，發展出衡平救濟方法 (equitable remedies)，包括特定履行 (special performance)、禁制令 (injunctions)、撤銷 (cancellation)，或解除 (rescission) 及更正 (rectifications)。（參照 Hanbury, Modern Equity (7 ed.), p. 19）不過當時亦有人批評「法院之衡平有似大法官的腳，其尺寸因人而異。」(The equity of this court varies like the size of the Chancellor's foot.)（1818 年大法官 Lord Eldon 之言）參照 Elliot & Quinn, English Legal System (1997), p. 63 et. seq.。

又英國的衡平法與羅馬法之萬民法性質有共通之處，都是因普通法律過於僵化，為救濟其窮而出現，但衡平法由另一法院掌理，反之萬民法則由同一法官掌理，別無另一法庭。

羅馬法原來是為了不能利用羅馬人法律訴訟 (actions) 之外國人之利益，應用類推原理 (Aeguitas) 而發生，後來他們的模式 (formulat) 被執政官 (prators) 修正後加以採用。因此羅馬法上衡平之行政，與嚴格法律之行政相同，都操在同一地方官 (magistrate) 手中。此種制度被繼受羅馬法之近代國家所採用。反之在英國緩和法之嚴峻性之權力，本來操在國王手中，後來他授權大法官 (chancellor，他最初是行政官而非司法官) 而非普通法法官行使。（參照 McClintock on Equity (West Publishing Co., 1948), p. 2）

❷ 後來 Statute of Uses 於 1925 年廢止。不過 Statute of Uses 不適用於動產與積極 (active) 之 USE。由於這些例外導致現代信託法的發展。

❸ Use upon a use
當時有人使用一種安排成立所謂 "a use upon a use"（二重信託），希望第一個 USE 會被執行，而使第二個 USE 成為有效，即移轉予 A，用益先歸 B，再歸 C（"to A

衡平法院法官不再由僧侶充任，而變成職業法官。在十七世紀普通法院與衡平法院權限之爭隨之加劇。到了 1616 年英王詹姆士一世以勅令確立了衡平法院與普通法院並存之獨立地位。

　　其結果衡平法院判例累積所成立之衡平法變成與普通法對立，而成為近代信託制度發展之基礎。十七世紀後半葉，由於王權式微，過去封建的負擔大都被廢止，不再需要用信託來逃避，而由 USE 法律對信託之規範已無任何意義。於是二重 USE 之型態也因無存在必要而消失。在十八世紀前 USE 在信託 (trust) 之名稱下又告復活，使得構造改變登場的信託更加擴大與一般化。傳統 USE 之用語亦不再使用，而改用表現信賴之 trust（托拉斯）之現代用語❶❷ ❶❸。到了十九世紀，普通法院與衡平法院合而為一之後，信託終於成為正式法律制度了❶❻。

第二節　信託在各國之繼受

　　英國法律史家梅特南 (Maitland) 嘗謂：「如有人問什麼是英國人在法學領域最偉大與最突出之成就，我認為除了世代推行信託觀念發展外，別無

---

to the use of B to the use of C")。此種安排之效果是：B 保有該財產，但用益歸 C。可是該方法普通法庭並不歡迎，他們將第二個 USE 認為違反第一個 USE，因此無效。在 Jane Tyrrel's 一案 (1557)(Dyer 155 JT)JT 指定「土地由她自己終身享有，剩餘財產給她兒子，但附贈與（原文為 " 用益歸 JT 終身，於其亡故後，剩餘財產歸其子，但附贈與予 JT 之眾繼承人 "）」，法院判認第二個 USE 無效，應由其子取得完全所有權。參照 Ramjohn, op. cit., p.4。

❶❹ 田中實、山田昭，《信託法》，p. 12 以下。

❶❺ 信託在以後數世紀變為被用於為家屬連續數代保有土地或其他財富，並對家屬提供供養之用，當然也用於其他目的。例如在英國普通法下已婚婦女在婚姻關係存續中，不能享有自己的財產權，但可由於將財產移轉予受託人，為其利益保有而加以克服。同理，英國非法人之團體，諸如俱樂部、聯誼性社團 (friendly societies) 及商業同業公會 (trade union) 本身因非法人組織，在法律上不能享有財產權，過去一直仰賴信託，將財產交由受託人為他們之利益而保有，才能發展至今日之龐大規模。參照 Oakley, op. cit., p. 3。

❶❻ 山田昭，《信託の話》，p. 15 以下。

更佳答案」❶。將所有權劃分為衡平法上與普通法上利益之彈性信託觀念，早已擴展至其他英美法系國家。北愛爾蘭、威爾斯、加拿大、澳洲、美國及若干加勒比海前英國屬地已將信託法納入他們的私法體系之中❶。

十九世紀初期，信託制度引進到美國迅速發展，而成文法首先出現在紐西蘭（1872 年）、印度（1882 年）與澳洲（1890 年）。至於英國之成文法早期有 1893 年之受託人法 (the Trustee Act) 及 1896 年之公設受託人法 (the Public Trustee Act)，如今英國已將其大部分信託法法典化。諸如司法受託人法 (the Judicial Trustee Act)、永久與積聚法 (the Perpetuities and Accumulation Act of 1964)、慈善信託法 (the Charitable Trusts Act)、慈善信託效力法 (the Validation of Charitable Trusts Act)、信託變更法 (the Variation of Trusts Act)、慈善事業法 (the Charities Act, 1960) 等對信託問題加以規定。惟英國法大體上仍以司法判決為基礎❶。

在別的英美法系國家，許多信託已受制定法 (statute) 規範。美國許多

---

❶ Maitland, Selected Essays 129 (1936). 在英國私益信託保管下的資金極為龐大，內地稅數字顯示在英國有六萬五千個以上有裁量權（與累積 accumulation 及維持 maintenance）之信託，其合計價值超過八十億英鎊。這些信託大多價值較小，真正大規模的信託通常是海外資產保護信託，設立在澤西 (Jersey)、巴哈馬與所羅門群島等地。工會龐大的資產也放在信託。八百萬以上員工是職業性退休金計畫的成員，而且英國退休金基金信託 (pension fund trusts) 價值也超過七千億英鎊。參照 Hayton, op. cit., p. 2。

❶ 這些國家的信託法雖然源於英國普通法，但本身也發展出若干差異，例如英國受託人有權出售、出租與抵押信託資產，而美國之受託人只有在明文賦予時，才有此等權限。又與美國受託人不同，英國受託人即使信託目的尚未實現，亦有權終止或變更信託。又浪費者信託 (spendthrift trust) 在美國甚為普遍，但英國並不承認。在別的英美法系國家還有其他差異。參照例如 Honore', The South African Law of Trusts (1976); Oosterhoff, Cases and Materials on the Law of Trusts (Toronto, 1980); Fratcher, International Encyclopedia of Comparative Law, vol. 6, chapter 11 ("Trusts")。又參照 Bogert, Oaks, Hansen, Neeleman, Cases and Text on the Law of Trusts (7 ed.), p. 304。

❶ Bogert, Trusts, p. 15.

州包括大陸法系之路易西安那州有廣泛的信託制定法，紐約（許多條文為密西根、威斯康辛、明尼蘇達所仿效）、加州（早在 1872 年之民法典中，即有有關信託之規定），此外影響信託法的無數統一制定法已在美國出現，詳言之，近年全國統一州法委員會議 (National Conference of Commissioners on Uniform State Laws) 試著將信託法之一部法典化，例如統一受託人法 (Uniform Fiduciaries Act)、統一信託法 (Uniform Trusts Act)、統一原本與收益法 (Uniform Principal and Income Act)、統一受託人會計法 (Uniform Trustees' Accounting Act)、統一共通信託資金法 (the Uniform Common Trust Fund Act)、模範善良管理人投資法 (Model Prudent Man Investment Act)、統一受託人權限法 (Uniform Trustees' Powers Act)、統一遺囑驗證法典 (Uniform Probate Code) 等 ❷。此外又有 2000 年信託統一法典 (Uniform Trust Code of 2000)，其特色之一為重視可撤銷信託。

又美國法律學會 (American Law Institute) 於 1935 年完成信託法整編 (Restatement of the Law of Trusts)，於 1957 年修正為第二版 (Restatement of the Law Second, Trusts, 2d)，復於 1992 年第三版問世 ❷。又美國法律學會出版之三套其他整編 (Restatement) 與信託法有關，即回復原狀整編 (Restatement of Restitution)，涉及擬制信託及信託違反時追及信託財產之救濟；財產法整編 (Restatement of Property)，涉及信託之成立與受益人之利益；法律衝突法整編 (Restatement of Conflict of Law, Second)，涉及一個州以上之多州信託之效力、解釋與管理 ❷。

大多數大陸法系國家從無像英美法將衡平法與普通法利益分立之觀

---

❷ Id., at 16 et. seq.

❷ 按美國法律學會係於 1923 年成立，目的在克服美國法之不確定性與複雜性，由大約一千八百名左右之律師、法官與教授組成。其工作包括編撰法律整編 (Restatement)、統一法與各種模範法等。法律整編不僅是美國法院過去判決之摘要，有時還採取少數意見之原則，通常內容被認為代表美國最頂尖法學者對於會被法院採用之法律意見，其影響力比通常論說書 (treatise) 大得多，其內容常被上級法院引用。

❷ Bogert, op. cit., p. 17 et. seq.

念。大陸法系國家的民法淵源於羅馬法，與信託觀念不能相容。例如所有權內容法定，不准將所有權劃分為許多同時存在與將來發生的利益 (simultaneous and future interests)。又夫妻共同財產制之法律 (community property law)、法定繼承與特留分等制度使遺產於近親外移轉予他人之空間極為狹隘。由於民法對未成年人與無行為能力人有所規定，致成立信託之誘因，在大陸法系國家較為欠缺。當信託財產位於一個大陸法系國家或受益人或委託人是該國之國民或居民時，大陸法系國家法院有時不承認信託，而認定該財產屬於受託人所有。甚至受託人在證明有購買或出售信託財產及起訴或應訴之權限時，還遭遇到問題。

若干大陸法系國家諸如以色列、南非、蘇格蘭及列支敦士登，已通過法律繼受信託制度，惟程度有所不同而已。在亞洲除印度外，尚有日本（1922年）之信託法與信託業法，韓國（1961年）與我國亦定有專法。但在許多大陸法系國家，例如法國，信託由於與當地物權法衝突致未受承認。其他國家只為了限定的目的承認信託。例如阿根廷與巴西，基本上承認信託係為了債券持有人之利益。在墨西哥只有銀行才可擔任受託人。義大利與德國准許依照一個在外國成立的信託條款管理財產，但如該信託排除法定家產規定時，可以違反公序良俗為理由，拒絕執行信託❷❸。

若干大陸法系國家的法院曾試著利用代理或契約原理，將受益人或受託人當作所有人看待，亦有利用類似信託之方法，諸如德國的 Treuhand、荷蘭的 bewind、羅馬的 fiducia、回教國家的 wakf❷❹、法國的 usufruct 以及 fidei-commissum❷❺，用類推方法來實現若干信託目的。但由於這些方法欠缺信託之若干基本特色，以致它們的應用受到限制，且結果常不令人滿

---

❷❸　Bogert, Oaks, Hansen, Neeleman, Cases and Text on the Law of Trusts(7 ed.), p. 305.

❷❹　參照楊崇森，〈伊斯蘭法系介述〉，《法令月刊》第 60 卷第 4 期，民國 98 年 4 月，p. 18。

❷❺　所謂 usufruct 係法國法上之使用收益權，亦即指一個人在他人財產上有終身利益 (life interest)，而所謂 fidei-commissum 係指信託遺贈，即由遺囑留財產予他人，由該他人儘速移轉予別人。參照 Hanbury, Modern Equity, p. 8。

意❷。當然更無法在某一交易行為將這些制度的優點合併起來，實現單一信託所能發揮的異常多種的目的。

但近年來由於國際間來往之便捷，賦稅之誘因，在不同國家之投資機會等，使得國際上利用信託之機會大增，致國際間甚至大陸法系國家承認信託之要求日益高漲，況信託可使委託人集中控制多國之財產，選擇有利之法律，避免限制性之法規。它們也准許委託人將財產放在不受政治上或經濟上不安地區的政府追索的地方❷。

1999 年發表之「歐洲信託法原則」(Principles of European Trusts Law)❷，可能成為歐盟 (EU) 境內起草統一信託法之基礎，致歐盟成立統一信託法一事已非夢想。2001 年 4 月中國也參考日本信託法，制定信託法。2007 年法國民法新增有關信託之條文（第 2011 條），使信託可能活用於以商事為中心之領域❷，且存續期間明定為三十三年❸。由此可窺知信託之影響力已逐漸波及到世界各地。

第三節　各國信託業務之發展

一、概　說

如上所述，信託制度在英國誕生，隨英國社會之進步而發展，但英國信託主要在民事個人財產管理之領域發展❸。信託制度被移殖到舊英國殖

---

❷　Bogert, et al., op. cit., p. 306.

❷　此種信託稱為境外資產保護信託，可參照楊崇森《信託業務與應用》一書，對相關問題有詳細論述。

❷　自從海牙信託公約被荷蘭與義大利批准後，大陸法系國家是否應有信託或類似之法律制度更形重要。尼梅根 (Nijmegen) 大學商業與法律研究中心在 1996 年設置信託法專家國際工作小組研究結果，擬定八條歐洲信託法原則，供歐洲境內交易方便之用，並使各國認識到有發展新國內法律概念之可能，並對這些概念如何能在不同法律與社會經濟環境發展提供指導。

❷　新井誠，《信託法》（第三版），p. 38。

❸　新井誠，《信託法》（第三版），p. 93。

民地之英美法系國家，如美國、加拿大、澳洲等國，其中最發達之國家首推美國。

二、美國之信託業務

在美國，英國式信託制度首先在最初移民之新英格蘭地區，以波士頓為中心，辦理以遺產處理為中心之民事信託，但美國信託之特色並非民事信託，而是營業信託之發展。美國信託業務最早由保險公司作為副業開始，據聞紐約市之「農民火險與貸款公司」(The Farmers' Fire Insurance & Loan Company) 1822 年開始辦理信託業務 [32]，其後人壽保險公司亦經營信託業務。在 1830 年紐約州議會授予 The New York Life Insurance and Trust Company 與上述農民火險與貸款公司相似之信託授權，此乃第一家在名稱上冠以信託之公司 [33]，而 1874 年 Boston Safe Deposit and Trust Company 是第一家設有專辦信託業務之信託部。反觀英國第一家有信託部門的公司乃 Royal Exchange Assurance（人壽保險公司）在 1904 年才開張。

美國不久進入信託公司經營銀行業務之時代。第一家以信託為名之專業信託公司 The United States Trust Company 於 1853 年設立。在南北戰爭後，美國經濟顯著發展，社會繁榮，信託公司亦進入勃興時期，數目激增，與州銀行 (state bank) 及國家銀行 (national bank) 在資金之吸收與運用方面展開激烈之競爭 [34]。信託公司可經營有利之銀行業務。但其後由於官方管

---

[31]　十九世紀印度制定之印度信託法雖可謂日本信託法之母法，法典相當完備，但或許由於不合印度的國情，信託制度似乎尚未在該國生根。山田昭，《信託の話》，p. 179。

[32]　1818 年麻州議會對波士頓市——「麻州醫療人壽保險公司」(Massachusetts Hospital Life Insurance Company) 發給牌照 (charter)，至 1827 年議會又授權投資在信託，自 1818 年至 1823 年間，該公司信託是否逾越政府授權不無疑問。如未逾越其授權，則按時間當為美國第一家信託機構，如逾越授權，則當以紐約之農民火險與貸款公司（後成為紐約市 The First National City Bank）為最早。參照 McInnis, Trust Functions and Services, p. 23。

[33]　McInnis, op. cit., p. 25.

理之強化而消聲匿跡，今日除一小部分專業信託公司外，成為銀行兼營之一部門，取得一定手續費，為個人、法人、社會提供服務。至所吸收資金之放款乃銀行部門之業務，信託部門受託之資金主要投資在有價證券。

美國之信託業務可大別為個人信託與法人信託，個人信託以遺產處理與財產增值為中心，法人信託則包括公司債、投資信託、動產設備信託、公司之股務代理等，此外尚有公益信託❸❺。

三、日本之信託業務

日本最初引進之信託不是個人信託而係法人信託之一的附擔保公司債信託。且早在制定信託法與信託業法之前，即在 1905 年（明治 38 年）首先制定「附擔保公司債信託法」（原文：擔保附社債信託法）。當時日本資本主義在中日、日俄戰爭後飛躍發展，使公司易於發行公司債與募集股份，供給豐富資金予產業界。嗣於 1922 年（大正 11 年）公布「信託法」與「信託業法」，以美國之信託制度為範本，並參考印度之信託法，信託業法上不准信託公司經營銀行業務。當時信託公司業務為金錢信託、有價證券信託、金錢債權信託、動產信託，及附擔保公司債信託，而以金錢信託為中心。

日本在二次大戰期中及結束後，情勢混亂，信託公司經營艱難，昭和 18 年施行「兼營法」，准許普通銀行兼營信託，信託公司被銀行吸收合併，致信託公司數目銳減。大戰結束時，專業信託公司只有七家，信託公司變成銀行，名稱亦改為○○信託銀行。戰後 1952 年制定「放款信託法」（原文：貸付信託法），將信託受益權有價證券化，而以高利、安全、節稅，誘導公眾將資金投資於重要產業，對戰後日本經濟復甦貢獻極大❸❻。且由於貸付信託之營運，使信託銀行作為長期金融機構有了飛躍發展，確立了有

---

❸❹　在信託機構歷史上重要發展之一是將國家銀行信託權限之管理權移轉予錢幣司 (Comptroller of the Currency)，並由新的規則 9 (Regulation 9) 取代了原來之「聯邦儲備系統之規則 F」（Federal Reserve System 之 Regulation F）。

❸❺　山田昭，《信託の話》，p. 180 以下。

❸❻　台灣金融研訓院，《信託法制》（增修訂四版），p. 12。

特色之長期金融機關之地位。且積極開發新種業務,諸如動產設備信託、年金信託、從業員持股信託,一身兼有長期金融機關與財務管理雙重機能。

深度研究 美國與日本信託業務概況之比較

一、信託業務自其經營形態言之,可分為三大類:

　　㈠信託專業公司經營(加拿大、澳洲、昭和 18 年以前之日本)

　　㈡由以信託為主業之銀行經營(日本)

　　㈢一般銀行兼營(美國)❸❼

二、美日兩國信託業務之差異

　　美國信託業務乃日本信託業務之母,但兩者在法制與實態上仍有相當差異。由於信託基礎之金融制度、財產形態、社會之習慣等不同,故信託實務亦有差異,惟最大理由係日本為間接金融,而美國主要為直接金融❸❽。美國遺囑信託與遺囑執行之關係甚為密切,遺囑信託與從業員福利信託等他益信託較多。

　　日本信託與銀行存款並列,將比較小額金錢受託合同運用(即集中運用),而美國信託多屬證券投資,單獨運用,受託單位大(最低受託單位通常為 50 至 1000 萬美金),運用於證券。

　　美國銀行與信託公司多不區分,有四分之一左右銀行兼營信託業務與銀行業務(兩業務在同一銀行有所謂「萬里長城」(Chinese wall) 加以分隔)。又名稱上雖用「銀行」字樣,但不乏以信託業務為中心之例❸❾。1995 年末,美國有 3,942 家信託機構,其中商業銀行 3,648 家,信託專業公司 187 家,有關此等信託業務與信託關係之法制各州並不相同❹⓿。

三、法律上信託業務之種類與範圍亦不同

　　日本所謂「信託業務」,乃依信託業法信託公司能經營之業務,即除承

---

❸❼　三菱銀行,《信託の法務と實務》, p. 208。

❸❽　同❸❼, p. 258。

❸❾　同❸❼, p. 262 以下。

❹⓿　同❸❼, p. 16。

受信託（同法第 4 條）外，亦包含不動產買賣媒介與代理業務等之併營業務（同法第 5 條）（兼營法第 1 條）。

　　美國法律因各州而異，不能對「信託業務」下一單一定義。但一般言之，不限於信託之承受，廣泛指居於 fiduciary 關係之業務（所謂 fiduciary 關係，乃受任人得為他人（委任人）對第三人行使權利之關係，在監護人與被監護人、代理人與本人、受託人與委託人、律師與當事人之間成立）。其中與銀行業務有關者，乃廣義之信託業務，其中將所有權移轉予受任人者，乃狹義之信託即本業，其他則認為「併營業務」，而在美國則兩者不加區別，實際上雖稱為信託業務，但代理業務等反比信託之承受居於壓倒的多數。如將美國信託業務之範圍與日本比較，則在信託之受託、保管，公司債本息之支付，遺囑之執行、代理，雖屬一致，但成為監護人及受託公司債之擔保權為日本信託業法所不承認；反之，債務之保證及不動產買賣等之媒介在美國並不承認❹。

第四節　我國信託業與信託立法之發展

一、信託法施行前利用信託之情形

　　我國在信託法施行前，民間利用信託之事例頗多，包括下列各種：

㈠計程車靠行

　　所謂靠行係指計程車由駕駛人出資購買，但所有權登記在車行名下，由車行出名辦理營業執照等事宜，駕駛人則形式上受雇於車行，擔任駕駛。

㈡利用他人名義購買農地

　　土地法以前曾限制非自耕農不能取得農地所有權，以致欲購買農地而不具法定資格之人利用自耕農出面登記為所有權人。

㈢利用本國人名義購買股份

　　由於我國法令對於外國人投資行為及取得上市公司股份設有限制，外

---

❹　同❸，p. 256 以下。

國人遂由本國人出面投資，在公司股東名簿上登記為股東而迴避此規定。

㈣債務人為規避債權人之追索而脫產

債務人為規避債權人之追索，常將財產形式上移轉予親友，實際上仍自行使用收益。

㈤公司之發起人或董監事借用他人名義

過去公司法原規定股份有限公司須有七名發起人、三名董事及一名監察人，於是有人設立股份有限公司時，邀親友出名擔任人頭發起人或董監事，以湊足法定人數。

㈥祭祀公業或寺廟財產之借名登記

祭祀公業或寺廟原應申請成立財團法人，但實務上有人為規避繁瑣之申請手續或主管機關之監督，將祭祀公業或寺廟之財產登記在特定個人名下，實質上所有權仍屬於祭祀公業或寺廟。

㈦信託讓與擔保

債務人為擔保債務之清償，將特定財產之所有權移轉予債權人，債權人雖取得形式上之所有權，財產仍由債務人使用收益。如債務人遲延清償，債權人可以該財產抵償，如債務人清償時，則將財產返還。

二、我國信託業之發展

信託乃泰西之歷史產物，我國過去並無信託之觀念，亦無信託之用語，然關於土地信託之雛型，據云在上海租界（可能清末或民國初年）已由外人移植於我國出現[42]。

我國正式之信託事業始於民國 10 年[43]，雖受日本之影響，但多摹仿美國。有十多家信託公司，均設於上海，係私人經營，不久交易所倒閉後，信託公司亦相繼解散。碩果僅存者，中央信託公司（後改名中一信託公司）一家而已。

民國 17 年以後，又有多家信託公司出現，各大銀行亦各有信託部之設

---

[42] 參照史尚寬，《信託法論》，p. 5。

[43] 朱斯煌，《信託總論》，p. 95 以下。

置。官立之信託機構有上海市政府創辦之興業信託社與中央信託局，然為一般民眾服務者不多❹。且中央信託局實際所辦多屬代理業務。至臺灣光復後，金融機構雖有稱為○○信託部者，但所謂信託事業不過為代理負責有價證券及房地產、經收房地稅、代理保險、代客保管物品及保管箱之出租等銀行附屬業務，而英美信託之財產管理、執行遺囑、遺產管理等個人信託業及團體基金之管理、公司債信託等法人信託業務，可謂絕無僅有❺。

　　因過去戰亂頻仍，國民經濟尚未開展，且民風保守，國人一向將個人財產視為高度機密，遑論委託信託機構代為管理運用。民國 55 年以來，臺灣由於經濟發展，逐漸轉變為工業社會，惟缺乏企業資金。政府為配合經濟發展及加強中、長期信用體系之建立，於 57 年頒布「華僑投資設立信託投資公司審核原則」與「民間投資設立信託投資公司審核原則」。59 年合併修訂為「信託投資公司設立申請審核原則」，並另訂「信託投資公司管理辦法」，正式開放設立民營信託投資公司。經財政部核准設立之信託投資公司，計有中國、臺灣第一、華僑、國泰、中聯、亞洲等六家，另有為配合省政建設之需要，由省營之臺灣土地開發公司所改組申請設立之臺灣土地開發信託投資公司。62 年政府又將「信託投資公司設立申請審核原則」與「信託投資公司管理辦法」合併修訂為「信託投資公司管理規則」。民國 64 年為配合公民營事業機構職工退休暨撫恤制度之建立，曾開辦職工退休金信託。

　　在民國 85 年信託法與信託業法頒行前，在銀行法雖訂有信託公司一章，但其位階只是行政命令，且內容過於簡略，未能適應信託業務之需要。在信託法頒行前，經營信託業務之機構除上述七家信託投資公司外，連同臺灣銀行信託部、中央信託局信託處二家，共有九家。此外尚有中華開發信託公司，惟其業務內容除利用國內外資金轉貸或投資於國內生產事業外，未辦理有關各項業務。

　　民國 80 年，政府為配合金融自由化政策，開放鼓勵信託投資公司變更

---

❹　周大中，《信託金融》，p. 267 以下；楊崇森，《信託與投資》，p. 210。

❺　參照史尚寬，前揭，p. 6。

為銀行，於是中國信託、國泰信託、華僑信託及臺灣第一信託相繼改制為商業銀行，而中華開發則改制為工業銀行。信託法遲至民國85年始經立法院通過施行，信託業法亦遲至民國89年始付諸實施。

我國信託業務常見的有安養信託、子女教育創業信託、員工福利信託、退休信託、保險金信託、遺孤信託、失依兒童少年信託、指定用途信託資金投資國內外有價證券、集合管理運用帳戶、貨幣市場共同信託基金等金錢信託，及有價證券信託、不動產信託、證券化商品等。其中以金錢之信託為最大宗，其次為金錢債權及擔保物權之信託（主要係金融資產證券化業務）、有價證券之信託與不動產之信託。至96年底止，經主要機關核准發行並募集之金融資產證券化商品計五十四件，不動產證券化商品則有十七件 ❻。又目前國內信託多屬定型化契約，似較少量身定作，且似乏裁量權之信託。

三、大陸法系國家繼受英美信託制度之困難

大陸法系國家繼受英美信託制度之障礙，基本上乃源於英美法與大陸法之差異，分述如下：

㈠在英美法之下，在同一標的物之上同時有普通法上所有權 (common law ownership) 與衡平法上所有權 (equitable ownership) 之雙重所有權之存在，而分屬於受託人與受益人，而與大陸法上同一物只有單一所有權之觀念迥異。此種信託所有權二元性乃英美信託制度之精髓與特色，亦為大陸法系國家繼受英美信託之最大障礙。日本信託法不採上述英美法所有權二元性之原則，改採由受託人形式上取得信託財產之所有權，而受益人只有特殊之受益權之原則。韓國因之。由於我國亦係大陸法系國家，基於同一理由，我信託法亦沿襲日本信託法此項原則。

㈡大陸法系與英美法系之物權法在性質上迥異，英美法上物權因基本上沿襲傳統封建制度，種類與名稱極為繁複，不易瞭解，且又有不動產種種將來利益 (future interests)，更增加其複雜性。反之在大陸法系，物權之

---

❻ 參照中華民國信託業商業同業公會96年年報，p. 29。

種類受到物權限定原則之限制，僅能以法律嚴格限定之形式出現。財產之將來利益 (future interests) 亦比英美法受到更大之限制。加以物權採公示原則之結果，亦使信託之制度與固有法制發生扞格，不易採取。大陸法下私法自治，即依照個人之需要與願望，創設其法律關係之自由，僅於契約法之領域得到承認，但並未擴展至物權法，此點又與英美法不同。由於大陸法系之物權法遠較英美法單純而清晰，且更適於進步的土地登記制度，故如何繼受英美之信託制度不無困難。

㈢英美信託法因襲英美法個人對其財產處分有濃厚之個人主義之結果，信託財產具有有限責任之特色，即委託人可以受託人作為盾牌，而免除所有人在法律上與社會上之責任；且受託人又可以特約將此種責任排除（且事實上常係如此）。但大陸法系與英美法不同，以致大陸法系國家不易繼受非法人卻只負有限責任之信託制度。

㈣英美法系國家無行政上之困難，即英美衡平法傳統上由法院對信託予以種種之監督與協助；反之，大陸法系之司法界則無此傳統，且對信託亦較為生疏。

深度研究 英美物權法之特殊性與複雜性

　　英國是尊重傳統之民族，英美物權法，尤其不動產法與大陸法系之國家，包括我國，相去甚遠，主要原因是其不動產法係起源於英國封建時期之土地法 (feudal land law)。在當時封建制度下，所有土地名義上屬於國王所有（接近我國所謂「普天之下，莫非王土，率土之濱，莫非王臣」。至今英國法律上仍屬如此）。國王將種類、名稱、期限、效力不同的權利（最初是使用權，後來演變為所有權）分封他的主要臣下，有的只能終身享有，有的可以傳給子孫，有的附條件或期限。然後他的臣下再將土地的一部以某種期間與內容依次賦予他的部下，與大陸法系國家不動產物權法在法國大革命後廢除封建制度，將土地產權整理成為簡明的物權限定主義不同，以致不動產法律極為複雜；因此可以理解英國不動產所有權 (possessory interest) 不似大陸法系係永久完全的權利，而可按其圓滿狀態與否或存續期間長短分為數種，但也因此使得英美土地的所有人處分他產權的自由與範圍能隨心所欲，比起大陸法更有彈性，且寬廣得多。茲將英國土地所有權之種類簡述如下：

一、Fee simple absolute（常稱為 fee simple 或 fee）

　　這是最完全而且圓滿的所有權，存續期間無限，不受任何限制。

二、fee simple defeasible

　　這是附有條件或限制的所有權，雖然可能永久存在，但如不遵守該條件或限制，將來所有權可能回歸於讓與人（或其繼承人）。

三、fee tail

　　此種所有權除受讓人終身享有外，只能由特定一群（group）之繼承人（如男系或女系子孫）繼承，如受讓人死後無此種繼承人時，則所有權回歸於讓與人（或其繼承人）。

四、life estate

　　此係指以特定人（讓與人、受讓人或第三人）之生存期間為限才能享有之所有權。

　　為便於讀者瞭解，特圖示如下：

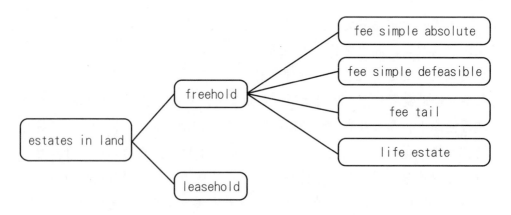

而所謂將來利益 (future interest) 係按照所有人 (holder) 所有之或然率或確實性分類❹。英美普通法能夠以相當之抽象 (remarkable abstraction) 處理土地上之利益。所有權 (ownership) 在時間上長短不一，且可按所有人之需要與法律人之創意加以分割。其結果一切享有不動產 (estate) 不問現在 (pocessory) 或將來 (future) 利益之人都是土地已歸屬利益 (vested interests) 之現存所有人❹。

以上可另參照 Farnsworth, An Introduction to the Legal System of the United States (1983), p. 116。

四、我國信託立法之經過

在信託法立法前，「信託」一詞雖散見於有關法規中，如民事訴訟法第171條、公司法第248條以下數條，有關公司債發行受託人之規定，財政收支劃分法第26條及預算法第4條、銀行法第3條第3款及第19款、會計師法第15條第3款等，惟有關信託之定義及法律關係，民法與其他法律均乏規定，在法律上屬於無名契約，致過去信託行為在法律上之效力、信託成立與終止之要件、信託財產之法律地位及信託關係人間之權利義務如何，均因信託法制之缺如而生疑義，司法實務上雖類推適用委任等法律關係加以處理，仍難獲得妥善解決。尤其在未制定信託法與信託業法前，先准許信託投資公司成立並經營業務，僅在銀行法設有信託投資公司一章，對信託之基本法律關係，缺乏法律上之依據，尤其信託公司投資人（受益人）在法律上之地位妾身未明，如遇信託公司倒閉，其投資便欠缺保障。同時由於有關法令對信託業之經營，限制重重，致實際上信託公司業務幾皆以金錢信託為主。因此亟需制定規範一般信託關係之信託法，並對以信

---

❹　例如在 estate in fee simple absolute 之所有人在賦予他人一個終身存在之 life estate 之後，仍保留一種無條件之將來利益，稱為回歸權 (reversion)。

❹　例如擁有回歸權之所有人對該回歸權正如任何財產一樣，可在其生存期中或死後自由處分，而於將來一定期間移轉所有之權利，即使該人在終身存在之 life estate 屆滿前死亡亦然。

託為業之信託公司，制定信託業法，作為信託法的特別法，以輔導信託業發展，同時保護投資人之權益。

我國信託法立法過程可謂一波三折，先是財政部於民國64年委託當時國立中興大學法律系主任楊崇森博士起草信託法草案，邀集相關業界代表與會研商，期間因國人對信託性質不甚明瞭，曾一度函請當時司法行政部考慮併入當時該部審議中之民法修正草案，經當時委員楊崇森表示不宜❹後，其議遂寢。信託法經完成草案，計八章六十二條後，送回財政部廣徵朝野各界意見，後不知何故被擱置。第二度信託法於民國74年又經財政部再度組成信託法研究小組，由楊崇森博士為召集人，將原草案加以審議增訂，於75年完成信託法草案，其特色為將民事信託與信託業合併規範，包含信託業及罰則等章。嗣因不久發生亞洲信託公司倒閉事件，又被擱置。後財政部認為信託法乃信託之實體法，移請法務部主持其事。經法務部於77年2月成立「信託法研究制定委員會」，復由楊博士擔任召集人，草案歷經七十七次會議後，方告定案。嗣法務部於82年2月將全案報行政院。

82年7月，「公職人員財產申報法」公布，規定信託法及信託業法應於該法公布後一年內完成立法，不能拖延。83年初，內政部將有關不動產信託登記及土地信託課稅之「土地登記規則」及「平均地權條例」等修正；經濟部將「專利法」、「礦業法」等修正；財政部將所擬「信託業法」草案報行政院後，行政院於5月將信託法草案送立法院審議，至84年始經立法院通過，完成信託法立法程序，自85年1月26日總統公布施行。

該信託法分九章，共八十六條，原則上仍承繼英美信託法之理論，惟不採英美法同一物上有普通法上所有權與衡平法上所有權並存之二元性之作法，而仿日本立法例，由受託人取得信託財產之所有權，受益人只有受

---

❹ 因信託法之範圍相當龐雜，所涉範圍甚廣，包括契約、遺囑、強制執行、物權、法人等，為一種特殊財產管理制度，無論納入民法中任何部分，均不適宜；而且在體制上、立法技術上，如何納入民法，亦大有問題。試觀如巴拿馬、墨西哥及其他拉丁美洲國家，均將信託法在民法以外單獨立法。日本、韓國不但於民法之外制定信託法，且另訂定信託業法及其他特別信託立法。

益權。除仿英美、日本立法例外，又增加不少獨特之規定，較日韓等國信
託法更為進步周延。其特色如下：

㈠所有權與利益之分立

受託人雖取得信託財產之所有權，但不能享受所有權之利益，而須依
信託行為或法律所定，為受益人之利益或為特定之目的，管理或處分該財
產，亦即在信託財產同一標的物上，權利名義人與享受利益人乃不同之權
利主體。

㈡信託財產之獨立性

信託成立後，信託財產在名義上雖移轉為受託人所有，惟不屬於受託
人之自有財產，而係具有獨立性質之特殊財產。

㈢信託之存續性

信託關係原則上不因受託人之欠缺而終了。即不因自然人之受託人死
亡、破產或喪失行為能力，或法人之受託人解散、合併或撤銷設立登記而
消滅，在公益信託，信託之目的有不能、不適切或違法之情事，或信託關
係終了後，目的事業主管機關亦得為類似之目的，使信託關係存續（信託
法第 73、79 條）。

㈣信託原則上應以契約或遺囑為之

信託之成立須基於委託人之意思，即「任意信託」（信託法第 2 條參照），
而不承認英美法上所謂擬制信託 (constructive trust)（或譯為構成信託）。

㈤賦予委託人監督等權限

依英美信託法，委託人於信託成立後，原則上與信託之運作脫離，惟
為貫徹委託人信託目的之實現，賦予委託人於信託成立後若干監督等權限。

㈥關於信託財產之保護，不採英美追及效力主義

英美信託法受益人之受益權具有物權色彩，如信託財產被受託人違法
移轉予第三人時，原則上有「追及力」(following trust property)。日、韓信
託法亦承繼此一法理，採「撤銷權主義」，受益人無須訴請法院裁判，得以
單獨行為追及被處分之標的物。鑑於我國不動產物權之變動，非經登記，
不生效力，對於已經被受託人移轉之不動產，如亦得由受益人逕行撤銷，

在執行上可能發生窒礙。故本法規定此時受益人須向法院聲請撤銷其處分（信託法第 18 條第 1 項）。

(七)受益權之有價證券化

信託雖原以民事信託及個別信託為主，但營業信託與集團信託在今日已成為信託之主流，爰明定「信託行為訂定對於受益權得發行有價證券者，受託人得依有關法律之規定，發行有價證券」（信託法第 37 條），俾促進信託資金流通及活潑金融市場。

(八)有限度採認宣言信託 (declaration of trust)

英美信託制度承認宣言信託，即財產所有人得以自己為受託人設立信託。由於委託人兼受託人易滋流弊，日、韓信託法未採納宣言信託。本法鑑於國內公益需求日增，如能引進美國社區基金會 (community foundation) 制度，集合多數人之少量資金，以集腋成裘方式，匯成大額資金，當有助於增進公共利益，故有限度採認宣言信託，規定「法人為增進公共利益，得經決議對外宣言自為委託人及受託人，並邀公眾加入為委託人」（信託法第 71 條第 1 項）❺⓿。

89 年信託業法施行，該法規範信託業之設立變更、業務範圍、經營規範、監督、自律組織及罰則等，已先後於 89 年、93 年與 97 年三度修正。

民國 90 年 5 月信託相關稅法（含所得稅法、遺產及贈與稅法、土地稅法、契稅條例、房屋稅條例、平均地權條例與加值型及非加值型營業稅法等）之修正案，亦經立法院通過。民國 91 年 7 月頒布金融資產證券化條例，引進特殊目的信託，92 年 7 月頒布不動產證券化條例，引進不動產投資信託與不動產資產信託。93 年 6 月頒行證券投資信託及顧問法，使證券投資信託有正式法律加以規範。至此，各種相關信託立法大體已告完備，惟信託稅法部分似嫌簡陋，尚待再充實，俾能促進信託事業之發達。

---

❺⓿　參照楊崇森，〈信託法立法的曲折過程 1.〉，《律師雜誌》，第 204 期（民國 85 年 9 月）；葉賽鶯，〈信託法草案之分析暨其相較於日韓信託法之特色〉，《法學叢刊》，153 期，p. 27 以下。

第五節　海牙信託準據法及其承認公約

　　如上所述，信託與契約或婚姻不同，並非超越法域普遍存在之法律制度，因此如有人設立信託，以未採信託制度的外國法作為準據法時，如何處理，可能發生問題。尤其大陸法系國家遇到有關信託問題時，類推適用自己法律上最能獲致與應用外國信託法規則類似效果之制度（例如契約、侵權行為、繼承等），但結果很少令人滿意。例如英國人移居法國後，以留在英國之家屬為受益人，將其在法國所賺之財產信託予友人之案件，因法國並無信託法，有關受託人之義務與信託財產及與第三人之關係發生紛爭時，無法保護受益人，且此類案件有增加之趨勢。故有制定統一規則之條約，使無信託制度之國家亦可由當事人所選擇國家之法律對信託加以保護之必要。

　　因此在英國請求之下，在海牙國際私法會議（Hague Conference on Private International Law；1893 年設立，本部設於荷蘭海牙，以統一各國國際私法為目標）第 15 會期將信託列入議程，希望對英美法系之信託在國際上獲得更廣泛而直接之承認。結果於 1984 年通過信託之準據法及承認之公約 (The Hague Convention on the Law Applicable to Trusts and on their Recognition)。該公約共三十二條，在 1992 年 1 月 1 日生效。該公約不採相互主義，簽字國不須在國內承認信託，亦不妨礙一國適用其強行規則，諸如經濟管制。

　　由於許多國家法制上欠缺信託觀念，故該公約於起草時，遇到不少理論與實際之困難，後來以新穎方式解決，即在第 2 條第(1)項描述信託之一般性質，並在第(2)與(3)項指出信託之若干特色。要求大陸法系國家在他們自己法律承認信託所有之內容，而非單純將信託關係轉化為他們自己法律最近似之制度❺❶。又第 2 條明定依照準據法 (applicable law) 成立之信託應

---

❺❶　該公約批准與施行之手續仍在繼續中。已簽署該公約之國家與地區包括澳洲、百慕達、加拿大（只有一些省，魁北克省即屬例外）、法國、直布羅陀、荷蘭、中國（只關於香港）、男人島、馬爾他、義大利、澤西、英國與美國。參照 James

承認為信託，委託人可選擇準據法（第 6 條第 1 項），即信託適用委託人選擇之法律。關於選擇的方法，規定「此選擇應由設立信託之文書或證明信託之書面文義上明示或從其文義默示」；又規定「其文義有必要時，應參酌案件情況予以解釋」（第 6 條第 2 項）。如委託人未指定準據法時，則該信託應依照「關係最密切之地之法」（第 7 條第 1 項）。又該條規定：「在確定信託關係最密切之地之法律時，特別參酌下列事項」，而列舉以下四種事項，即：「委託人指定之信託事務執行地」、「信託財產所在地」、「受託人之居住所所在地或營業地」及「信託之目的及應達成該目的之地」（第 7 條第 2 項）。惟在其所定應參酌事項之中，並未列舉信託設立地。換言之，斟酌管理之處所、資產之所在地、受託人之住所及信託目的要實現之場所等因素後，符合該公約成立之信託，始被承認為信託。並謂：此承認最低限度應默示信託財產構成一獨立之基金，而非受託人固有財產或夫妻財產之一部。受託人可以受託人之資格起訴或被訴。

該公約並不擬將信託之觀念導入大陸法系國家，對於決定某特定信託如何管理或是否有效時，建立了決定適用何種法律之國際法規則。除了不賦予受益人在一非信託國家追及信託資產之權利外，已承認所有信託之特色❺❷。

該公約對已批准之大陸法系國家可達到下列目的：

一、法院於處理涉及國際信託事件時，該公約可提供法律規則決定適用何種法律。

二、對國內法尚無信託法之國家，提供法院處理信託之機制，但該公約之效用仍屬有限，因：

㈠須國家批准該公約。

㈡不能使委託人規避採特留分（forced heir）國家國內法有關繼承之法則❺❸。

Chalmers, Trusts, Cases and Materials (2002), p. 281 et. seq.。

❺❷ Gouch, Going Offshore, p. 122 et. seq.。

❺❸ 參照 Graham Moffat, Trust Law, p. 21。

　　在尚未批准該公約之國家，法院在下判決時，可能會考慮到該公約，例如可能用該公約作為解決涉及信託爭端之基礎。總之，雖然該公約之目的只是協助大陸法系國家處理英美信託所產生之問題，但其影響可能將信託導入簽字之大陸法系國家❺❹。

---

❺❹　Bogert, et al., op. cit., p. 307.

第五章　信託之成立

在英美成立信託常見之方法是由財產所有人在生前以契約或以遺囑，移轉財產予他人，作為受託人而設立。在英美較多信託是由遺囑設立，稱為遺囑信託 (testamentary trusts)❶。

但在日本遺囑不大為人們所利用，故以遺囑設立信託尚不多見。近年來美國先為委託人本人終身利益（即以本人為受益人），於委託人死亡時，剩餘財產 (remainder) 再歸屬於他人之信託，又稱為生前信託（inter vivos trusts 或 living trusts），變成相當普遍，信託公司尤其提議成立此種信託。生前信託可能為第三人或委託人本身之利益，亦可能為委託人與一個或數個第三人之利益而成立。委託人成立此種生前信託有不同動機，包括減少所得稅或遺產稅，投資獲得專業管理，或避免以遺囑作財產處分之需要等。在英美信託亦可由財產之所有人單方宣告將其財產交由他自己信託管領，即所謂宣言信託 (declaration of trust) 之方式而成立❷。此外亦可經由第三人實施所謂指定權 (power of appointment) 之特殊方法而成立❸。惟指定權之制度對大陸法系之法律人而言，甚為奇特，且不易瞭解，容後再述。

在我國信託只能以契約或單獨行為（遺囑）成立（信託法第 2 條），分述如次：

---

❶ Bogert, op. cit., p. 61.

❷ 我國信託法基本上並不承認宣言信託，其例外為第 71 條社區信託或社區基金會之情形，容後再述。

❸ 所謂遺囑人創設指定權之情形，例如遺囑人甲將財產以信託遺贈，指定由另一人乙（被指定人），以乙在乙自己遺囑上指定之人為受益人。如甲死亡後，該被指定之人自己作成遺囑，並在該遺囑上行使該指定權，例如指定丙取得受益權後死亡時，則該財產應依該被指定人乙所作之指示移轉予其指定之人即丙。詳如第十九章第二節所述。

一、依契約成立

㈠信託行為須符合三大確定性

　　信託行為之成立，委託人須有就特定財產權為設立信託之意思表示。成立信託行為，委託人雖不必硬性使用「信託」之用語，但其內容必須具體明白。為使信託關係明白起見，必須滿足所謂信託三大確定性，即⑴信託財產⑵信託目的及⑶受益人（私益信託）三要素須可確定。

　　自我信託法第1條之文義觀之，信託似係專基於委託人之意思，由受託人加以承諾而成立，且對何種財產如何管理，亦依委託人之所定；亦即法律關係之內容似係依委託人之意思而形成。但實務上一般乃委託人與受託人預先取得合意，作為合意之結果而成立信託。

㈡委託人須移轉財產權於受託人或為其他處分❹

　　我信託法第1條仿日本信託法立法例，明定「稱信託者，謂委託人將財產權移轉或為其他處分，使受託人依信託本旨，為受益人之利益或為特定之目的，管理或處分信託財產之關係。」此處所謂移轉乃指以法律行為移轉財產權之意。

　　所謂其他處分，乃其他直接發生移轉財產權效果之行為，即基於某財產權，設定限制該財產權之其他財產權，即設定用益物權（地上權、永佃

---

❹　實務上也有所謂「二重受託」之情形，例如某信託之受託人將第一信託之信託財產更成立信託（稱為第二信託），在第二信託亦成為受託人之情形，稱為二重受託。在二重受託，第一信託之受託人成為第二信託之委託人，且亦成為第二信託之受託人。故外觀上第二信託與委託人自為受託人之宣言信託相當。但在宣言信託，委託人就自己之固有財產設立信託而成為受託人；反之，在二重受託，第二信託之委託人並非將其固有財產信託，而是作為第一信託之信託財產之管理機關設立信託。故此時形式上委託人成為受託人，實質上法律主體不同，而與宣言信託不相當。又自與日本舊信託法第9條之關係觀之，第二信託在他人為共同受益人時，或第二信託為集團信託時，第一信託之受託人作為共同受益人之一人而受益，故不抵觸該條，故信託法上此種二重受託可有效成立。（參照三菱銀行，《信託の法務と實務》（三訂版），p. 44）

權、典權）或擔保物權（質權、抵押權）等之行為❺，其適例為設定附擔
保公司債信託之信託契約。因在附擔保公司債信託，委託人為公司債發行
公司或為該公司提供擔保之人（物上保證人），受託人為信託公司。而信託
之目的在於設定以公司債為被擔保債權之物上擔保權，使受託公司為所有
公司債權人管理並實行該擔保權。換言之，公司債債權歸屬於各個公司債
債權人，而擔保權則以信託方式歸屬於受託公司，將被擔保債權與擔保權
分離❻。

㈢信託契約之方式

我信託法對信託行為不要求作成書面，亦無一定格式，雖以言詞設立
亦無不可。不過實際上重要財產之信託，為法律關係明確起見，多作成書
面。尤其土地建物等不動產需辦理登記手續。又營業信託，我信託業法規
定契約應作成書面，並列舉應記載之項目（第 19 條）❼。惟此乃自行政監
督立場所為之訓示規定，理論上雖欠缺書面，亦不影響信託行為之效力。
實務上交付之書面除委託人與受託人簽名蓋章之信託契約外，亦有只由受

---

❺　在日本通說以為信託行為係由原因行為與處分行為而成立，原因行為乃委託人對受
　　託人發生為一定目的管理或處分財產權之義務之債權行為，而處分行為乃委託人對
　　受託人移轉財產權或其他處分之物權行為。一般言之，由於委託人選任受託人，將
　　財產權移轉於受託人，同時受託人承受為受益人管理處分，而成立信託行為。
　　自理論上言，信託似為民法上一種財產管理委託契約，但信託法第 1 條與民法上
　　各種契約之方式不同，且其源頭之英國信託法係以與契約法不同之原理與體系發
　　展下來。故信託與一般契約本質不同。又信託法許多規定乃強行規定，而與契約
　　法規定多屬任意法規不同。例如信託法律關係與契約上債權債務效果不同，又信
　　託之終了定有受託人辭任、解任及選任新受託人等特殊手續，亦與一般契約解除
　　之處理不同。參照田中、山田，《信託法》，p. 40 以下。
❻　松本崇，《信託法》，p. 12 以下。
❼　按我信託業法第 19 條規定：信託契約之訂定，應以書面為之，並應記載信託目
　　的。信託財產之種類、名稱、數量及價額、存續期間、信託財產管理及運用、信
　　託收益計算、分配之時期及方法、信託關係消滅時，信託財產之歸屬及交付方法、
　　受託人之責任等。又新信託業法第 18 條之 1 規定：「信託業辦理信託業務之營運
　　範圍、受益權轉讓限制及風險揭露應載明於信託契約，並告知委託人。」

託人簽名蓋章之定型化之信託證書。以日本為例,在土地信託契約與設備信託契約,除信託契約書外,尚另發行受益(受益權)證書❽。

㈣信託契約之性質

在日本舊信託法之下,對信託效力之發生,有諾成契約說與要物契約說之對立。通說主張單純設立信託之合意,並無法律上效力,尚須將信託財產之權利移轉予受託人與名義變更之後始生效力(要物契約說);而諾成契約說則劃分信託契約之成立與信託效力之發生兩階段。換言之,委託人與受託人就締結信託契約成立合意後,信託契約雖有效成立,但在委託人依信託契約將財產移轉或其他處分之時始生效力❾。日本新信託法可能基於實務之需要,改變立場,而規定信託契約因應成為「委託人之人與應成為受託人之人之間」締結信託合意而生效力(新信託法第4條第1項)。即規定信託契約為諾成契約,不但信託契約之成立,即信託之效力亦只因當事人之合意而發生。在我國信託法上之解釋,信託契約似以採要物契約說為宜。

在信託行為,委託人無償將財產權移轉予受託人。在受託人係信託業或當事人訂有給付報酬者,受託人就信託事務之處理得請求報酬(信託法第38條)。故在我國營業信託占壓倒多數之情況下,信託契約在財產權之移轉(或其他處分)及財產權管理之委任部分,原則上乃雙務與有償契約。

深度研究 生前信託之優點

美國❿與我國不同,過去遺囑信託比生前信託流行,但近年來生前信

---

❽　三菱銀行,《信託の法務と實務》,p. 40。

❾　只是在新法諾成契約之構成下,信託於成立時亦發生效力之結果,在尚無信託財產移轉之階段,則尚不發生破產隔離之效果。參照新井誠,《信託法》(第三版),p. 123。又在二重讓與之情形,依雙方合意著手信託事務之受託人,如因未受領信託財產之移轉,致蒙受損失時,似應由委託人賠償,但如認為委託人無移轉財產予受託人之義務時,受託人基於何種法律原因請求賠償,不無疑義。參照新井,前揭,p. 126。

託備受注目，因其具有不少優點：

一、防止財產所有人日後被人監護

生前信託在財產所有人（委託人）變成無行為能力時，亦可照顧所有人與其財產。即財產所有人可設立一個可撤銷之生前信託，提供足夠資金（或賦予其信賴之人代理權，在所有人變成無行為能力時，提供資金）並指定一個可靠的代替性 (alternative) 受託人（通常是一個已成年子女），在所有人生病時予以管理。如此可避免法院指定監護人之稽延昂貴與繁冗手續，同時受託人可接替委託人照顧供養其家屬之工作❶。

二、存續期間較長，可使不同之人接續受益

生前信託可在委託人死後存續很長期間，委託人如有意使其未成年孫子女得到財產利益時，可指定受託人按受益人將來需要情形，分配收益，直到一定年齡為止。

三、賦予委託人分配財產廣泛之彈性

例如信託契約可規定「在我死亡時，受託人應將我的汽車給我兒甲，將我的大衣與我兒乙」等等。

四、可對信託內容保留控制空間

如不擔心稅捐問題，委託人可創設一個可撤銷信託 (revocable trust)，保留隨時撤銷或修改信託條款或受託人之權。

五、易於設立或變更

委託人不難透過律師設立生前信託，且不須經由作成（或修改）遺囑之手續。美國有些州要求生前信託須向該州註冊，但程序簡易，大多數州作成或修改生前信託不需證人，亦不需用法律術語，只要委託人之律師或委託人自己書寫簽上姓名即可❷。

---

❿ 美國採遺產不直接歸屬繼承人之立法主義，且多數州規定配偶有權於他方死亡後之一定期間內選擇按繼承法之規定繼承，而排除遺囑之效力，稱為選擇權 (elective share 或 right of election)，此制度係源自寡婦產 (dower) 與鰥夫產 (curtesy) 之觀念。

❶ The American Bar Association, Guide to Wills & Estates, p. 72.

二、依遺囑成立

(一)遺囑信託之性質

依遺囑成立之信託稱為遺囑信託。遺囑乃遺囑人所為無相對人之單獨行為（實際上預先與應成為受託人之人協議，就承受信託取得諒解），因遺囑人之死亡而生效力。訂定設立信託之遺囑，並非信託契約之要約，而應解為基於其遺囑直接設立信託。故被指示為受託人之承諾與承受行為，並非遺囑信託成立之要件，信託法就受託人拒絕承受及不能承受之情形，另定選任新受託人之手續，詳如後述。但與契約信託不同，遺囑須具備一定方式，其要件與效力，受到特殊之限制。

又遺囑信託乃以遺囑處分財產，使其歸屬於信託財產，受益人當然取得受益權之他益信託，自經濟上實質效果觀之，乃一種遺贈。從而遺囑信託除依本信託法所定外，似可適用或類推適用民法有關遺贈之規定。

(二)遺囑信託之特色

遺囑信託與以契約成立之契約信託（又稱為生前信託）相較，有下列特色：

1.成立要件

遺囑信託係依遺囑人（委託人）之遺囑（要式行為）而成立，為了有效起見，須由有遺囑能力之人（民法第 1186 條）依民法繼承編所定各種遺囑（自書遺囑、公證遺囑、密封遺囑、代筆遺囑及口授遺囑）法定方式為之（民法第 1189 至 1198 條），但不建議用口授遺囑。

遺囑須就特定財產權明白表明成立信託之旨趣。如僅表明一種希望時，不能成立遺囑信託。遺囑人至少亦須明確表明信託之目的、標的物與受益人，且對受託人須出以命令的口吻。又作為信託財產之財產權於委託人（遺囑人）死亡時，如不屬於遺產時，信託在此限度歸於無效。

2.生效要件

遺囑自遺囑人死亡時發生效力（民法第 1199 條），故遺囑信託亦自遺

---

⑫ 同⑪。

囑人死亡時發生效力，而被指定為受託人之人是否承受信託乃其自由，如承受時，信託之效果始歸屬於被指定人。為免遺囑信託生效後，被指定之受託人不接受職務，日本新信託法規定委託人（遺囑人）可就信託目的、受益人、信託期間、管理方法、給付等事先與受託人協議，再在遺囑上特定遺囑執行人與受託人而訂定信託內容。

3.委託人

委託人只要有遺囑能力即可。限制行為能力人無須經法定代理人之允許得為遺囑，從而已滿十六歲之人，亦可成立遺囑信託（民法第 1186 條）。

4.受託人

我信託業法僅就信託契約之訂定，規定須作成書面，並未就遺囑信託加以規定，其實亦可承受遺囑信託。被指定為受託人之人承受信託後，始溯及遺囑人死亡時生效。成為受託人之人並溯及就承受以前之管理義務負責。如拒絕承受或不能承受時，除遺囑另有規定外，在私益信託，利害關係人或檢察官可聲請法院選任受託人（信託法第 46 條）❸，在公益信託，可聲請主管機關選任，亦可由主管機關依職權予以選任（信託法第 76 條、第 46 條）。此時被選任之人亦與被遺囑指定之人相同，有承受與否之自由。由於承受成為受託人之人，負與委託人之繼承人協力完成信託之義務。惟即使在遺囑人欠缺指定受託人之情形，亦宜尊重遺囑人之意見，類推受託人承受不能之情形，採取選任新受託人之手續，不宜逕即認為信託無效。

以委託人之繼承人，遺囑執行人為受託人時，有關信託之權利義務雖發生一部混同，但一般係屬無妨。

5.受益人

遺囑信託欠缺指定受益人時，解釋上似可推定以繼承人為受益人（參照信託法第 65 條第 2 款之法意）。如被指定之受益人已於遺囑人死亡前死亡時，則遺囑信託不生效力（類推適用民法第 1201 條）。

6.稅法上之處置

---

❸　我信託法第 46 條所定聲請選任受託人事件，由遺贈人死亡時住所地之法院管轄（非訟事件法第 75 條第 4 項）。

　　我國遺產與贈與稅法規定：「因遺囑成立之信託，於遺囑人死亡時，其信託財產應依本法規定，課徵遺產稅。」（第 3 條之 2 第 1 項）

三、信託與繼承之衝突

㈠生前信託與繼承人之繼承權

　　生前信託受益人之受益權可否為民法繼承編第 1225 條所規定扣減之標的？按我民法第 1173 條規定：「繼承人中有在繼承開始前，因結婚分居或營業，已從被繼承人受有財產之贈與者，應將該贈與價額加入繼承開始時被繼承人所有之財產中，為應繼遺產。但被繼承人於贈與時有反對之意思表示者，不在此限。前項贈與價額，應於遺產分割時，由該繼承人之應繼分中扣除。贈與依贈與時之價值計算。」❹

　　按生前信託可分兩類：

1.對第三人之贈與

　　民法並無明文規定對第三人之贈與可為扣減之標的，更無應算入應繼財產之規定，故生前信託以非繼承人之第三人為受益人，與民法繼承編第 1173 條應繼遺產之規定無關，即使實際上影響繼承人之應繼分，繼承人亦無法置喙，不發生扣減之問題。

2.對繼承人之特種目的以外之贈與

　　有人以為此種贈與可為扣減之標的，但：

　　⑴信託既已成立，應保護受益人之利益，同時為避免法律關係趨於複雜❺，以採否定為宜。

　　⑵民法第 1225 條僅規定，應得特留分之人，如因被繼承人所為之遺贈，致其應得之數不足者，得按其不足之數，由遺贈財產扣減之，即特留分之規定僅係限制遺囑人處分其死後之遺產，並未認特留分權利人有扣減被繼

---

❹　按如須將信託財產列入歸扣，則信託財產之價額應以何時作為計算標準，問題頗為繁複，委託人死亡時乎？移轉予受益人時乎？尤以信託受益權分為收益受益權與原本受益權之情形為然。

❺　戴炎輝、戴東雄，《中國繼承法》（77 年版），p. 320。

承人生前所為贈與之權。特留分之規定僅係限制遺囑人處分其死後之遺產，若當事人以生前信託處分其生前之財產，自應尊重當事人之意思。

(3)若生前信託所有人以繼承人中之一人或數人為受益人時，如贈與原因與結婚、分居或營業無關，或即使為此等原因，但委託人有不算入應繼遺產之意思表示時，其他繼承人亦無權置喙。

(二)違反特留分之遺囑信託

遺囑信託與特留分之關係如何？如遺囑信託抵觸委託人之繼承人之特留分時，其效力如何？

日本舊信託法與新信託法就此問題均無規定，日本學者對此點甚少加以討論，如有提及，似僅謂遺囑信託不得抵觸特留分❶，我民法繼承編與信託法就此點均乏規定。在信託應用上牽涉問題頗多，包括：

1.遺囑信託之受益人為委託人之法定繼承人，例如配偶或子女時，此法定繼承人可否以抵觸特留分之規定為理由，主張信託無效，而主張按法定繼承之規定繼承？或可否縮減信託財產之數額？

2.遺囑信託之受益人為無繼承權之他人時，信託之效力如何？如信託受益權之數額抵觸特留分之規定時，如何處理？

按特留分之制度係為保障法定繼承人而設之強行規定，理論上似應優先於遺囑之效力（信託財產先剔除侵害法定繼承人特留分之部分後，其剩餘部分仍屬有效），但信託為新引進之特殊財產處分或管理制度，信託法可認為民法繼承編之特別法，由於信託法與民法繼承編對此問題皆欠缺明文規定，在解釋上不免發生疑義。余意以為被繼承人成立遺囑信託之意思可能係在照顧或限制受益人之繼承權，理論上似應尊重被繼承人之意思。自

---

❶　例如松本崇，前揭，p. 30。松本氏以為遺囑信託經濟效果與民法上遺贈相同，故適用有關遺贈之規定，如有害及法定繼承人之特留分時，受扣減之請求。換言之，違反特留分之遺囑信託並非當然無效，惟應受特留分權利人及其繼承人扣減之請求。扣減請求之相對人為受託人及受益人。在私益信託，扣減之相對人僅係受益人，因此有人主張信託存續，只有受益權要返還給特留分權利人。但此說自特留分制度旨趣觀之，是否妥當不無疑問。

此立場觀之，在信託與特留分衝突時，似應優先適用信託之規定，因如不承認信託之效力，則勢必影響信託功能之發揮與被繼承人意思之貫徹。

按美國信託法就遺囑信託是否抵觸繼承人繼承權，似係以「實質上所有權」為認定標準。在受益人亦係為繼承人時，似有下述二種方式或可供解決信託受益權與繼承特留分制度所生衝突之問題。其一，由繼承人自行選擇，接受委託人之信託安排，或放棄信託受益權而主張特留分；其二，乃將信託受益權自其法定繼承權（特留分）扣除，亦即可同時主張信託受益權及法定特留分，惟在重複之部分則算入信託受益權而非法定特留分❼。

換言之，解決此問題時似宜區分信託關係之受益人是否為繼承人而有不同。信託之受益人非繼承人，而信託違反特留分規定時，於信託財產予以扣減。在受益人為繼承人以外之人之場合，當遺囑信託侵害繼承人之特留分時，該信託行為仍屬有效；惟繼承人得依民法規定行使扣減權❽。惟鑑於此問題關係受益人與繼承人權益甚巨，且涉及大陸法與英美法如何調和之問題，宜於信託法或民法繼承編修正時，以明文訂定，以杜爭議。

㈢成立信託應注意之點

1.委託人須有成立信託之意思，且須正確予以宣示

委託人之意思須正確宣示 (manifestation of intention)，除法律另有規定外，此意思不但可由書面或言詞為之，而且可由行為 (conduct) 予以表達❾。至委託人是否知悉他想創設之法律關係稱為信託，以及是否知悉信託法律關係之真確特性，並不重要。

2.成立信託之形式或用語

表明設立信託之言詞或行為不須用特定形式，成立信託亦不需用「信

---

❼ 參照方嘉麟，《信託法之理論與實務》，pp. 249–253。

❽ 關於信託違反特留分問題之討論，可參照潘秀菊〈現行信託商品於發展上所面臨之障礙與突破〉一文，收於台灣信託協會《2008 信託法制問題與趨勢研討會㈡論文集》（2008 年 11 月 22 日）。

❾ 在英美制定法可能要求意思以特定形式表達，例如「詐欺防止法」可能須有簽名的備忘錄 (memorandum)，又對於遺囑信託，「遺囑法」(Statute of Wills) 可能要求按法定方式作成書面。

託」或「受託人」之用語。同理，單純使用這些文字，並不當然顯示有設立信託之意思❷。

3.使用希冀而非命令文字之信託，法律上不能成立有效之遺囑信託

在英美如遺囑人作成遺贈，指示受遺贈人為他人利益處分所遺贈之財產時，則係足夠成立信託意思之表示。但在遺囑處分常發生遺囑人使用希望，而非命令之言詞，此時可能發生問題。因此際遺囑人是否有意成立信託，抑無此意圖，須加確定。英美法將使用希冀而非命令或強制文字之信託，稱為「祈求信託」(precatory trust)，在法律上不能成立有效之信託，對受遺贈人最多只課以道德義務。

4.其他注意之點

⑴如信託財產要在將來某時期由委託人指定，則不成立信託。

⑵須指定受益人：若受益人在將來某時期由委託人指定時，亦無信託之成立。如受益人要等到委託人死亡時才確定，則該處分只是遺囑處分。

⑶受任人非受託人：如財產所有人不移轉所有權，只將其占有交給另一人，指示該人為他保管，且按他可能之指示來處理，如他未另作指示而死亡時，該取得財產之人並非受託人，不過是財產所有人之受任人 (agent)，此代理關係於所有人死亡時終結。

5.受益人知悉信託與否不影響信託之成立

信託可為某受益人之利益而成立，即使該受益人不知信託之成立，同時受益人接受受益，亦非信託成立之條件。事實上在英美有許多情形，受益人在不知情或未被徵得同意下，受取利益財產。在英美法，不論信託之成立係由於移轉財產 (conveyance) 或由於宣言信託，如信託雖未通知受益人或未經他接受，若一旦有效成立，則委託人不能撤回 (revoke) 該信託，除非事先保留撤回權 (power of revocation)。又委託人在信託成立後，受益

---

❷　如先後為了二人以上之利益，遺贈或遺留財產時，遺囑人之意思究竟是為此數人成立信託，抑由此數人先後取得遺產，可能發生問題。因在英美，遺囑人將土地遺贈予一人終身，而將剩餘財產交予另一人，由此成立連續法律上資產 (successive legal estates) 之情形頗為多見。參照 Bogert, op. cit., p. 67。

人知悉該信託成立前，如變成無行為能力，例如精神病或破產，亦不影響信託之效力；且信託亦不因受託人之死亡而被終止。信託於委託人移轉財產於受託人時，已告成立，且嗣後變成不能撤回；而非在受益人接到信託之通知或在接受信託之利益之時始行成立❷。不過信託條款，可訂定以受益人接受受益權作為成立信託之停止條件❷。

6.歸併信託問題

在英美生前信託之委託人常常在遺囑指示要將若干遺產併入 (pour over) 到他先成立之生前信託。如在遺囑上提到生前信託之條款，則遺囑信託為有效，剩餘財產應併入生前信託之財產中。此種將遺囑信託財產併入早先成立之生前信託之信託稱為歸併信託 (pour-over trust)。歸併信託之效力在美國過去曾發生疑義。但今日美國各州立法已准許歸併遺囑與歸併信託 (即使信託可修改或無財源)，並宣布遺囑信託事實上乃既存生前信託之延續。當然如該遺囑信託在委託人或遺囑人死亡前被撤回時，則該遺贈失效❷。

7.事業信託之問題

委託人之積極財產連同債務之信託，即實質上屬於委託人之積極財產與消極財產（債務）之集合體之特定事業本身，可否成為信託之客體，我信託法尚乏規定。按在日本舊信託法下不能作為信託之客體，在新信託法下，已廢除此種限制（日本新信託法第 21 條第 1 項第 3 款）。

8.目的信託 (purpose trust) 或名譽信託 (Honorary Trust) 之問題

在日本舊信託法下，受益人未定之信託須限於公益信託，若不合公益

---

❷　Bogert, op. cit., p. 91.

❷　Bogert, op. cit., p. 91.

❷　近年來為了解決不同之觀點，並使歸併遺囑與信託之效果明確起見，在美國許多州已通過了制定法，通常規定遺產可由遺囑將其合併到在遺囑作成前用書面成立之信託，而不問此生前信託之委託人是遺囑人或他人，也不問該生前信託是否可修改或撤銷；又除遺囑有明白相反之條款外，該被併入之贈與應由先成立信託之受託人，按照遺囑人死亡時，而非按遺囑作成時之條款加以運用。(Bogert. op. cit., p. 61)

信託之條件，則不能成立信託。所謂目的信託係指受益人未定之信託，例如信託之目的在飼養特定之寵物、以自己死後之財產作為紀念館、給付獎金予對特定企業之發展有功之人(不限於員工)，以及目的限定特定之企業，但不能取得公益信託許可之信託等是。此等信託在日本舊信託法之下，原不能有效成立，反之，在英美法下，為一特定非公益，即使無人可執行(enforce)該信託，稱為榮譽信託(honorary trust)，該信託並非一律歸於無效。例如以遺贈來建造或維護墓碑或紀念碑，或照顧墳墓或養護特定動物之信託，為若干美國法院所承認。而且在一些州照顧墳墓之信託，已為制定法所准許。此次日本新信託法已放寬尺度，承認此等目的信託。我國信託法是否承認目的信託? 理論上可能發生爭議，但由於信託法第 1 條規定:「稱信託者，謂委託人將財產權移轉或為其他處分，使受託人依信託本旨，為受益人之利益或為特定之目的，管理或處分信託財產之關係」。所謂「為特定之目的」一詞，解釋上如認為係指以人以外之目的為受益對象，而作為承認「目的信託」之根據，似亦非牽強❷❹。

9.委託人可預先保留若干權限

⑴依信託條款，信託財產之法律上所有權歸屬於受託人，但信託財產之整個管理可另行委託一個第三人❷❺。亦可能規定受託人之行動，在若干方面，須受一個第三人（共同受託人，或受益人，或委託人，或一個與信託無關之第三人）之控制❷❻。

⑵委託人可能保留權利增加信託財產(由移轉其他財產或由遺囑)之權限，此際意欲成立一個新信託，抑只增加到現存信託，可能發生解釋問題。

⑶委託人將財產為了數個目的交付信託，此時意在創設數個信託，抑係只劃分收益之單一信託，係解釋問題。

⑷信託可能在受託人權責（裁量）範圍內，准許收益之受益人占有土地（信託財產）❷❼。

---

❷❹　參照溫俊富，《實用信託法》，p. 136。

❷❺　Scott, Abridgment of the Law of Trusts, p. 364.

❷❻　Id., at 362.

㈣生前信託之撤銷與修改

1.遺囑信託在生效前，如同一般遺囑，可隨時撤銷及修改，但於生效後，因委託人已經死亡，不發生撤銷與修改之問題，此點與生前信託不同。因此以下所敘述者，乃純就生前信託而言。

信託生效後委託人可否改變心意撤銷其信託？按委託人除明示保留撤銷或終止信託之權利，或為信託之唯一受益人外，不得撤銷 (revoke) 已成立之信託，而請求將信託財產取回❷❷。故委託人於設立信託後，不得因改變心意，或對受託人之信託管理不滿，或因其他原因將信託撤銷。例如委託人為其妻成立信託，後來夫妻反目；或委託人有錢時為子女成立信託，後來財務惡化，需要信託財產供自己花用等，法律不賦予委託人將財產取回並結束信託之機會❸。但委託人成立信託，係出於詐欺、脅迫或無行為能力時，則可撤銷信託。

2.有關撤銷權應注意之點

⑴委託人之撤銷權具有一身專屬性，不可由其繼承人行使。

⑵如委託人規定該撤銷權應以特定方式實施，或附停止條件時，則此指示為有效。例如訂定此權限之實施應由委託人通知受託人時，不可由委

---

❷　Id., at 360.

❷　此原則之例外是委託人以自己為唯一受益人，訂定收益付與委託人終身，原本在死後分配予他遺囑所指定之人，如於遺囑未指定時，歸屬於他的繼承人之情形。在此等案件，美國法院常裁定委託人可撤銷信託，或基於唯一受益人（委託人）之請求，命終止信託 (terminate)。參照 Bogert, op. cit., p. 529。我信託法亦規定信託利益全部由委託人享有者，委託人或其繼承人得隨時終止信託（第 63 條第 1 項）。

❷　委託人鑑於人生無常，可能使他想保留取回或修正信託之權，但也要考慮保留此權限在稅捐上之結果。如信託是不可撤銷，則可能需負擔贈與稅，如作為可撤銷，則負擔信託收益之稅捐，且於死亡時，就繼承稅或遺產稅而言，信託財產變成其遺產之一部。其理論根據是：原本 (corpus) 之占有與享有，在委託人死亡前並未移轉。參照 Bogert, op. cit., p. 532。

❸　例如在 Vinery v. Abbott 一案，Vinery 將動產移轉予受託人，供養委託人終身，並在死後為若干親戚之利益而設，惟在信託成立之後一週，Vinery 突然結婚，想取消信託，取回財產。

託人以遺囑為之。又如訂定此權利歸兩人所有時，不可只由後死者行使。如未訂定行使此撤銷權之程式時，則可以任何合理方式實施，例如以書面通知受託人是。

(3)生前信託之委託人於信託行為保留撤銷信託之權限，並不使此種信託變成遺囑信託。例如財產所有人移轉財產予信託，將收益支付予自己終身，於他死亡時支付原本與他人，保留在生前隨時撤銷信託之權，被認為非遺囑信託。

(4)不問委託人保留一次撤銷整個信託，或也保留隨時將信託財產任何部分撤銷之權，保留撤銷信託之權限，也包含改變其信託條款之權限。

(五)因詐欺或脅迫設立信託

委託人設立信託係受受益人之詐欺或脅迫時，可否以意思表示瑕疵為理由，依民法第 91 條規定撤銷其信託，或可否類推適用繼承法之規定，使受益人喪失受益權?有人以為委託人設立信託之意思表示乃向受託人為之，故在受益人詐欺委託人設立信託時，能否適用民法一般原則，不無疑義[31]，但鄙見以為英美法上一般法律行為無效之原因之法律亦適用於信託之成立，包括詐欺、脅迫或不正之影響[32]，況信託乃三面法律關係與一般法律行為雙方行為不同，況受益人仍實際自信託獲得利益，其地位與一般第三人顯有不同，如不能撤銷則違反事理之平，故余以為此時委託人可以受益人詐欺為理由，撤銷信託。

(六)信託文件之優越性與委託人地位之強化

如上所述，信託乃尊重當事人意思自治之制度，在英國委託人可在信託文件修改或排除法律對信託之非強行規定，例如只要受託人善意行動，可免除其信託經營損失之責任。委託人亦可賦予受託人完全權力決定事實爭點、決定何種費用應由原本或收益分攤，決定何種收入分配予原本或收益，但如委託人免除受託人對受益人之義務與責任太過，以致受益人實際對受託人無可執行 (enforce) 之權利時，法院可能認為受託人並非只是委託

---

[31] 方嘉麟，《信託法之理論與實務》，p. 51。

[32] Bogert, op. cit., p. 21.

人之受託人，而係信託財產之完全權利人，致將信託認為無效。(Armitage v. Nurse [1998] Ch. 241 at 253)❸委託人可保留予保護人（其意義詳如後述）同意受託人之報酬、解任受託人及指派新受託人或增派受託人、改變規範信託效力與管理之法律（準據法）之權限❹。此次日本信託法修正，亦受英美信託法之影響，大幅承認財產所有人可安排設計自己之信託，而將該法不少規定任意法規化。

---

❸　Hayton, op. cit., p. 34.

❹　Hayton, op. cit., p. 35.

第六章　信託與其他制度之比較

一、信託與贈與

在信託中，自益信託雖非贈與，但他益信託實質上係一種特殊之贈與，即透過第三人（受託人）之介入，由贈與人保留控制權，並保障受贈人享有其利益之特殊機制。按贈與為即時或一時性之行為，而信託則是一種繼續性法律關係。在贈與，贈與物一旦交付，贈與人即對贈與物失去控制之權利，受贈人原則上即有處分贈與物之完全權（除附負擔贈與外），故可能因受贈人欠缺判斷力，致贈與物迅速耗盡。但在信託，贈與人一方面為贈與行為，同時保留控制受贈人享受利益之時期、數量甚至條件。委託人可在信託行為訂定在何時、在多久期間及在何種條件下，受贈人可享受贈與之利益。而且委託人可接續將同一財產權讓不同之人在時間上先後享有贈與之利益（此點尤和贈與有異），而且甚至可預先保留撤銷贈與（可撤銷之信託）之權，當然更可預先指示受託人依受託人之裁量，斟酌以後各受益人之情況（諸如身心、生活或教育需要），決定在何時給付信託利益予受益人及決定給付之數額。

贈與係在贈與人生前為之（死因贈與亦係在生前為之），為一種契約行為，而生前信託固係契約行為（宣言信託例外），但遺囑信託則為單獨行為（遺囑信託有似遺贈）。又信託原則上為三面法律關係（即委託人、受託人與受益人），而贈與只有兩面關係。

至附負擔贈與雖較一般贈與和信託較為相近，但二者仍有下列不同：

㈠信託為三面法律關係，有委託人信賴之受託人介入，由其負擔各種義務；反之在附負擔贈與，因無贈與人信賴之第三人介入，負擔之履行有賴受贈人之誠意。

㈡在信託，委託人可在時間上指定數個受益人先後接續享受財產上利益，而在附負擔之贈與，負擔未必均涉及第三人，況只有受贈人享有利益，

雖可命其負擔若干義務，但不可大至命其交出贈與物予第三人之程度，否則即非負擔。且由受託人負擔移轉收益或原本予另一受益人之義務，而在附負擔之贈與，負擔係由受贈人為之，不能確保其一定履行。

㈢在贈與人生前受贈人不履行負擔時，贈與人得請求受贈人履行其負擔或撤銷贈與，但在贈與人死亡後，如受贈人不履行負擔時，則難於確保負擔之履行，況若撤銷贈與，則更使贈與人使第三人獲得財產上利益之目的落空，此點比信託不如遠甚。

㈣在附負擔之贈與，受贈人除善意履行負擔所定義務外，不負擔其他義務；反之信託之受託人則由法律課以許多義務。

㈤信託與所移轉之財產有密切關係，而在附負擔之贈與，受贈人之負擔可能與贈與物毫無關連。

㈥信託由受託人之介入，使財產管理更加完善而增加收益，反之附負擔之贈與只單純移轉財產予受贈人，難保受贈人不輕易耗盡。

由上所述，可見附負擔之贈與仍無法達到與信託類似之目的。

深度研究 美國之「對未成年人贈與統一州法」(Uniform Gifts to Minors Act)

美國各州依照「對未成年人贈與統一州法」之規定，贈與未成年人之財產歸公設財產管理人管理，即以該公設財產管理人為受託人，成為信託財產，所生之收益於信託終了前，只能用於受贈人之利益，而於信託終了時，應將剩餘信託財產交還予受贈人。(參照新井誠，《高齡化社會と信託》，p. 275)

二、信託與通謀虛偽意思表示

信託係當事人為達到一定經濟目的，利用超過其經濟目的之強力法律手段（移轉財產權），信託之效果為當事人所意欲，而與通謀虛偽意思表示（當事人並無受其表示行為拘束之效果意思）大相逕庭。故通謀虛偽意思

表示在法律上無效，而信託則係有效，二者不可混為一談❶。

三、信託與借名登記

所謂借名登記，係當事人約定一方以他方作為某應經登記財產（如土地）之名義人辦理登記，但與信託不同，基本上並非不法契約，性質上與委任近似，可類推適用民法委任之規定。（參照最高法院 91 年臺上字第 1871 號民事判決）

四、信託與讓與擔保（讓渡擔保）

在設定讓與擔保，標的物之所有權自債務人移轉至債權人，於此限度與信託相似。但在讓與擔保，債權人係為擔保自己債權行使擔保權，而在信託，受託人係專為受益人行使權限，此點大為不同。又設定讓與擔保之目的限於信用之擔保，且附隨於原債權，此點與信託亦有不同。但信託法對讓與擔保有類推解釋之餘地❷。

五、信託與法人

信託與公司有若干相似之處。在公司，出資人將其出資財產歸屬於公司，由董事經營事業，並將其收益分配於股東，而在信託，委託人將信託財產移轉予受託人，由受託人管理、處分，並將其收益分配予受益人，在此點受益人在某程度有似公司之股東。股東就公司債務對公司債權人雖不負清償責任，而受益人就信託債務對信託債權人不負清償責任，但因受託人於清償後，對受益人有補償請求權，故間接對信託債權人負其責任。又受託人即使死亡，信託亦不終了，亦有類似。但法人為法律上之權利主體，而信託則否。又法人利用出資財產經營事業，而信託不能經營事業本身。信託中之公益信託（慈善信託）與財團法人功能上更為類似，而大幅度扮演取代財團法人之角色。

---

❶　參照楊崇森著，《信託與投資》，p. 5。

❷　松本崇，《信託法（特別法コンメンタール）》，p. 7。

六、信託與代理

委任他人管理處分財產，亦可以代理之方式行之，代理人為本人管理處分財產之情形，其經濟機能與信託類似。但在法律上二者大有不同：

㈠財產權之移轉：在信託，財產權移轉予受託人，成為受託人之名義，反之在代理，財產權仍屬本人名義，且本人多繼續占有。

㈡管理處分權之歸屬：在信託，管理處分權只歸屬於受託人，委託人雖有指示受託人之餘地，但自己不能直接管理處分信託財產，反之在代理，代理人與本人可各別競合行使管理處分權。因此在代理亦有追認無權行為問題之餘地，但在信託則不生此問題。

㈢行為效果之歸屬：在信託，受託人之行為拘束信託財產，不直接拘束受益人，而代理人之行為則拘束本人。

㈣法律對財產所有人之責任課予本人而非代理人，而在信託此責任課予受託人而非受益人。

㈤代理人為本人處理事務，須受本人之監督，而受託人雖然有義務為受益人之利益，依照信託條款管理信託財產，但不受受益人之控制。

㈥代理人對本人有服從之義務，而受託人只有遵守信託條款之義務。

㈦在與第三人之關係上亦有差異，例如因財產之瑕疵致第三人受到損害時，在信託由名義人之受託人對第三人負損害賠償責任（但可向信託財產或受益人求償），而在代理則由本人而非代理人負責。

㈧受託人違反信託義務處分信託財產時，受益人可對取得人行使取回之物權追及權，或對受託人請求回復原狀或損害填補，而在代理，本人並無此種追及權，只能請求通常之損害賠償。

㈨對他人就本人財產損害之訴訟通常可由本人而非由代理人提起，但對他人就信託財產損害之訴訟通常由受託人而非由受益人提起。對第三人就財產之其他訴訟亦由受託人而非代理人提出。

㈩代理關係可由本人或代理人隨時終止，且因當事人任何一方之死亡而結束，但信託財產（信託關係）有獨立性，通常不可由委託人、受益人

或受託人隨意終止，且除信託條款另有規定外，不因此等人中任何人之死亡而終了，甚至因委託人之死亡而生效（遺囑信託）❸。

七、信託與委任

信託自其實質內容觀之，可謂為一種財產管理委託契約，與委任頗為近似。但委任乃當事人約定一方委託他方處理事務，他方允為處理之契約（民法第 528 條）。委任事務不以財產事務為限，此點與信託不同。委任關係之成立，係基於委任人與受任人之契約，而信託除契約外，尚可基於遺囑而成立。

又作為委任事務之對象之財產權，名義上不移轉予受任人，原則上仍留在委任人。在權限方面，委任人與受任人之權限立於競合關係。委任人之權限不因委任受任人而消滅，但例如不動產之仲介等專任媒介之類案件，受任人或可解為有排他的權限。在委任關係，原則上因當事人一方之死亡、破產或失去行為能力而消滅，而信託關係則不因此等事由而消滅，此點亦係信託較委任優越之處❹。又在委任關係與其他一般契約相同，原則上法院並不干預。

八、信託與監護

㈠監護人為受監護人管理受監護人之財產，可為受監護人之利益，使用或處分受監護人之財產，且亦為其法定代理人，而禁治產人（受監護宣告之人）之監護人尚應護養療治受監護人之身體，故其處理事務之範圍，涵蓋財產與人身兩方面，比信託之受託人只處理財產事務為廣，但受託人對信託財產較諸監護人，有積極之管理處分義務，有時尚包括投資義務。

㈡監護人雖占有與管理受監護人之財產，但不取得其所有權。反之，在信託，信託財產之財產權須移轉予受託人。

---

❸　信託法第 8 條參照。
❹　因此在音樂著作權管理團體，作曲家、作詞家多利用信託方式(而不採委任方式)，委託此等團體代為管理其音樂著作之公開播送權與公開演奏權。

㈢監護人之指定，只有在受監護人欠缺行為能力，諸如未成年人、禁治產人（受監護宣告之人）之情形，且其義務內容由法律統一加以規定。反之，在信託，受託人之指定及義務範圍，乃取決於委託人之意思。

㈣監護人不得受讓被監護人之財產，與受託人同，但監護人管理受監護人之財產，只須與處理自己事務為同一之注意，而受託人則需負善良管理人之注意義務。

㈤在監護，監護人對第三人就受監護人之財產提起訴訟，係以受監護人之名義為之，而受託人則以自己名義起訴。

深度研究 各國為因應老人化社會利用信託之新猷

一、持續性授權書制度 (enduring power of attorney)

依英美等國法律，委任狀或授權書 (power of attorney) 之效力，於本人心神喪失，無法處理其財務時告終。鑑於老人化社會來臨後，許多人有朝一日可能因意外或疾病變成無行為能力，屆時可能需要法院將其宣告為受監護人，不但手續繁雜，且費用昂貴。為克服此種困境，最近英國創設所謂「持續性授權書」之制度❺，可由本人預先選任信賴且能管理其財務之人，對其簽署特別之授權書，即在授權書上加上一條款，准許代理人 (attorney) 在日後本人心神喪失時，仍繼續行使代理權。此種條款稱為持續性授權條款 (enduring clause)，此種授權文件稱為「持續性授權書」。該代理權於本人有行為能力時，乃處於休止狀態，代理人不接管其財產，只於日後本人心神喪失時，則活躍起來，由該代理人正式且繼續行使，如本人一旦恢復能力時，則可將該代理權撤銷。此種制度為美國、加拿大等國所採用。

二、我國與日本之任意監護

我民法禁治產原規定，當心神喪失或精神耗弱，致不能處理自己事務時，法院可因本人、配偶、最近親屬二人或檢察官之聲請，宣告禁治產。

---

❺ 1986 年制定「持續性代理權授與法」(Enduring Powers of Attorney Act)，其詳參照新井誠，《財產管理制度と民法、信託法》（有斐閣，1990），p. 128 以下。

法院可依法定順序擇定配偶、父母等為監護人，為禁治產人之利益，依其財產護養療治其身體。制度本意在保護被監護之禁治產人，但如監護人本身為繼承人或有利害衝突時，被監護人之權益即可能受到侵害。為因應高齡化社會趨勢，如有機制讓成年人可如同預立遺囑般，預先選任自己信賴之監護人（私人或公益團體），於自己因老化、病重或意外傷害，致判斷能力不足時，賦予監護人全部或一部之代理權，當可避免發生流弊。此種監護人之任務，係代為處理生活、醫療、看護或管理財產等事務，而不是如現制，由他人向法院宣告為禁治產人，代為決定變回低度或無行為能力後之生活，過於僵化，無法滿足社會需要。惟民法 97 年 5 月 2 日修正總則條文，雖將禁治產改稱「監護」，禁治產宣告改稱為「監護之宣告」，且在親屬編將禁治產之監護人改稱為成年人之監護及輔助，但其開放尺度仍頗有限。反觀日本於 1999 年仿英國制度修改民法，並制定「任意監護契約之法律」（可總稱為成年監護法）成為民法之特別法。該法分為任意監護（創設任意代理之特殊委任契約）與法定監護二類型。任意監護係保護人處於被保護狀態前，可基於自己之意思明示若發生該狀態時，自己財產管理與人身監護之方法，來指示未來保護人之行動，為良好事前預防措施之制度，而與法定監護乃事後之措施不同。任意監護之主要內容如下：

　　1.本人與任意監護人締結任意監護契約，賦予任意監護人附停止條件之代理權。

　　2.為防止任意監護人濫用權利，保護本人起見，需由家事法庭選任任意監護監督人。

　　3.任意監護人之職務限於法律行為，不僅財產管理，且可廣泛包含人身監護，如醫療契約、住居契約、設施入院或退院契約、戒護契約等事務。

　　4.任意監護契約應作成公證書，並辦理登記❻。

三、美國各州為了避免本人變成無行為能力時，發生代理關係消滅之問題，亦設有類似有繼續效力之持續代理權 (durable power of attorney) 之特別代理制度❼。

---

❻　按信託可取代此任意監護之功能。參照新井，前揭，p. 297 以下。

此外美國有所謂「彈簧持續概括授權書」(Springing Durable General Power of Attorney) 之制度，為上述「持續性概括授權書」(Durable Power of Attorney) 之代用品，此種事先之特別授權於本人成為無行為能力時才生效（在生效前須正式認定本人變成無行為能力，可事先指定兩名醫師做成書面協議）。有些郡須向主管機關將此代理權予以註冊。

四、美國之統一保管信託法 (Uniform Custodial Trust Act)

由美國全國統一州法委員會議在 1987 年通過，提供設立信託，保障當人日後變成無行為能力時控制財產之機會，且可用於死亡時將財產移轉，而不經遺囑驗證 (probate) 之手續，此種信託之設立費用低廉，手續簡便，委託人平時仍保有財產完全控制權，只在委託人變成無行為能力時，才由受託人管理其財產。(其詳可參照本書第二章保管信託部分之說明)

九、信託與債

在信託，受益人對信託財產有受益權，而在債之關係，債權人僅對債務人個人有請求權，對於債務人之特定財產並無財產上之利益，又在英美法，受託人與受益人間有信賴關係 (fiduciary relationship)，而債權人與債務人之間則否。區別信託與債有下列實益，茲舉例以明之：

㈠於破產時待遇不同：如某乙破產，而甲為其債權人，甲與乙之法律關係如為債之關係時，甲只能與乙之其他債權人對乙之財產平等受分配，甲並無優先於其他債權人受清償之權利；但如乙係自甲接受信託基金，即乙係受託人時，甲可直接對此基金主張權利，或向其他財產追及該標的物，因此對乙之其他債權人享有優先權。

㈡利益之承受：如為債之關係時，乙由於將資金投資之結果，所獲得之利益歸其所有，而不必對某甲計算。反之，如基金係具有信託關係時，則其利益歸受益人承受，而非歸於受託人。

㈢危險之負擔：於債之關係，乙對甲就特定數額負責，如其將所接受之

---

❼　參照新井，《高齡化社會と信託》，p. 273。

財產遺失，或將資金投資，蒙受損失，即使並無過失，其對債權人之責任亦不因此減輕。但如為信託關係時，財產之毀損滅失或金錢之損失歸信託財產承擔，即受益人須負擔此危險，乙個人並不負責，只要其已盡管理信託所需要之注意義務即可。若乙怠於履行此種義務時，甲可令其負責填補❽。

㈣在英美法，信託受託人與受益人間有信賴關係，但債務人與債權人之間則否。故受託人非完全向受益人透露受託人所知或應知之相關事實，不能買取受益人之利益，而債務人與其債權人之間交易，不致只因債務人未透露相關事實，或只因交易不公平，二人之間所訂定之契約就被撤銷。

十、信託與第三人利益契約 (contract for the benefit of a third party)

信託為第三人之利益而成立時，有似第三人利益契約，但兩者出入甚多：

㈠信託之受益人對信託財產享有受益權，而第三人利益契約之受益人（第三人）對於債務人僅有債權。

㈡在信託，受託人與受益人之間有信任關係存在，而在第三人利益契約，任何一方當事人與受益之第三人並無此項關係。

㈢在第三人利益契約，債權人與受益人可訴請債務人履行。反之，在信託，委託人除非亦係受益人，不得請求受託人履行。

惟茲有應注意者，如當事人一方將財產移轉予另一方，而受讓人同意因此對第三人負擔債務者，此時，所成立之契約可能係第三人利益契約，而非信託；但如受讓人同意將該財產出售，並將其價金之全部或一部向第三人支付者，則可能成立一種信託。

十一、信託與寄託

寄託與信託在均係交付財產於他人（受寄人或受託人）之點相似，但仍有下列不同：

㈠寄託是被交託占有某動產，而不移轉所有權，而受託人除占有信託

❽ 關於銀行存款與信託資金之詳細差異，又可參照本書第七章，p. 99 ❽。

財產外，更取得信託財產之所有權，故比受寄人有更多與更龐大之權利。

㈡受寄人只負財產安全保管與返還之義務，不負運用處分所寄託財產（寄託物）之義務，而受託人有運用處分甚至投資增殖之義務。

十二、信託與遺產管理人、遺囑執行人

遺囑信託之受託人與遺囑執行人及遺產管理人之職務不無相似，但仍有不少差異。我民法關於遺囑執行人僅規定有管理遺產，並為執行上必要行為之職務。遺囑執行人因此項職務所為之行為，視為繼承人之代理（民法第 1215 條）。至遺產管理人之職務，則係為保存遺產為必要之處置、通知及公告，使債權人及受遺贈人報明債權及聲明是否受遺贈、清償債權或交付遺贈物（民法第 1179 條）。

在英美法下，遺囑執行人或遺產管理人與受遺贈人或繼承人之間關係，與信託受託人與受益人之關係相似，亦係所謂信賴關係。如遺囑執行人或遺產管理人自受遺贈人買取其利益，如他與受遺贈人未公平交易，且未將所有相關事實完全揭露時，則此項買賣可能被撤銷❾。

此外二者尚有下列差異：

㈠遺囑執行人之觀念，乃大多數法律制度所共通，而信託原是英美法系之特殊產物。

㈡受託人之義務比遺囑執行人廣泛，且富差異性，其內容視信託條款而定，而遺囑執行人之義務只在於結束死者之遺產，如同一人被任命為遺囑執行人與受託人，則在踐履上開義務時，乃擔任遺囑執行人，於踐履其他義務時，乃擔任受託人❿。

❾ Scott, op. cit., p. 56. 按在英美法，受託人與受益人間有信賴關係，在此種關係下一方負有為他方之利益行動之義務，如相互之間做了某交易行為，而行為人未完全揭露其所知影響交易之所有情事，或交易對受益人不公平時，其交易可撤銷。其他信賴關係包含：監護人與受監護人、代理人與本人、律師與當事人間之關係。又信賴關係與保密關係 (confidential relationship) 不同，後者存在於家屬關係、醫生與病人、神職人員與告解人之間。如有此種關係之人相互間有交易行為時，除非有詐欺或不正影響，否則交易行為不可撤銷。參照 Scott, op. cit., p. 39。

㈢受託人通常有利用信託財產進行投資,使信託財產產生收益之義務,但遺囑執行人或遺產管理人通常不負投資義務。

㈣信託財產名義上歸屬於受託人所有,而遺產之所有權不歸屬於遺囑執行人或遺產管理人。

㈤生前信託受託人之職務與遺囑執行人及遺產管理人之差異性更大。

十三、信託與合夥

合夥為二人以上互約出資,以經營共同事業之契約(民法第 667 條)。在合夥,全體合夥人對合夥業務有執行權,亦可由合夥人選任業務執行人,委其執行合夥業務。在後一情形,與信託之受託人不無相似之處。但合夥人原則上因合夥人之死亡而退夥(民法第 687 條第 1 款),而信託關係不因委託人之死亡而消滅。又合夥人執行合夥之事務,原則上應與處理自己事務為同一之注意,而在信託,則受託人應負善良管理人之注意義務。

十四、信託與隱名合夥

隱名合夥乃當事人約定,一方對他方所經營之事業出資,而分受其營業所生之利益,及分擔其所生損失之契約(民法第 700 條),與信託同被活用為一種債權流動化之機制。隱名合夥之當事人為出資之隱名合夥人與為出資

❿　有時遺囑可能指定同一人為遺囑執行人與受託人,因此在具體場合究係以何種資格為法律行為,有時不無問題,按通常遺囑執行先完成工作,然後再以受託人之資格將遺產移交與自己,但有時在遺囑執行人向法院提出帳目並被免除責任前,亦有已經開始信託工作者。換言之,同一人被任命為遺囑執行人與受託人時,往往不易認定停止擔任遺囑執行人,而開始履行受託人職務之時點。又同一人被遺囑人以遺囑指定為遺囑執行人與受託人時,解除遺囑執行人之職務,未必也解除受託人之任命。但如遺囑條款將兩職位之義務混在一起時,則解除遺囑執行人之職務時,亦解除受託人之職務。同理被任命為遺囑執行人與受託人之人,可接受其一職務,而拒絕另一職位,除非遺囑囑付之義務混在一起。又在此義務混在一起之情形,如辭去遺囑執行人之職務時,則不能繼續擔任受託人。參照 Scott, op. cit., p. 63。

財產管理運用之出名營業人。在隱名合夥，隱名合夥人之出資，其財產權移屬於出名營業人（民法第 702 條）。隱名合夥之事務專由出名營業人執行之，但隱名合夥人就出名營業人所為之行為，與第三人不生權利義務之關係（民法第 704 條）。隱名合夥人對出名營業人之營業有監督權（民法第 706 條）。

十五、信託與行紀

所謂行紀，乃以自己之名義，為他人之計算，為動產之買賣或其他商業上之交易，而受取報酬之營業（民法第 576 條），可以證券公司為其著例。行紀人為委託人之計算所為之交易，對於相對人自得權利，並自負義務（民法第 578 條）。行紀人在其交易關係，一方自己直接為法律行為之當事人，立於自該行為所生權利義務主體之地位，他方就該行為所生經濟上之效果（損益），又歸屬於委託之他人。故行紀契約一般又稱為間接代理。

行紀在委託人之財產名義上移轉予行紀人之點，與信託類似。但行紀為以財產權一時之取得與處分為目的之財產管理制度，而與信託為一般且繼續的財產管理制度不同。又在行紀，行紀人有介入權，但在信託，則受託人不得將信託財產轉為自有財產。又行紀除行紀一節有規定外，適用關於委任之規定，故與信託大異。

十六、信託與信託占有

我動產擔保交易法第 32 條規定：「稱信託占有者，謂信託人供給受託人資金或信用，並以原供信託之動產標的物所有權為債權之擔保，而受託人依信託收據，占有處分標的物之交易」。在信託占有，法條用信託、信託人（按為委託人之誤）⓫、受託人及信託收據 (trust receipt) 之名，且似係以債權人為委託人兼受益人，以債務人為受託人，債務人以債權人提供資金所購買之原料與存貨（實務上更擴及於其他原料與存貨）為標的⓬。受

⓫　過去國內有關法律在信託法施行之前，多誤用「信託人」一詞，以代「委託人」，該條不過其一例而已。

⓬　方嘉麟，《以比較法觀點論信託法制繼受之問題》，p. 294；王輔仁，《信託占有之

託人（廠商）可占有處分信託之動產標的物之所有權，乍觀之似與信託相近。但信託占有乃係一種融資擔保制度，受託人（債務人）得占有並處分設定擔保之標的物，將標的物再出賣，以其價金償還委託人（債權人），非如信託乃一種財產管理制度。當事人成立信託占有此種交易，係在供委託人債權之擔保，並非使受託人管理運用委託人移轉（貸與）之金錢。且在信託占有，交易之標的物究係受託人自行購得之原料與存貨，並非委託人原提供之資金或信用。此等動產本屬受託人自己所有，委託人對受託人又無信託財產財產權之移轉，法律上委託人仍保有標的物之所有權，作為其債權之擔保（動產擔保交易法第 33 條第 4 款），故與信託不同。況即使有標的物之移轉，但所移轉者僅有占有，而非所有權，故又與信託有別。

十七、信託與全權委託投資

　　信託與全權委託投資頗為相似，所謂全權委託投資，係指對客戶委任交付或信託移轉之委託投資資產，就有價證券、證券相關商品或其他主管機關核准項目之投資或交易為價值分析、投資判斷，並基於該投資判斷為客戶執行投資或交易之業務（證券投資信託及顧問法第 5 條第 10 款）。

　　全權委託投資契約之性質可能為委任，亦可能為信託，視個案當事人如何約定而定，並非一律為信託，即使係信託性質，亦應優先適用證券投資信託及顧問法❸之規範，於該法無特別規定時，始適用信託法之規定作為補充。

　　證券投資信託事業或證券投資顧問事業經營全權委託投資業務，由客戶將資產全權委託保管機構保管或信託移轉予保管機構，信託業兼營全權委託投資業務者，得自行保管信託財產（證券投資信託及顧問法第 53 條）。

研究》，p. 23 以下。

❸　客戶於投資前，可能與證券投資顧問事業（公司）締結所謂證券投資顧問契約。該契約係指證券投資顧問事業（公司）接受客戶委任，對有價證券、證券相關商品或其他主管機關核准項目之投資或交易有關事項，提供分析意見或推介建議所簽訂投資顧問之委任契約（證券投資信託及顧問法第 5 條第 7 款）。

第七章　信託之分類

信託因標準之不同，得為種種不同之分類：

一、信託以受託人是否負有積極行為之義務為標準，可分為積極信託與消極信託

所謂積極信託 (active trust) 係受託須依信託文件，負擔積極管理或處分之義務。在此種信託，受託人之權限較大，責任亦較重。反之，所謂消極信託 (passive trust)，又稱為名義信託或被動信託，乃受託人不負管理或處分之義務，財產之管理或處分由委託人或受益人自行辦理。受託人不過為信託財產之名義人而已，故權限小，責任亦輕❶。消極信託為英國中世紀在用益條例 (Statute of Uses) 實施前，多用於脫法之目的，而積極信託為近代信託之原則型態。在英美法如受託人應履行之行為乃純粹機械與形式之性質者，被視為消極信託而歸無效。

二、信託以受益人為標準，可分為私益信託與公益信託

所謂公益信託 (charitable trust 或 public trust)，係為促進一般公眾之利益，諸如為宗教、善舉、學術、技藝之目的所成立之信託。其受益人為一般公眾或數目不確定之群眾。例如以其收益設立大專清寒優秀學生獎學金。公益信託適用特別規定，使委託人之意願儘量能夠實現，存續期間不受限制及賦稅優惠也較多。反之，公益信託以外所有之信託，由於係為委託人自己或其他特定之人之利益而成立，又稱為私益信託 (private trust)，其效力受到較嚴格之規範。

---

❶ 按往昔信託制度草創時期，英國封建君主取締教會團體收受私人土地之贈與，尤以愛德華一世之沒收條例，予教會打擊尤大，於是財產之所有人引用羅馬舊制特設財產之名義人，而財產仍歸教會使用收益，藉以逃避法律之制裁，從而創立了消極信託。

三、信託以受益人係委託人自己或他人為標準，可分為自益信託與他益信託

委託人可為他人之利益或自己之利益成立信託，如為自己之利益成立時，稱為自益信託，此時委託人兼受益人。如為他人之利益成立信託時，稱為他益信託，此時委託人與受益人為不同之人。在同一信託，委託人與第三人共用信託之利益，例如委託人收取信託財產所生之收益，而信託財產原本之利益歸其子女或其他第三人，此種信託可稱為自他共益之信託❷。生前信託既可為自益信託，又可為他益信託，但遺囑信託於委託人死亡後始發生效力，因此只有他益信託。又公益信託亦不可能有自益信託。

四、信託以成立信託關係之根據為標準，可分為明示信託、結果信託及擬制信託

此種分類為英美法所特有，我國法不承認結果信託與擬制信託。

㈠明示信託 (express trust)

明示信託係依委託人明示設立信託之意思而成立之信託。設立信託之意思可以言詞或行動、契約或遺囑予以明示。換言之，明示信託之成立，乃以當事人之意思為依歸，舉凡信託事務之範圍及處理之方針等，往往訂定於契約或遺囑。此為最普通之信託；絕大多數信託皆係此種信託。

㈡結果信託 (resulting trust)

英美法上有所謂結果信託（或譯為復歸信託），乃推測財產所有人之意思，或依據法律之推定而成立，以別於由明示意思所成立之信託。最常見之結果信託係當一個明示信託無效時（諸如因欠缺可得確定之受益人，或公益信託之目的不能達成，又不能適用 cy pres 原理時），除有相反證據外，推定委託人不欲受託人取得受益權，此時通常唯一的作法是將財產歸還委託人（如其生存時），否則予委託人之繼承人。易言之，法院課以一個結果信託，以便實現委託人如能預見此情況時，可能意欲實現之目的。此外，

❷　細矢祐治，《信託經濟概論》，p. 138。

又例如所謂「買賣價金結果信託」(purchase money resulting trust)，即一人支付購買財產之價金，而以另一人之名義取得產權。例如甲以乙之名義購買房屋，除甲乙之間有家屬關係，足以推定出於贈與之意思外，推定甲欲受讓人（乙）為甲之利益成立信託，並為甲管理該財產。此種推定需有若干條件，且可由甲以反證予以推翻❸。換言之，法院推定讓與人欲將該財產收回，此際受讓人視為成立結果信託，為讓與人或其遺產而取得該財產。由此可知結果信託自其結果觀之，仍係基於所有人之意思，非如下述之擬制信託純係出於法律之規定。結果信託雖為我信託法所未採，但其制度之精神值得日後在修訂信託法時予以參採。

㈢擬制信託 (constructive trust)

擬制信託（亦譯為構成信託）其實並非信託，乃英美衡平法院對於某人自他人收取財產，若由其保有會發生違反公平之結果之情形，為維持衡平起見，引用信託法理所採用之救濟方法。雖然理論上課以擬制信託，係在有必要避免財產之取得或保有成為不當得利之情形，但最常在一人因詐欺、脅迫或不正影響 (undue influence)（有時甚至錯誤），透過契約 (deed) 或遺囑自另一人獲得財產之情形，甚至在受託人違反信賴義務 (fiduciary duties) 取得財產之情形亦同❹。即法院為保護被害人之利益，強制取得人成為被害人之受託人，使其負擔如同受託人之義務，而被害人仍得享受其財產上之利益。因此，擬制信託並非因當事人有成立信託之意思，法院亦未推定有此種意思存在。不過係法院為防止詐欺或不當得利 (unjust enrichment)，藉信託之原理所創設之法律關係。因此與結果信託理論上係基於財產移轉人之推定意思而成立不同。

英美法院通常對取得財產犯了不法行為之人課以此種信託，但在美國大多數州，也可對一個由於他人不法行為之結果，善意無過失受領財產之人，課以此種信託。例如 A 準備立遺囑將遺產留予 B，在 A 之眾繼承人中，有 C 妨礙 A 作成該遺囑，結果 A 之遺產依法定繼承移轉予 A 之眾繼承人，

---

❸　Reutlinger, Wills, Trusts and Estates, p. 157.

❹　Id., at 158.

包括 C 在內。此時不但對 C，且對未參予妨礙遺囑作成之其他善意繼承人亦可能成立擬制信託，以免他們不當得利❺。擬制信託雖為我信託法所未採，但其制度之精神值得日後修訂信託法予以參採，尤其在當事人間有財產或金錢之移轉，雖無明示信託之行為，但若聽任受讓人繼續保有，會發生不公平之情況時，亦有以解釋認為成立信託之必要。

在英美為了與明示信託區別起見，結果信託與擬制信託又合稱為默示信託 (implied trust)，學者亦有稱二者為法定信託。

五、信託依其是否於委託人生前生效為標準，可分為生前信託與遺囑信託

委託人於其生存期間設立，且於生前發生效力之信託，稱為生前信託（living trust 或 trust inter-vivos）。其由委託人以遺囑設立之信託，稱為遺囑信託（trust under will 或 testamentary trust）❻。遺囑信託須俟委託人死亡時始生效力。生前信託可為委託人本身之利益而設立，亦可為委託人以外之一人或數人或不特定多數人之利益而設立，但遺囑信託只有他益信託。

六、信託以委託人能否將其撤銷為標準，可分為可撤銷之信託 (revocable trust) 與不可撤銷之信託 (irrevocable trust)

可撤銷之信託，係指委託人保留隨時終止信託契約並取回信託財產之信託。不可撤銷之信託，係指除依信託契約所載外，不得由委託人終止之

---

❺　Id., at 157–158.

❻　生前信託亦有人稱為契約信託，惟以譯為生前信託為妥，因生前信託除契約信託外，尚有宣言信託之故。在大陸法系國家，被繼承人只能以遺囑處分其一小部分遺產，大部分遺產由法定繼承人 (forced heirs) 繼承。反之，在英美法系國家，財產之所有人有廣泛以遺囑處分財產之自由。除了一些限制外，一個人可以遺囑把全部財產留與任何他所喜歡之人。美國法律對於遺囑處分財產之限制如下：1.在大多數州裡，夫妻不得以遺囑剝奪他方配偶之應繼分。2.在一些州，一個人不得將超過一定部分之財產贈與慈善機構，致剝奪其家屬之應繼分。參照 Stephenson & Wiggins, Estates and Trusts, p. 37。

信託。在可撤銷之信託，委託人往往保留變更信託條款之權利，而不必撤銷信託；但在不可撤銷之信託，委託人通常並無此項權利。又可撤銷之信託，包含隨時增減信託財產之權利；反之，不可撤銷之信託，委託人雖亦可增加信託財產，但一般不可減少信託財產。可撤銷之信託富於彈性，委託人可隨時將是否自然人信託關係加以調整，以配合其需要。

七、信託以委託人是否自然人為標準，可分為公司信託與個人信託

在美國附擔保公司債信託亦稱為公司信託 (corporate trust)，以別於個人所成立之信託 (personal trust)。此兩種信託有下列重要差異：

㈠就信託財產之移轉占有言，在個人信託，信託財產通常須移轉與受託人，由受託人在信託存續中予以管理運用；反之在公司信託，除股票、債券及其他債權外，財產之占有仍由公司保有，例如企業公司為經營之目的對外借款，將工廠與設備移轉於受託人以擔保債務之場合，如該公司必須將擔保物移轉占有於受託人時，勢必使公司借債之目的無法達到。因此通常只有在公司債務不履行時，受託人始取得信託財產之占有。

㈡就受益人之人數言，在個人信託，受益人通常僅有一人或有限數目之人，例如妻、子女、父母或其他親友；反之，公司信託之受益人通常係一大群之公司債債權人，其人數往往可高達數千人。公司信託之受益人因係不特定之數目，此點與公益信託頗為相似❼。

八、信託以標的物或信託財產為標準，可分為下列數種：

㈠金錢信託

此係以金錢為信託財產之信託，即由委託人以金錢交付受託人，由受託人運用於放款或投資於有價證券，運用之結果，再將原本與收益交付予受益人，亦即所謂信託投資，其與普通存款性質不同❽。

---

❼　參照 Stephenson & Wiggins, Estates and Trusts, p. 148。

❽　金錢信託與銀行存款在性質與效力上有不少差異。銀行存款雖可以消費借貸或消費寄託說明，但銀行對被供應之資金如何運用，不負任何義務，可以自身之利益

金錢信託因運用方法之不同，又分為特定金錢信託、指定金錢信託及無指定金錢信託三種：

1.特定金錢信託

此為委託人在委託時詳細規定財產運用方法之信託，受託人在受託之前可向委託人提供意見，但受託之後須依委託人之指示加以運用，如運用失敗則受託人不必負責。

2.指定金錢信託

委託人對金錢之運用，只作原則性之指定，其細節由受託人自行決定，例如指定用於貸款或投資有價證券，至於如何放款？借款人為誰？購買何種證券等，均由受託人自行決定。在此種情形下，受託人可發揮其經驗與專門知識。又可分為下列數種：

(1)集合管理及運用金錢信託：即將委託人之金錢與他人之金錢混合運用，而將運用所得之收益按各委託人之信託金額分配與受益人之金錢信託。依照信託之一般原則，受託人原應將每筆信託金錢分別管理獨立運用，並按實際收益分配於受益人，但因個別運用不但手續過於繁瑣，且金額不大，不易發揮實效，故予以變通而例外許可混合運用。

及危險予以投資；但在金錢信託，受託人就信託財產之管理處分負擔積極義務，且受託人之管理處分權，須依信託之目的，由資金之供應者（委託人）所決定，對於資金運用之結果，受託人原則上既不承受利益，亦不負擔危險，僅收取一定報酬而不能如銀行一樣取得利潤，換言之，銀行係運用他人資金獲得自己之利潤，但信託係利用別人之信用與技術而獲利益。資金之所有人在運用資金時，可按約定利息向銀行取得利潤，亦可冒風險，由信託獲得利益，加以抉擇，故信託之發達多少會影響銀行之效用。存款除獲得利息之目的外，還為了獲得各項商業交易上之方便（支付、票據交換及其他）；反之，信託則係以收益為主要目的。又銀行所供應之資金係短期，而信託係長期，因此如將銀行視為短期之金融機構，則信託公司可說是長期之金融機構。又消費者存放銀行之金錢如係普通存款，則係債之關係，於銀行破產時，對銀行之債權與其他銀行債權人相同，按債權比例平等受清償，如係信託，則存款人此時有取回權與別除權。參照吳文炳著，《信託金融論》，pp. 5, 6。

(2)單獨運用金錢信託：此種信託之金額較大，且單獨予以運用。

3.無指定金錢信託

適用方法不特定亦不指定之金錢信託，即信託金錢之運用完全由受託人決定之金錢信託。委託人既不限定運用之方法，為保護受益人起見，法律對於信託金錢之運用須有嚴格之規定。

我信託業法施行細則第八條規定，金錢信託分為下列六種：

(1)指定營運範圍或方法之單獨管理運用金錢信託。

(2)指定營運範圍或方法之集合管理運用金錢信託。

(3)不指定營運範圍或方法之單獨管理運用金錢信託。

(4)不指定營運範圍或方法之集合管理運用金錢信託。

(5)特定單獨管理運用金錢信託。

(6)特定集合管理運用金錢信託。

㈡動產信託

即委託人以動產為信託財產，將其產權移轉於受託人，託其代為管理或處分之信託，金錢雖亦係動產，但因性質特殊，故此處動產信託之標的物係指除去金錢之商品及其他物品。

㈢不動產信託

以不動產為信託財產所成立之信託為不動產信託，其不動產之產權由受託人掌握，而代為管理或處分，包括代收租金、代付稅捐、代辦房屋之火險、修繕及出售等是。

㈣金錢債權信託

即委託人以金錢債權之管理處分為目的，將金錢債權（包括票據、存款證書、人壽保險證書等所表示之債權）信託予受託人之信託。

九、信託以法律關係之主體為標準，可分為下列三種：

㈠當事人為三個不同主體之信託

在此種信託，委託人、受託人與受益人為三個不同之主體。

㈡委託人自為受益人之信託

在此種信託，委託人與受益人為同一人，受託人則為另一人。

㈢委託人自為受託人之信託

此種信託委託人與受託人為同一人，而受益人則為另一人。例如某甲撥出財產，宣稱為某乙之利益成立信託，而仍由某甲自為管理或處分，此際某甲為委託人兼受託人，某乙為受益人。此乃所謂宣言信託之情形，其他可參照後述宣言信託有關之說明。

惟茲有應注意者，委託人與受益人，以及委託人與受託人雖可為同一人，但受託人基本上不得自為受益人，否則所有權與利益歸於同一主體，財產之所有權復歸於完整，不復有信託關係之存在矣❾。

十、信託如以受託人是否以信託為業為準，可分為民事信託（非營業信託）與營業信託

如受託人雖承受信託，但不以信託為業者，稱為民事信託或非營業信託；反之，受託人以信託為業而承受信託時，稱為營業信託。營業信託受信託業法之規範，為了成為營業信託之受託人，須依法取得主管機關之許可，且承受信託之財產之種類亦有所限制。

民事信託之受託人只須符合信託法所定之資格，不須係信託業法上之公司，在我國，民事信託除信託行為訂有給付報酬外，原則上為無償契約，而與營業信託例必約定報酬（信託法第 38 條第 1 項）有異。

十一、信託若以受託人承受信託時信託財產或標的是否為金錢為準，可分為金錢信託與物之信託

凡受託人於承受信託時，其標的為金錢（或可與金錢同視之支票等）者稱為金錢信託；若承受其他財產時，日本實務上稱為物之信託。此種分類在信託業界實務上意義甚大。因金錢信託在經濟機能上與銀行存款近似，金錢信託在日本為信託銀行業務之主流。在物之信託中有土地、不動產、動產等信託。在我國物之信託尚未普及，但近來不動產證券化已漸萌芽。

---

❾ 參照楊崇森，《信託與投資》，p. 19。

又金錢信託或物之信託之分類係按信託成立時信託財產之種類加以區分。被信託之金錢在運用後，即使轉變為有價證券或債權，亦不能稱為物之信託。反之被信託之不動產即使被受託人出售，變成金錢時，仍不能稱為金錢信託。

十二、信託如以是否匯集大眾有相同信託目的之財產，作集團式之管理運用為標準，可分為集團信託與個別信託

日本學者有鑑於近時合同運用信託與證券投資信託甚為普遍，認為信託之管理運用，已自昔日個別化轉換為集團化之性質，而倡集團信託與個別信託之對立者❿。依其說法，個別信託係將委託人委託之特定信託財產為受益人個別的加以管理運用之一般信託；反之，所謂集團信託係將大眾（不特定多數人）為相同信託目的所提供之信託財產作為一個集團（日本稱為合同運用集團）加以管理運用，將其運用結果之所得，按各個受託財產之原本，比例分配於受益人之形態，如此不但比單獨運用效率高、利得多，且可分散風險。受益人之興趣重在原本與收益之受領，而不大關心對受託人之監督，且受託人之活動泰半基於約款定型的加以管理。合同運用指定金錢信託（含放款信託、金錢信託、個人年金信託等）⓫係集團信託固無問題，至於證券投資信託是否為集團信託則有疑。關於集團信託之特質或傾向，有如下述：

㈠個別性原則之修正：在個別信託，信託財產必須分別管理，受託人不得將損益互相混同。但在集團信託，此種個別性之原則無法適用。須以合同運用集團為單位，予以管理，以致在信託財產之管理、受託人之利益享有各方面，皆須與一般個別信託為不同之處理。

㈡在個別信託，信託財產之變動，即影響受益權之內容，而在集團信託，此種原則為之緩和，用承認填補原本或補足利息特約之形式，以滿足

---

❿　四宮和夫，《信託法》，p. 14。

⓫　在美國此種合同運用型信託雖非無其例，但勿寧係特殊情形，而與合同運用指定金錢信託為典型之日本制度不同。參照新井誠，《信託法》（第三版），p. 97。

一般投資人獲得利潤之欲望，致受益權與信託財產之關係為之削弱，自其功能觀之，實質上與其謂為信託，勿寧與定期存款之構造相近。

㈢在集團信託，受益權喪失個性而呈現證券化之傾向，而使受益權之個別性為之削弱，而有非個別性化之傾向。

㈣在集團信託，受益人與受託人及信託財產關係疏遠，信託財產歸屬於受託人之程度增高，事實上受益人無法監督受託人處理信託事務，而須透過立法措施，由國家機關代受益人擔當監督受託人之機能。集團信託由於具有與個別信託不同之特質，以致在法律適用上，發生許多複雜而不易解決之問題。

十三、信託按受益人收益之分量，係預先固定或以受託人裁量決定為標準，可分為固定信託 (fixed trust) 與有裁量權之信託 (discretionaly trust)

所謂固定信託 (fixed trust) 係指受益人自信託財產享有之分量由委託人預先固定（故受益人可就其受益權請求受託人履行）。反之，有裁量權之信託 (discretionaly trust)（例如以子女或孫子女為受益人之信託）係委託人賦與受託人裁量權，視各受益人日後行為表現、身心或財務需求（例如對大學肄業生或準備進入職場之人，比起在企業上已有良好成就之兄弟可能更應分得更多金錢）或成就等情形而定其收領之數額。

委託人如能準確預見受益人將來之情況時，可成立固定信託。例如訂定以其妻終身享有收益，而剩餘財產由其二子女平均分配是。但如後來受益人之情況發生變遷，則受益人之收益不能改變。因此如一子變成富翁，另一子變成嚴重殘障，需要自信託取得較多資金時，受託人亦無權自提供更多協助。反之，如委託人對將來演變不能確定，而希望受託人將來能因應情勢之變遷與潛在受益人之需要時，則宜成立有裁量權之信託。

惟受託人在未行使裁量權以前，受益人尚未取得受益權，從而不能請求受託人給付❶。又須注意幾乎在所有信託（固定與有裁量權）受託人都

❶　Reutlinger, op. cit., p. 146; Oakley, op. cit., p. 29. 受託人被委託人指示分配信託人

可行使某些裁量權。例如對信託投資之種類、是否為信託任命代理人 (agent)、是否動用收益供幼小之受益人生活之用、是否任命其他受託人等。這些裁量權只是受託人之一般權限，與有裁量權之信託不可混為一談 ❸。

有裁量權之信託具有下列優點：

㈠在受託人對受益人行使有利之裁量權前，受益人對信託財產尚無現實利益。故受益人破產時，破產管理人不能取得信託資金。只能於受託人實施裁量權後，對付予受益人之資金，主張權利 ❹。

㈡在稅務規劃方面有許多優點：目前成立此種信託，往往係出於稅法上之理由，因信託具有彈性在稅負上有利，以致信託之一般趨勢越來越有彈性，其結果有裁量權之信託比起固定信託較為流行 ❺。

㈢固定信託與有裁量權之信託在實務上可在一個信託中兼而有之、混合運用。例如信託成立起二十年內，按受託人之裁量權，決定為委託人任何或所有子女之利益分配收益，並對上開子女生存者將原本平均分配。此時有裁量權之信託係就收益於二十年內存在，但原本則於有裁量權之信託期間屆滿時，為生存子女平均成立固定信託。

深度研究 美國之 GRATs, GRUTs 及 GRITs

在美國尚有一類信託頗為流行，在國內書籍未被提到，即委託人在生前可對信託財產保留若干利益之信託，有不同類型：

一、委託人保留年金信託（"GRATs"，為 Grantor-Retained Annuity Trusts 之簡稱）

二、委託人保留單位信託（"GRUTs"，為 Grantor-Retained Unitrusts 之簡稱）

收益，但對給付各受益人之數量，即如何在他們之間分配 (springle) 有裁量權之信託，又稱為澆水信託（springle trust 或 spray trust）。

❸ Ramjohn, Sourcebook on Law of Trusts, p. 127.

❹ Ramjohn, Sourcebook on Law of Trusts, p. 126.

❺ Oakley, op. cit., p.151.

三、委託人保留收益信託 ("GRITs", 為 Grantor-Retained Income Trusts 之簡稱)

這幾種信託皆可節省贈與稅與遺產稅, 但作法不同, 分述如下:

一、GRATs

委託人將財產 (通常為金錢或股份) 移轉予子女或喜歡之人, 支付較低贈與稅, 而信託資產不算入遺產。依信託條款, 受託人 (通常為委託人) 在一定年限內自信託支付委託人每年固定之數額 (年金), 在信託終了時, 剩餘之信託資產依信託文件之指示, 歸屬於最終之受益人, 可能為委託人之子女。在此種信託, 自贈與稅言, 贈與之價值係以設立信託時, 而非後來分配剩餘信託財產時之價值為準。由於委託人保留利益之結果, 大大減低贈與之價值。

二、GRUTs

GRUTs 與 GRATs 相似, 不同的是: 受託人支付委託人之收益, 不是每年固定之數額, 而是特定那一年信託資產價值之一定百分比 (信託財產價值每年評估)。每年須決定信託資產當年之價值。如景氣正常, 在管理良好之信託, 資產價值會逐年漸漸增加, 此時委託人每年所領之給付也會水漲船高。如百分比給付大於信託之收入, 例如委託人可獲得信託淨值之 8%, 而該年信託財產只賺 5%, 則不足之數由信託原本支付。反之, 如信託收益超過該百分比時, 則併入信託資產。最後受益人之贈與稅率係按設立信託時為準, 則與 GRATs 相同。

不過委託人在 GRUTs 與 GRATs 之風險是: (1)日後不能要求收取較高收益或增加或減少信託原本。(2)如委託人或其家屬中有人發生財政變故時, 不能自信託財產獲得支援。(3)如委託人生存期間比所定信託期間為長時, 委託人失去自信託資產獲得所有利益之機會, 因它們在信託期間居滿時, 歸屬於最終之受益人。(4)不能保證遺產稅一定節省, 如委託人於信託期間居滿前死亡, 則所有信託財產成為委託人之遺產, 而失去可能節省遺產稅之利益。故除非委託人非常有錢, 不大值得採取此種安排❶。

---

❶ Clifford & Jordan, Plan Your Estate (Nolo, 5 ed., 2000), pp. 21–13, 21–15.

三、GRITs

所謂 GRITs 是將任何種類財產，諸如股票、金錢或土地作為信託財產，而保留委託人在一定期間內自信託財產收取所有收益之權利。當委託人死亡或信託期間居滿時，信託資產歸屬於最終之受益人。就贈與稅而論，贈與之價值係按設立信託時為準，在 1990 年以前，GRITs 在美國非常流行。1990 年美國國會對信託資產最後如對委託人之直系家屬為有利之安排，取消任何節稅之利益（但其他受益人諸如委託人之甥、姪、表兄弟、堂兄弟、友人、同居之男女則否）。但法律留下一個例外，即 GRITs 中，如只以委託人個人住宅（別無其他）作為信託財產（稱為「住宅 GRITs」(residence GRITs)）時，仍可用 GRITs 來達到使委託人家屬終局受益之目的。

詳言之，委託人成立一定年限（通常為十年）之信託，將住宅作為信託財產，委託人在該期間所保留收益之利益，是有權住在該住宅（或出售再買一屋）。於所定期間居滿時，信託財產歸原信託文件所指示之最終受益人。就贈與稅而言，贈與價值仍按移轉房屋予信託時為準，但減去委託人保留住在該屋之利益。為了達到此目的，委託人須活得比信託期間長，否則房屋之時價被算入應稅遺產，使委託人為減稅而捐贈之目的落空，惟過去已付之贈與稅額，可自遺產扣除。設定此種信託之優點是，委託人對房子管理仍保留完全控制權，幾乎如同保留真正所有權一樣。又委託人對抵押權所付利息及房屋之不動產稅，仍可自收益獲得稅捐之扣除等❶。

---

❶　Clifford & Jordan, Plan Your Estate (Nolo, 5 ed., 2000), pp. 21–16, 17, 19.

第八章　信託之目的

第一節　信託目的之重要與限制

一、信託目的之意義

　　信託目的即信託行為之目的，係委託人設立信託所欲達成之目的，同時對受託人提示信託財產管理處分之指針。此種信託目的足以左右以信託財產為中心之法律關係（信託關係）之發生、存續或消滅。

　　「信託目的」之文字，我信託法雖僅在第 62 條信託關係之消滅用到，但其實質徵諸第 1 條信託之定義中「特定之目的」一詞而自明。即信託法第 1 條開宗明義，對信託是何種法律制度下定義外，同時闡明設立信託之法律行為之內容。

二、信託目的之舉例

　　信託目的與一般法律行為相同，千差萬殊，因個案而不同。例如因出國或生病，自己不能處理，須信託他人管理。為了使退休金增值，或不動產謀求有利之運用以及身後照顧之信託等私益之目的，其例固不勝枚舉。但為了促進慈善、宗教、學術及維護文化資產與自然環境之公益目的而成立信託，亦屢見不鮮。

三、信託目的須合法確定與可能

　　信託之目的須明確與一定，稱為信託目的之確定性，為信託「三大確定性」之一。惟委託人除設立信託之意思明確外，更須明確訂定信託目的，俾受託人能履行其義務。其例外為在公益信託，因有主管官署之監督與指示，雖僅表示抽象之目的，亦屬無妨。又信託行為與一般法律行為相同，須有實現之可能。

在英美，委託人只要不違反公序良俗 (public policy)，違法或違反永久歸屬之原則，可使信託隨身裁製，符合多種不同目的。誠如史谷脫 (A. W. Scott) 教授所示，在這些限制內信託可用之目的「正如法律家之想像力一樣是無限制的」(as unlimited as the imagination of lawyers)❶。

在我民法上法律行為適用法律行為自由之原則，原則上不得違反強行法規與公共秩序或善良風俗（第 71 條、第 72 條），信託法亦不例外（第 5 條第 1、2 款），此外信託法就信託之目的又有若干限制規定，詳如後述。

四、常見之不法目的

信託常見不法目的之類型是：委託人為防止債權人收取債權，移轉財產予受託人。例如夫妻之一方移轉財產，防止他方取得（諸如特留分）是。因為法律維護婚姻自由、宗教自由及家庭關係，故信託文件規定除非受益人遵守委託人有關婚姻之指示或信仰某種宗教，或與受益人之妻離婚，否則不能享有信託利益者，可能違反公序良俗而無效❷。

五、信託數目的中其一無效之情形

如信託文件只有一目的，而該目的無效時，則整個信託亦歸無效。但信託有數個目的，如其中之一目的有效，而其他無效時，整個信託是否亦歸無效？如有效目的與無效目的可以分離，執行有效目的並不致對其主要目的抵觸時，則該有效目的仍屬有效；但如有效目的與無效目的緊密結合，以致執行其一而不執行其二，會產生與委託人主要目的不符時，則整個信託歸於無效❸。

六、附停止條件與解除條件或始期與終期

委託人可對信託附上始期或終期，亦可附上停止條件，即除非發生某

---

❶　Scott, Trust, vol. 1 (4 ed., 1987), pp. 18–24.

❷　Bogert, op. cit., p. 181.

❸　Bogert, op. cit., p. 181.

事件，否則信託不生效力；或附上解除條件，即如發生某事件，則受益人之利益減少或完全消滅。例如規定委託人之子如與妻離婚，則成為受益人，或如與某種族或信某宗教之人結婚，則喪失信託之利益。信託附停止或解除條件如不違反公序良俗則屬有效，否則歸於無效。如條件無效時，捐贈仍舊生效，受贈人取得現實利益，即使停止條件未成就，或解除條件已成就，仍取得絕對之利益❹。

深度研究　何謂違法之信託目的？

一、英國法

在英國法院判例，下列信託目的係屬違反公序良俗，致被認為目的違法而無效：

(一)為非婚生子女成立之信託

英國歷史上為未出生之非婚生子女所設立之信託，法院認為抵觸公共秩序而無效，因為可能鼓勵未婚男女生小孩，助長不道德之行為。不過也有人認為此種禁止只有懲罰小孩，別無實益。故英國親屬法修正法 (the Family Law Reform Act of 1969) 在 1970 年作了重大改變，將來為非婚生子女設立之信託不再無效❺。

(二)任性之信託

英國法院認為有職責確保財產作建設性之利用，曾有判決基於信託係「任性、浪費或無用」(capricious, wasteful or unuseful) 之理由，而否認一些信託之效力。例如在 Brown v. Burdett (1882) 21 ChD 667 一案，法院認為女遺囑人指示不要使用某房屋（即除了她管家那四間房以外，將所有門戶封鎖）達二十年之久之信託為無效❻。

(三)信託有削弱家庭之虞

---

❹　Bogert, op. cit., p. 181.

❺　Edwards & Stockwell, Trusts & Equity (3 ed.), p. 136; Oakley, op. cit., p. 162.

❻　Edwards & Stockwell, op. cit., p. 131.

　　依據英國普通法，信託或信託之條款如有妨礙或干預父母踐履對子女之義務，或有阻止婚姻，或鼓勵夫妻分居之傾向時，此等信託導致削弱或破壞家庭而不准其生效❼。

二、美國法

　　依照美國信託法整編第二版 (Restatement of the Law of Trusts (second))，如因某信託或其中某條款之執行，會違反公序良俗時，該信託或信託條款歸於無效，即使受託人履行本身並不涉及從事犯罪或侵權行為。此種情形可分述如次：

(一)引誘犯罪或侵權行為

　　例如對從事犯罪之一群人，支付其中任何人因犯罪所處罰金之信託乃無效。因支付罰金雖非違法，但罰金之目的在嚇阻犯罪，而執行信託去付罰金，會破壞罰金刑之嚇阻效果，可能誘導受益人從事此等犯罪。又訂定如受益人以偽證或其他不正方法與其配偶離婚，則支付受益人金錢者，亦屬無效，因其對犯罪之人予以獎賞。同理訂定受益人違反扶養子女之義務或違反某種公共義務（諸如服兵役），則對其支付金錢者，亦屬無效。不過此乃基於公序良俗之理由，即使被獎賞之行為本身並非犯罪❽。

(二)鼓勵不道德

　　訂定如某人有非婚生子女則予以受益權，或如其沒有非婚生子女，則受益終止者，可能無效。又為了在成立信託後懷孕之非婚生子女之利益所成立之信託，可能無效，視社區流行之公序良俗之觀念如何而定❾。

(三)引誘行為本身非違法或不道德

　　如某種行為本身雖非違法或不道德，但信託條款之執行對其作為提供不正當之動機，而以此動機鼓勵作此等行為，係違反公序良俗時，則條款可因違反公序良俗而無效。例如對某人與配偶離婚或分居，或怠忽為人父母之義務，或避免結婚或改變宗教信仰，或避免履行對國家有益之行為，

---

❼　Edwards & Stockwell, op. cit., pp. 132, 134, 135; Oakley, op. cit., p. 162.

❽　美國信託法整編第二版，p. 163。

❾　同❽，p. 164。

可能因提供財務上之報償而歸無效❿。

㈣鼓勵離婚或分居

訂定如受益人與配偶離婚或分居，給付金錢，或如受益人不離婚或分居，則剝奪受益人利益者，可能無效。又對分居之夫妻，訂定如恢復同居，則終止給其中一人之信託收益之條款亦然。反之，只要某女子無丈夫或與其夫分居，則予以扶養之條款，並非只因有引導其自其夫取得離婚或分居之可能即歸無效⓫。

㈤鼓勵怠忽父母之義務

例如訂定如受益人准許其子女與其同居，則剝奪受益人之利益；如與其父母同居，則剝奪該子女之利益者，可能無效。

㈥破壞其他家庭關係

如訂定受益人與其兄弟姐妹交往，則所予該人之利益要沒收是⓬。

㈦限制婚姻

如訂定如某人與他人結婚，則剝奪其受益人之利益是。

但關於寡婦之再婚則屬有效。又如不對婚姻課以不當限制者，亦非無效。

例如如其與一特定人結婚，或於成年前結婚，或未經受託人同意結婚，或與特定宗教信仰或異教之人結婚，則剝奪受益人之利益者，通常並非無效。又如委託人不限制受益人之結婚，但於受益人單身期中，提供其供養之條款為有效。

㈧限制宗教自由

訂定受益人改變宗教信仰時，取得金錢，或如不改變，則其利益停止是⓭。

㈨限制踐履公共義務

訂定如受益人加入該國軍隊服役或踐履陪審義務，則剝奪受益人之利

---

❿　同❽，p. 164。

⓫　同❽，p. 165。

⓬　同❽，p. 165。

⓭　同❽，p. 166。

益是❶。

第二節　我信託法上之特別限制規定

此外我信託法又就信託之目的設有特別限制規定，分述如次：

一、禁止受託人享受利益

我信託法第 34 條規定「受託人不得以任何名義，享有信託利益。但與他人為共同受益人時，不在此限。」除受託人為共同受益人之一人外，禁止受託人自信託享有利益。此乃出於不准受託人兼受益人之旨趣，因受託人與受益人利害對立，受託人不但不可直接成為受益人，享受信託上之利益，且如以他人為受益人，而間接由受益人享受利益，亦在禁止之列。

本條明文例外為受益人為複數時，其共同受益人中之一人可兼充受託人。反之，受託人有多人時，共同受託人中之一人可否兼任受益人？此問題甚為複雜，可按委託人與受益人間人數安排等情形，分析如次：

㈠委託人＝受益人

此乃自益信託。

㈡委託人＝受託人

此乃宣言信託可否准許之問題，按宣言信託為英美法所承認。我信託法只於第 71 條社區信託或社區基金會之情形予以承認，在日本信託法原不承認，此次其信託法修正後，已予承認，惟須具備一定條件與手續（第 3 條）。

㈢受託人＝受益人

此乃與我信託法第 34 條（相當於日本舊信託法第 9 條）之解釋相關。

此類型又可細分為下列各種：

1.單獨受託人＝單獨受益人

此乃違反上述信託法第 34 條之規定，不能准許。

2.單獨受託人＝共同受益人中之一人

---

❶　同❽，p. 166。

此為信託法第 34 條明文所准許。又受託人兼收益受益人或原本受益人，只要另有受益人亦可准許❶，又在集團信託，如受益權讓與予受託人時，基本上亦可解為屬於此種類型之一種，自上述第 34 條規定之旨趣觀之，似可認為有效。

3.共同受託人全體 = 共同受益人全體

在此類型，四宮氏以為共同受託人之關係乃合有關係，而共同受益人之關係為共有關係，兩者不同，故不生所謂混同問題，而認為有效❶。

4.共同受託人中之一人 = 單獨受益人

四宮氏以為此時該人可要求履行信託，對於他未參與之信託違反可追究其他受託人之責任，故宜尊重委託人之意思，不牴觸日本舊信託法第 9 條之禁止，而主張為有效。但新井誠氏以為應加否定，因共同受託人之一人兼受益人，如其違反信託時，無人可追究信託違反之責任❶。

5.共同受託人中之一人 = 共同受益人中之一人

在此類型不生混同問題，又基於受益人之監督權，追究受託人責任之機制仍可發揮，故此種信託似可認為有效❶。

日本舊信託法第 9 條意義之一可解為直接禁止受託人兼併受益人之地位，故受託人與受益人地位完全歸於同一人，受託人取得受益權之全部時，該信託失去本質性格（即為他人管理財產），似應解為終了。亦可能以取得行為本身違反日本舊信託法第 9 條而歸無效❶。

關於我信託法第 34 條尚有下列問題，有待探究：

㈠若受託人只取得受益人受益權之一部而非全部時，其效果如何？

新井氏以為此時未取得受益權部分，仍維持為他人管理財產之架構，故無因此行為立即導致信託終了之必要。此處問題是受託人由該受益權取

---

❶　四宮，新版，p. 126 註 8。
❶　四宮，新版，p. 127 註 10。
❶　新井，前揭，p. 183。
❶　新井，前揭，p. 183。
❶　新井，前揭，p. 184。

得行為能否說是自信託實際得到利益。

　　他以為日本舊信託法第 9 條除禁止受託人兼併受益人之地位外，亦以禁止自信託享受利益之形式，間接規定受託人之忠實義務。因此只有對該取得行為實質評價，認為受託人違背忠實義務時，始認為歸於無效。在受託人基於對受益人之優越地位取得受益權之場合，則歸無效**❷⓪**。

㈡受託人可否對受益人之受益權設定擔保物權？

　　過去日本大審院有肯定見解之判例（大判昭和 8.3.14 民集 12 卷 4 號，p. 350）。該案作為金錢信託受託人之信託公司，在信託受益權上取得質權是否有效發生爭議。即受益人自受託人受融資時，受託人對信託受益權設定擔保權之行為，是否違反日本舊信託法第 9 條「禁止自信託享受利益」以及第 22 條「受託人禁止取得信託財產之權利」之規定。此點過去日本大審院判決以「信託之受益權與其權利標的之信託財產本身觀念不同」為理由，認為不違背日本信託法第 9 條及第 22 條之規定而認為有效。即認為受益權與信託財產為不同概念，受託人在受益權上即使取得質權，亦不能謂為「就信託財產取得權利。」又「受託人就受益人之受益權為其他債權人取得質權，不能謂為受託人自為受益人」，故不認為違反上述二條文。但新井氏以為受託人在信託法上有禁止為利益相反行為之忠實義務，故受託人設定擔保權之有效性應自此忠實義務，逐案予以斟酌。受託人如以優先於受益人享受信託財產之利益之形式，在受益權上設定擔保權時，似應認為違反忠實義務而歸無效。亦即應考慮受託人在信託上之特性或機能**❷①**。此說不囿於形式論理，較為深入，似較可採。

二、訴訟信託之禁止

　　我信託法第 5 條第 3 項規定：「以進行訴願或訴訟為主要目的者」，信託行為無效。在英美並無類似之限制規定，該條乃沿襲日本舊信託法第 11 條「信託不得以為訴訟行為為主要目的」之規定。按日本法所謂「主要目

---

❷⓪　新井，前揭，p. 184。

❷①　新井，前揭，p. 185。

的」係指成立信託如以關於信託財產之訴訟為直接目的者無效，此乃所謂訴訟信託之禁止。其典型事例，如以收取委任為目的之債權讓與。

所謂訴訟在日本不限於民事訴訟法上之訴訟行為，凡廣義透過司法機關企圖實現權利之行為，諸如破產法上破產之聲請、強制執行法上強制執行之聲請（日本最判昭和 36.3.14 民集 15 卷 3 號，p. 444），以及非訟事件法上之聲請，均包含在內，但不包括假扣押之聲請與更生債權之聲請。我信託法將日本舊信託法上「訴訟行為」改為「訴訟」，範圍似更為廣泛，同時又增加「訴願」字樣。故凡以進行訴願為主要目的之信託，亦非法之所許。又訴願當然包括行政訴訟在內。惟本條所禁止者，僅為以進行訴訟或行政爭訟為主要目的之信託而已，受託人就信託財產既有完全管理權，具備訴訟能力，如為管理處分信託財產，提起訴訟或訴願，乃其職務上之正當權利行為，應不在禁止之列。例如被委任收取債權之人，與當事人居於同一法律上地位，享有訴訟上權利，關於收取，以自己名義提起訴訟，如非以訴訟為主要目的之收取委任，則無本條之適用❷。

按日本信託法禁止訴訟信託之目的為何，依其立法理由，係在：

㈠防止訟棍迴避日本民事訴訟法上律師代理之原則（由非律師之人辦理法律事務）。

㈡防止包攬訴訟之猖獗。

㈢防止濫訴健訟之弊。

㈣防止介入他人間之法律紛爭，利用司法機關追求不當利益。

即過去日本通說以為該條之目的，係為了防止法律外行人濫訟引起社會混亂，希望將訴訟進行委諸律師此種法律專家。但此四點理由欠缺有力根據。因第一，防止迴避律師代理一點，由於日本判例向來並不區分受託人自己為訴訟行為或委任律師為之，亦不問受託人本身是否具有律師資格，因此此點頗難成立。其次，防止訟棍包攬訴訟一點，在受託人並非惡德之訟棍時，同樣亦受該條之禁止，亦難謂有理❸。況刑法上已有包攬訴訟罪

---

❷　日本大審判昭 5.1.29 評論一九卷民法，p. 653。

❸　四宮和夫，《信託の研究》，p. 251 以下。

可資嚇阻，無需再於民事上限制訴訟信託。至防止濫訴健訟之弊之想法本身亦有問題，因依憲法國民有受裁判之權利，此乃人權保障上不可欠缺之權利，人民願放棄原始自力救濟而透過法院主張權利，不但無可厚非，且值得鼓勵。將提起訴訟爭取自己權利，認為不當之想法是否妥當，甚有疑問，尤以利用律師提起訴訟之情形為然。故此種政策主張時至今日，不但已失去說服力，且與現代法律思潮不符。其實信託法想要禁止的不是所有訴訟信託，只限於某種類型訴訟信託而已。

依照日本判例，該條所禁止者，為以訴訟之目的之信託（訴訟信託），即使偶然有使受託人為訴訟行為，如其非信託之主要目的，則非無效。至是否以訴訟為主要目的，應參酌信託契約之條款、受託人之職業、委託人與受託人之關係、對價之有無、信託成立至受託人提起訴訟在時間上之間隔等情況，實質的加以判斷。又判斷時須以行為當時為標準。

在可認為以訴訟為主要目的信託時，即使受託人自己不進行訴訟而委任律師之情形，亦有本條之適用❷。

且該條並非表明訴訟本身當然逸脫信託制度之旨趣，不過是就他人之權利不許可訴訟行為之情形，禁止以「信託」之形式加以迴避而已❷。且是否「主要目的」之解釋，應參照禁止訴訟信託之上開立法旨趣，針對個別案情，實質加以判斷。

日本現今採通說之學者分析日本訴訟信託有關判例後，將其認為訴訟信託之特色分析為(1)債權讓與與提起訴訟在時間上之緊接性(即期間愈短，認定為訴訟信託之可能性亦愈高)，(2)債權受讓人不是律師，(3)債權受讓人一再提起同樣訴訟等，作為適用該日本舊信託法第 11 條規定之基準。此種通說之見解亦散見於日本判例之中。例如廣島高院昭和 28 年 10 月 26 日判決（高民 6 卷 12 號，p. 778）處理某公司勞資爭議過程中所發生之訴訟信託案件，乃其典型例子。在該案某公司工會作為與公司勞資爭議之一戰術，為了對抗公司不付工資，便宜上先由工會受讓各從業員所持有個別工資債

---

❷　四宮，新版，p. 142 以下。

❷　四宮，新版，p. 144。

權，再由工會總括提起訴訟請求支付工資。公司方面則以從業員將工資債權讓與予工會，乃信託法所禁止之訴訟信託為根據，提起訴訟信託之抗辯。但廣島高院認為該案形式上雖相當於訴訟信託，但受讓人不是為了自己之利益，而係純粹為了讓與人之利益而行動，且其權利行使乃屬正當，該訴訟信託並不違反日本信託法第 11 條之旨趣，不能謂為無效，從而駁回公司訴訟信託之抗辯。

　　此次日本新信託法修正前，原有人主張將該條加上「但為此種信託行為有正當理由時，不在此限」之呼聲，但因日本辯護士連合會之意見不支持，致仍維持舊條文文字❷⑥。

　　筆者以為在今日我國，禁止訴訟信託在理論上固欠有力根據，在實務上執行亦屬不易。鑑於消費者意識抬頭，消費者保護法已承認消費者保護組織之訴訟權，明定財團法人得為消費者提起賠償訴訟或不作為訴訟（第 49 條），將來類似規定似亦可能擴張及於公益信託，准其亦有代消費者提起訴訟之權。又消費者保護法第 50 條第 12 項規定「消費者保護團體對於同一之原因事件，致使眾多消費者受害時，得受讓二十人以上消費者損害賠償請求權後，以自己之名義提起訴訟。消費者得於言詞辯論終結前，終止讓與損害賠償請求權，並通知法院。」係明定得以債權讓與消費者保護團體之方式，實現其對企業經營者之損害賠償請求權，解釋上似可認為信託法第 5 條第 3 款之例外規定。又如為慰安婦向日本提起賠償訴訟，如以此為目的設立之信託，不問為私益信託或公益信託，在法理上言，均無禁止之理。況我國法律扶助法已經施行，保障國民之訴訟權已成為時代潮流，在此種情勢下，信託法上此種訴訟信託之禁止，已不合時宜，而有改弦易轍之必要。

三、脫法信託之禁止

　　日本舊信託法第 10 條規定：「以依法令不得享有某財產權之人，不得作為受益人，享受與享有該權利同一之利益。」我信託法第 5 條第 4 款規定：信託行為「以依法不得受讓特定財產權之人為該財產權之受益人者」無效，

---

❷⑥　小野傑、深山雅也編，《新しい信託法解說》，p. 152。

此乃禁止所謂脫法信託，即信託財產性質上，若某人在一定範圍內不得為受益人時（民法上之特別權利能力之問題），例如依「農業發展條例」第33條本文規定，私法人不能承受耕地，因此私法人不可充任耕地之受益人。又「山坡地保育利用條例」第37條及「原住民保留地開發管理辦法」第18條分別規定：「山坡地範圍內山地保留地……之土地所有權，除政府指定之特定用途外，如有移轉，以原住民為限」、「原住民取得原住民保留地所有權後，除政府指定之特定用途外，其移轉之承受人以原住民為限」，因此原住民保留地之受益人應具有原住民身分。

此外「臺灣地區與大陸地區人民關係條例」第69條規定大陸地區人民原則上不能擔任不動產信託之受益人。

又依土地法，外國人不得取得林地、漁地、礦地、水源地……等土地（第17條），又依礦業法第6條第1項「中華民國人得依本法取得礦業權」之反面解釋，外國人在我國不能取得礦業權，故信託如賦與外國人與享有此等土地所有權或礦業權同一利益之受益權時，則外國人並無受益人之資格，不得享有受益權（即使以外國人為受益人設定信託，此種信託本身乃脫法信託，因違反強行法規為理由，而歸無效）❷。

由於信託法第5條規定，信託「以依法不得受讓特定財產權之人為該財產之受益人者」無效，受益人可分為收益受益人與原本受益人（即信託財產歸屬權人），於是如該欠缺受益人資格之人，只收取收益之一部或只於信託存續期間之一部收取收益時，例如將該礦業權交受託人管理運用，而於其存續期限內，只將其一部收益或於存續之部分期限內，將其收益歸某外國人收取是。此時是否亦為該條之所禁，不免發生疑義。

如貫徹該條禁止脫法行為之精神或可採肯定說，但如自該條文義言，則以採否定說為宜。

但該條不可作形式上之適用，一律加以判斷，而應參酌相關禁止法令之旨趣、信託目的、受益權內容等，綜合予以判斷。又特定人違反法令享

---

❷　又我國水利法第16條規定外國人原則上不得取得水權，漁業法第10條亦對外國人取得漁業權加以限制。又參照新井，前揭，p. 186。

有財產權之行為，如該行為之私法上效果並不被否定時，即使透過信託享受與有該財產權同一之利益，但在私法上之效力，並非亦一併予以否定❷。

四、債權人詐害信託之禁止

由於成立信託，委託人之財產權移轉予受託人，自委託人之債權人觀之，委託人之責任財產因而減少。故委託人為了逃避自己債務，設立信託時，與民法上詐害行為之撤銷權相同，為了保護委託人之債權人，對債權人就該信託行為有承認某種介入權利之必要。故我信託法第 6 條規定「信託行為有害於委託人之債權人權利者，債權人得聲請法院撤銷之」。

按日本舊信託法規定「債務人知有害其債權人為信託時，雖受託人為善意時，債權人仍得行使民法第 424 條第 1 項所定之撤銷權。依前項規定所為之撤銷，不影響受益人既受之利益，但受益人之債權未屆清償期，或受益人於受其利益時，明知有害債權人之事實，或因重大過失而不知時，不在此限。」

即將民法上詐害行為撤銷權之要件部分修正，而賦與委託人之債權人對詐害信託之撤銷權。按我民法上詐害行為撤銷權與信託法上詐害信託撤銷權，基本上乃同質的權利，民法上關於債權人撤銷權之法理，原則上對信託法上詐害信託撤銷權有補充的適用，即信託法對民法居於特別法之關係，但依我信託法之規定，兩種權利間仍有不少差異。

第一，在一般債權人撤銷權，詐害行為之相對人如為善意時，債權人不得行使撤銷權，而在詐害信託撤銷權，其行使要件較為寬鬆，詐害信託之相對人（受託人）原則上即使善意，債權人亦可行使撤銷權。其次在民法上撤銷權，行使撤銷權之效果發生溯及效力，而在詐害信託，撤銷權行使之效果原則上無溯及力，因信託法第 6 條第 2 項規定：「前項撤銷不影響受益人已取得之利益，但受益人取得之利益未屆清償期，或取得利益時，明知或可得

❷　小野傑、深山雅也編，《新しい信託法解說》，p. 151。四宮氏以為僅將土地之收益支付予外國人之信託，將土地出售，以其價金支付外國人之信託等，尚難認為上開禁止之脫法行為。參照四宮，新版，p. 126; Scott, s 117.2。

而知有害及債權者，不在此限。信託成立後六個月內，委託人或其遺產受破產之宣告者，推定其行為有害及債權」。即對詐害債權人之事實，受益人如屬善意無重大過失者，於清償期後之既得利益不受撤銷之影響。

在可撤銷之信託，委託人於行使其撤銷權撤銷原設立之信託而回復信託財產時，此時委託人之債權人雖可請求委託人以追回之財產清償債權，但債權人不得強制委託人或代位委託人行使此種撤銷權。如委託人於知悉其債務情況惡化後，故意拋棄其撤銷權以規避債權人追及信託財產時，似以承認債權人得代位行使為妥 **❷⁹**。

委託人惡意破產時，則其債權人得依信託法第 6 條之規定聲請法院撤銷其信託行為，而對信託財產行使請求權。

在美國委託人設立自益信託並限制信託利益之轉讓時，委託人之債權人仍得追及其信託利益 (Restatement of Trust (second) §156⑴ (1957))。又委託人為自己利益設立扶養信託或有裁量權之信託時，其債權人亦得於受託人依信託行為支付予受益人，或得為受益人之利益加以運用之程度內，追及其信託利益 (§156⑵)。

又詐害信託之撤銷權如何行使？在日本通說以為須以訴訟之方法為之，亦即援用日本判例與通說之相對效力說。我信託法則明定須聲請法院撤銷之。至其訴訟之相對人須為何人？ 在日本通說以為返還相對人須為得利之當事人，即受託人或受益人 **❸⁰**。惟日本近時亦有學者認為詐害行為撤銷權與詐害信託撤銷權性質不同，詐害信託撤銷不可只以受益人為相對人行使撤銷權，如以受託人為相對人行使撤銷權時，其效果當然及於受益人 **❸¹**。

---

❷⁹　陳彥宏，前揭論文，p. 152。

❸⁰　四宮，新版，p. 149。

❸¹　新井，前揭，p. 191。

第九章　信託之存續期間

　　信託乃一種繼續性法律關係，通常在信託文件內訂定其存續期間（略稱信託期間。在日本信託通常以契約方式作成，故亦稱為信託契約期間）。信託之存續期間有無限制？換言之，委託人可將其財產為其受益人交付信託多久？以下就英美法、日本法與我國法分述之。

一、英美法與「禁止永久歸屬之原則」

㈠原　則

　　英美財產法(property law 即物權法)有一個與大陸法迥異的古典原則，稱為「禁止永久歸屬之原則」(rule against perpetuities 或譯為「永久權禁止之原則」)，在該原則許可之期間內，財產權歸屬如不確定，則其財產處分為無效，此乃出於往昔英國財產如拘束期間過長，有害於物資之融通，違反國民經濟之想法❶。依該原則，被許可之期間為財產處分當時現存人之

---

❶　自從中世紀起，英國法處於兩大壓力之下。即一方土地與其他財產之所有人，通常為其家屬之利益亟欲將他們的財產永遠保持。他方法院與立法機關以為財產應自由流通，只能在較短期間受到約束，才符合國家之整體利益。結果採用了「禁止永久歸屬之原則」，作為折衷。即除了慈善目的可無限期予以凍結外，不應加以過多之限制。（參照 Oakley, op. cit., p. 163）該原則之基本觀念是財產之所有人對其財產之控制不能超過他可能對受益人之性行有認知之期間，逾此期間則屬過長不合理，該原則在諾廷亨爵士 (Lord Nottingham) 處理 Duke of Norfolks（1682年判決）一案開始出現，後來由 Gray 氏以上述古典公式而固定下來。(Dobris & Sterk, Estates and Trusts, Cases and Materials, p. 748) 方嘉麟教授根據 Graham Moffat and Michael Chesterman, Trust Law and Materials, pp. 292–293，認為該原則在英美普遍採納之原因有四：㈠避免財富無限制累積，以合於均富政策。㈡避免予委託人藉設立信託，永久控制財產未來之歸屬。㈢避免某一代全面決定財產未來使用及歸屬方式，從而剝奪下一代之支配能力。㈣避免資產之凍結喪失流通性。（參閱方嘉麟，信託法之理論與實務，p. 155）因如准許當代人將財產暨將來利益與信託綁在一起，則當代土地所有人，對後代子孫使用土地之限制或拘束（指

生存期間，加上最後生存者死後二十一年間。換言之，「任何財產利益，除非在其創該利益設時一些活人之生存時間，加上二十一年之期間中有了歸屬，否則無效」(No interest is good unless it must vest, if at all, not later than twenty one years after some life in being at the creation of the interest)。

　　請注意其期間之長度因各個案有關人之生存期間而有出入，並非如我國民法規定不動產租賃期間最長不得超過二十年之類有統一固定的長度。而且對此二十一年期間，有時為了保護已受胎但未出生子女利益之必要，尚要加上懷孕之期間，故此項原則極為複雜，即專家亦不易瞭解。茲舉例以明之：例如史先生，現年五十三歲，太太五十歲，他們的子女分別是三十、二十四、二十一、十八與十五歲，兩個孫子為兩歲與一歲，除非史先生夫婦再收養別人，不可能再有別的子女，但在史先生死亡前，可能有更多孫子女，甚至有曾孫子女。假使史先生活到七十五歲，且在死亡前有兩個曾孫子女，則他可在遺囑上設立信託，一直存續到在他死亡時的任何子女、孫子女與曾孫子女之生存期間，加上二十一年。如果此時有一特定利益已經歸屬，則信託可以繼續到利益已經歸屬的那一個受益人的終身。假設史先生曾孫中有一人在他死亡時為未成年人，可活到七十五歲，則史先生遺囑信託可以存續到七十五年（曾孫的生存期），加上二十一年❷。

　　在美國法亦沿用此種英國法之原則，但其期間因州而異，且「禁止永久歸屬之原則」於信託亦有適用，致信託期間存在頗久，委託人死亡後可在墳墓指揮控制活人如何管理運用財產，惟不能過長，更不能成立永久信

定何人並在何時繼承土地所有權，換言之，過去所有人可自墳墓裡對土地與其家屬加以控制）達好幾代之久。後代子孫失去控制土地之使用與所有權之機會，無法按自己意見或喜好使用與處分其財產。如此不但在世代之間不公平，且影響土地之移轉。例如 A 之曾孫女 S 於其父死亡時，繼承了一終身所有權 (life estate)，她雖然是失敗的農人，但卻是優秀之商人，需要資金投資在工廠，但因 S 只有終身所有權，她不能為了投資，將土地出售來籌措購買工廠之資金，而且也不能與將來利益 (future interests) 之所有人一起將該土地出售，因將來利益之所有人中有不少尚未出生。(Dobris & Sterk, op. cit., p. 745 et. seq.)

❷　參照楊崇森，《信託與投資》，p. 76。

託。因如存續期間不加限制，則理論上幾世紀下來，一個信託財產可能累積了世界財富之龐大比例。但在公益信託，與一般信託不同，信託存續期間並無限制，財產所有人可以永久設立信託，為了大學、醫院之利益，而垂諸永久。例如哈佛大學迄今仍係三百七十多年前由哈佛 (John Harvard) 以遺囑捐助的受益人❸。

㈡對於禁止永久歸屬原則之改革

上述禁止永久歸屬之原則近年來受到大幅修正，例如英國 1964 年「永久拘束及積聚禁止法」(Perpetuities and Accumulation Act) 採用新解釋原則之「觀望原則」(wait and see doctrine) 而規定信託不超過八十年限度期間之約定為有效。

美國在 1986 年「法律統一委員會」(the Uniform Law Commissioners) 通過了「禁止永久歸屬之統一制定法規則」(the Uniform Statutory Rule Against Perpetuities，簡稱 USRAP)，以九十年作為信託期間之上限，在多數州通過而納入統一遺產驗證法 (Uniform Probate Code，簡稱 UPC)。按採用九十年的固定期間，而非按個案關係人之世代計算，乃革命性的進展❹。若干州廢止禁止永久歸屬之原則，以吸引信託業務，增加稅收。甚至准許動產信託永久存在，不動產信託存在一百一十年（例如德拉瓦州 (Del. Code Ann. tit. 25, §503)）或更久，甚至永久存在。

二、日本法與我國法永久信託之禁止

在日本，信託存續期間最長可以多久，信託法與信託業法對此問題均加以迴避，並無明文規定。

❸　參照楊崇森，《信託與投資》，p. 75。

❹　何以選擇九十年作為信託期限？此乃基於統計學之研究結果，依據研究建議平均最年輕作為測量人壽期間 (measuring life) 大約是六年，而一個六歲大的人其餘生存機率 (expectancy)，依據美國人口普查局 (Bureau of Census) 是 69.6 年，所以 the Uniform Act 利用六十九年作為適當計算一個六歲大的人其餘生存機率 (life expectancy) 加上二十一年期間，得出九十年這種可准許歸屬的期間。參照 Scoles, et al., op. cit., p. 1125。

　　有人以為依契約自由之原則，委託人可自由訂定信託期間。又日本學說上有認為永久信託，分為永久管理信託與永久處分信託，各屬有效與無效之說❺。但實務上永久固無論，如過於長期，會因貨幣貶值等，受益人失去利益，且受託人在確認受益人等事務管理上亦有困難，不太受託❻。當然如期限過長，發生一部無效，應按民法上一部無效之原則處理❼。

　　日本新信託法只就所謂「後繼遺贈型信託」之期間定為三十年（第91條）❽，就所謂「目的信託」（無受益人之約定）之期間定為二十年（第259

---

❺　在日本有學者以為以處分為目的之信託，不問公益信託與私益信託，均可合法成立永久信託。至於管理信託只要不是永久，如何長期均可成立。因以契約禁止所有權之永久處分，不但使所有權人及其子孫失去所有權人之實際，且對社會經濟亦屬有害，可認為違反公益之契約而歸無效，此徵諸日本民法第90條之解釋及判例，永久的管理信託應屬無效。（細矢祐治氏以為日本大審院就地上權之期限曾有只要不是永久無限制，雖定為一千年之確定期間亦屬有效之判決，此問題與信託頗相類似，主張在管理信託亦可為同樣解釋）惟實際上信託除期限屆至外，尚可因信託目的之達成或不能達成，或法定或當事人所定終了事由之發生而歸於消滅。此點對信託存續期間事實上亦發生重大限制作用。參照細矢祐治，信託經濟概論，p. 136以下。

❻　三菱銀行，《信託の法務と實務》，p. 68。

❼　四宮，新版，p. 154。

❽　新井誠氏以為鑑於現行日本民法租賃權存續期間為二十年（日本民法第604條），在信託法上有必要參考與後繼遺贈類似之德國民法上有關前位繼承與後位繼承之第2109條規定（即自繼承開始後經三十年，後位繼承仍不開始時，後位繼承人之指定原則失其效力），加入新規定，而主張永久拘束禁止期間亦應為二十年。（參照新井誠，《高齡化社會と信託》，p. 285，又關於德國民法上前位繼承人與後位繼承人制度之詳細介紹，可參照楊崇森〈德國繼承法若干特殊制度之探討〉一文，載於《法令月刊》第59卷第7期，民國96年7月）

　　此次日本新信託法雖未全面承認受益人連續信託，但部分承認，即明文承認所謂後繼遺贈型之受益人連續信託，而規定：「訂定有因受益人死亡，該受益人所有受益權消滅，他人取得新受益權（包含因受益人死亡，他人順次取得受益權之訂定）之信託，自為該信託時起，經三十年以後，現存之受益人依該訂定取得受益權之場合，於該受益人死亡前，或於受益權消滅前有其效力」（第91條）。此種

條)。受託人與受益人地位兼併(即受託人以在固有財產擁有受益權全部之狀態)之信託期間定為一年(第 163 條第 2 款)。至最短期就特殊信託雖有法律上或行政監督之限制,但並無一般限制。例如日本金錢信託,信託公司原則上不得承受二年以下之金錢信託。此種限制理由乃基於與銀行定期存款之關係❾,避免與銀行競爭。

　　信託期間似參考德國民法第 2109 條所定先位與後位繼承之制度,即自繼承開始時起,經三十年,如後位繼承不開始,則後位繼承人之指定原則上失其效力。又參照小野傑、深山雅也,前揭,p. 263 以下。

❾　吳文炳著,《信託論》,p. 249。

第十章　信託關係人

所謂信託關係人係對信託直接有利害關係或權利義務關係之人。除委託人、受託人與受益人之外，尚包括信託監察人。

至信託當事人係指設立信託為目的之法律行為（即信託行為）之當事人，其範圍比信託關係人為狹，在一般信託行為，委託人與受託人為信託之當事人。在以遺囑作成信託之情形，委託人即遺囑人才是信託之當事人。受益人原則上並非信託當事人，只是委託人兼受益人時，即所謂自益信託之情形，受益人亦成為信託當事人。宣言信託發生委託人兼受託人之情形，又原則上受託人不可兼受益人。以下就信託關係人分別加以說明：

一、委託人 (settlor, trustor, creator)

委託人乃設立信託之人，信託關係主要由委託人所創設，信託非有創設人不能存在。

我信託法對委託人之資格未設特別規定，按民法原則上自然人與法人均可作為委託人。原則上任何自然人均可為委託人❶，惟因成立信託，須將一定財產移轉權利或為其他處分，故須具有行為能力及處分該財產權之能力。因此未成年人、受監護宣告之人（即禁治產人）、破產人為委託人時，須符合民法所定有效要件（民法第 13–15 條），受輔助宣告之人成立信託應經輔助人之同意（民法第 15 條之 2）。受破產宣告之人就屬於破產財團之財產權設立信託，不能對抗破產債權人（破產法第 75 條），其在破產宣告前所為信託行為，會受到撤銷權行使之限制（信託法第 6 條）。又以遺囑設立信託，只有自然人始可為之。又作成遺囑時，須具備作成遺囑之資格（即遺囑能力，民法第 1186 條）。

---

❶ 惟實務上委託人由於需移轉財產，故美國歷史上委託人多係饒有資產之人，無產之人事實上不可能設立信託，惟晚近由於集團信託日益普遍，例如日本與我國之金錢信託，雖小額亦可設立，故一般大眾亦可能成為委託人。

公益信託中之社區基金會（信託法第71條），只有法人始可為發起之委託人，自然人只能為一般之委託人。其次委託人為法人時，須不超過該法人章程或捐贈行為所定目的之範圍。

又若干特別法對信託委託人之資格加以限制，例如依金融資產證券化條例，特殊目的信託之委託人須係金融機構（第4條）之類❷。

二、受託人 (Trustee)

(一)概　論

所謂受託人乃委託人設立信託之相對人。即自委託人受領所移轉之財產權或其他處分，法律形式上成為財產權之主體，亦即負擔按委託人所定信託目的，管理或處分信託財產義務之人。原則上自然人與法人（本國人與外國人）均可充任受託人。但法律有時就享有信託標的之特定財產權之權利主體，設有資格限制。例如土地法第17條規定水源地、林地、礦地……要塞軍備區域及領域邊境之土地，不得移轉予外國人是。

關於受託人之資格，需注意下列各點：

1.受託人為自然人之情形

受託人須有管理處分信託財產之能力，即行為能力，我信託法特別規定「未成年人、禁治產（受監護或輔助宣告之人）人及破產人，不得為受託人」（第21條），如以欠缺此種受託能力之人為相對人，設立信託時，如係契約，則成立有瑕疵，不能成立信託，且無法由法定代理人以同意予以補正，此點與民法上代理人縱係限制行為能力人，亦屬無妨（民法第104條），大相逕庭。

信託非有受託人不能成立，如被指定為受託人之人不能或拒絕接任或被撤銷時，信託原則上因可另行指定他人為受託人，並不終了。信託法之

---

❷　依都市更新條例施行細則，以信託方式實施之都市更新事業，其計畫範圍內之公有土地及建築物所有權為國有者，應以中華民國為信託之委託人及受益人；為直轄市有，縣（市）有或鄉（鎮、市）有者，應以各該地方自治團體為信託之委託人及受益人（第19條）。

基本原則之一是「衡平法不許可信託因欠缺受託人而不能成立」(Equity never allows a trust to fail for want of a trustee)❸。如原指定（尤其遺囑信託）或嗣後指定之受託人不擔任受託人時，委託人可聲請法院指派他人接替此人執行信託事務。

信託成立後受託人破產、受禁治產宣告時，受託人因此喪失受託人之資格，其結果受託人之任務依信託法之規定須歸終了（第45條），但信託不因此而告終了。此時委託人可進行指定新受託人之手續。如不能或不為指定者，利害關係人或檢察官得聲請法院選任新受託人（第36條），以繼續完成信託之目的。

2.受託人為法人之情形

法人亦可充任受託人，事實上在今日社會，法人擔任受託人往往較自然人為多，且更為適宜。惟此時法人之權利能力與行為能力，須限於章程或捐助行為所定目的之範圍內（民法第26條、第60條）。受託人為法人者，經解散、破產宣告或撤銷設立登記時，委託人得指定新受託人。如不能或不為指定時，利害關係人或檢察官得聲請法院選任新受託人（第36條）。

無權利能力社團能否擔任受託人不無疑問。理論上應儘量承認此種團體之法律主體性，且我民事訴訟法規定非法人團體設有代表人或管理人者，有當事人能力（民事訴訟法第40條）。故似應承認無權利能力社團亦得為受託人。

又為了承受營業信託，受託人之資格受有限制，原則須係信託業法上之股份有限公司（信託業法第10條），且須經主管機關許可（信託業法第2條）。現今除銀行外，尚有信託公司。又成為附擔保公司債信託（公司法）、都市更新信託（都市更新條例）、不動產資產信託及不動產投資信託（不動產證券化條例）、特殊目的信託（金融資產證券化條例）等之受託人，在各該特別法亦設有資格限制。

---

❸　受託人之死亡原則上並不導致信託關係之終止，因此時可另選繼任受託人 (substitute trustee)。但如已死亡受託人之權限有專屬性，即委託人明示只有該人才能實施該權限時，則受託人之死亡導致該信託終結。

除法律另有規定外，只有信託業始可對「不特定多數人」辦理信託業法第 16 條所定之信託業務（信託業法第 33 條），因此如律師或會計師對「不特定多數人」辦理此等信託業務時，可能因違反信託業法而負擔刑事責任（有期徒刑或罰金）。但對「特定」或「少數人」辦理以上業務，則似無不可。

3.由遺囑設立信託之情形

在信託由遺囑設立之情形，通常會在遺囑內指定受託人。如被指定之人拒絕或不能接受信託時，除信託行為另有規定非該受託人即不成立信託時，信託行為固歸於無效，否則可由利害關係人或檢察官聲請法院選任新受託人（第 46 條）。但如委託人在遺囑內未指定受託人時，其信託能否成立？似以有效說為妥。因遺囑人既已表明以符合設定方式之遺囑，賦予財產利益予特定受益人之意願，如認為無效，使其歸屬於繼承人不盡公平，故對其意願應予尊重，儘量使其有效，較為合理。亦即此時應準用先被指定為受託人之人不承受時之情形，進行聲請法院選任受託人之手續為宜。在遺囑信託，委託人之繼承人可否成為受託人？按此時信託權利義務之一部雖發生混同，但此時與契約（生前）信託受託人繼承委託人之情形相同，法律並不加以禁止。

(二)委託人如何保障自己權益

受託人之人選對信託關係人非常重要，委託人一旦設立信託之後，除明白保留若干權利外，已將信託財產之完全控制權交與受託人。委託人宜指定多數共同受託人 (co-trustee)，且宜指定二人以上為繼任受託人，以防受託人中一人或多人辭任、無能力或死亡。因若有二人以上受託人，可確保信託事務繼續管理，不需外力或法院介入。如只有一受託人，則於其一旦死亡或變成無行為能力時，會發生另行選任受託人之問題。此外宜於一自然人受託人外，另指定一機構或專業受託人。

委託人可使自己成為共同受託人或共同受益人之一。委託人亦可能又是一個受託人，甚至也是一個受益人，但不能為唯一受託人與唯一受益人。又委託人不能為自己所成立信託之受託人，因同一人不能對自己主張權利。營利法人尤其信託業可否為公益信託之受託人，在日本雖有爭議，但應予肯定。

㈢不同型態之受託人

委託人選任受託人有甚大空間，他可選任受託人一名或二名或三名以上，亦可選任有不同功能且不同種類之受託人。例如在英美常常選一家信託公司作為保管受託人 (custodian trustee)，占有信託財產，而選另一人擔任管理受託人 (managing trustee)，掌管投資、收債與分配事務❹。亦可找一名受託人取得信託財產之所有權與占有權，但接受一個信託經理人委員會 (board of managers) 之指示。委託人亦可派一名受託人與一名受託人之顧問 (advisor)，指定受託人在作某些決定前，須徵求該顧問之意見或同意。又委託人亦可將信託管理之功能分散予數名受託人，例如由一名受託人管控不動產，另一名管理動產❺。

㈣受託人為共同受益人之一人

受託人兼受益人原則會導致債權與債務之混同，但有例外。例如為俱樂部會員成立之信託，擔任受託人之會長或幹事同時亦為會員，即受益人。又如將債務人之財產信託予債權人中一人，使其為所有債權人整理債務，此時受託人亦為債權人中之一人兼充受益人。如此安排，極為簡便。故在數受益人有共同利害關係之信託，受託人亦得為受益人之一人❻。

㈤自然人與法人（機構受託人，institutional trustee）擔任受託人優劣之比較

按受託人可指定自己之律師、會計師、財務規劃人 (financial planner) 與人壽保險代理人 (agent) 擔任受託人。亦可選法人，諸如銀行之信託部與信託公司等機構擔任受託人。究竟自然人與法人何者較適合擔任受託人，分

---

❹　Stephenson & Wiggins, Estates and Trusts (5 ed.), p. 190.

❺　在美國，委託人常選任一名親戚、朋友或同事擔任受託人，亦可請銀行或信託公司充當受託人（即所謂 corporate trustee）。在公司擔任受託人時可以銀行或信託公司為唯一受託人，或連同一名自然人為共同受託人，當然亦有由二名以上個人或二家以上公司作為共同受託人之情形。現今由於投資、稅捐及財產管理之複雜與日俱增，故選任永續營運之專業受託人之需求亦愈加迫切。參照 Bogert, op. cit., p. 99。

❻　吳文炳，《信託論》，p. 47。

別分析如次:

1.自然人

・優點:

與委託人及其家屬較為熟悉,可能較瞭解委託人、其營業與財務以及設立信託之用意。

・缺點:

(1)自然人會死亡,甚至破產或變為無行為能力,且可能侵占信託財產,染上毒癮或酒精中毒或遠適他鄉,或於該就任時拒不接事。

(2)對其所犯錯誤導致之損失,受益人可能得不到補償。

(3)比起機構受託人較不客觀,甚至可能在受益人間引起磨擦。

(4)可能較易因受益人之壓力而受影響,或因心軟作決定❼。

2.法　人

・優點:

(1)由於是公司組織,不可能死亡或喪失行為能力。

(2)有資格好與訓練優之信託、投資等各方面專家,作客觀理性之決定❽。

(3)有各種設備,可保持紀錄與會計資訊之完整。

(4)受託人機構之信託資產與機構本身之資產明確劃分,其債權人不能扣押信託財產,來滿足其債權。

(5)有資產對其所犯錯誤負責,可補償受益人所受之損失。

(6)較少發生將信託資金虧損或浪費情事。

・缺點:

(1)受僱人(員工)會流動。

(2)由於責任關係,對投資可能有保守傾向,寧可作報酬率平常之投

---

❼ Esperti & Peterson, Loving Trust, The Smart, Flexible Alternative to Wills and Probate, p. 167.

❽ 西諺有云: "Many hands make light work"(眾擎易舉)或 "Two heads are better than one"(集思廣益)。

資，以保持原本，而不作高所得高風險之投資。

⑶可能過於客觀，致少溫情。

⑷對受益人可能瞭解不深。

由於機構受託人有明顯優點，與自然人受託人擔任共同受託人，可兼收二者之長，而將其缺點降至最低❾。

三、受益人

受益人 (beneficiary) 又稱為 cestui que trust（發音 seti-kee-trust，或簡稱 cestui），即為了其利益創設信託之人，受益人雖非信託行為之當事人，尤其在公益信託，受益人為公眾，具體之受益人原則上不過為遂行公益目的之手段而已。但在私益信託，受益人有受領信託財產之原本或收益之權利，為信託之要素，故在私益信託不能無受益人。換言之，受益人之指定與受益人之適格為私益信託之有效要件。受益人可以為自然人、公司、協會、政府機構或任何其他能享有財產權之機構或團體；可以是特定之個人或特定種類之人（如委託人之後代，包括未出生之孫子女）。無行為能力人，諸如未成年人或禁治產人（受監護宣告之人），雖不能擔任受託人，但不妨為受益人，事實上為了照顧法律上無能力人，乃最常見設立信託之原因，且或係最符合個人與社會福祉之信託。

受益人可以為委託人本人（稱為自益信託）或他人（稱為他益信託）；在受益人之中，可分為信託期間中受領利益之「受益人」與信託終了時受領利益之「歸屬權利人」（信託法第 65 條）二種。又實務上常著眼於信託利益受領對象之差異而區分為「原本受益人」與「收益受益人」。在英美法對於原本與收益以明文詳細定義，因兩者有區分之實益，但我信託法未設明文予以區別，以致其內容不無曖昧之處。

關於受益人尚須注意下列各點：

㈠信託完全欠缺有關受益人之指示時，應推定委託人之意思，以委託

---

❾　Esperti & Peterson, Loving Trust, The Smart, Flexible Alternative to Wills and Probate, p. 165 et. seq.。

人本人為受益人，在遺囑信託以其繼承人為受益人❿。如此種推定顯然與委託人之意思不合時，則信託行為無效。

㈡在生前信託指定委託人本人為受益人，乃自益信託，法律上當然有效。

㈢雖有受益人之指示，但指定之範圍不明（諸如友人、親屬）以及無特定受益人之指示，且因信託目的不特定或一般，致無法決定受益人時（例如由受託人交付認為適當之設施），則信託行為無效⓫。

㈣被指定為受益人之人固多為現存且特定之人，但指定將來可能出生之子女或成員可能變動之團體，亦屬無妨⓬。

㈤關於受益人之資格，信託法並無明文規定，但有限制規定，即信託行為有「以依法不得受讓特定之財產權之人為該財產權之受益人者」無效，即依法禁止享有某種財產權之人不能以其作為受益人，使其間接享有與其財產權人同一利益（第 5 條第 4 款），斯應注意（詳如後述）。

㈥指定胎兒為受益人者，不影響信託行為之效力。

㈦不能以已故之人為受益人。即使在遺囑信託，被指定之受益人在遺囑人死亡前已死亡時，遺囑信託不生效力（類推民法第 1201 條）。

㈧將財產為特定動物、無生物（例如紀念碑、墳墓）以及為彌撒成立之信託，與其謂為某人之利益，毋寧係為一定目的而成立，此種信託在英美稱為目的信託 (purpose trust) 或榮譽信託 (honorary trust)，是否為有效之信託？不無疑問。按此種信託並非公益信託，委託人又不能強制受託人履行義務，而仰賴受託人之信用，與一般私益信託不同，但英國判例例外承認其有效。日本舊信託法原不承認此種信託，新信託法明定為有效（第 258 條），但期間不得超過二十年（第 259 條）。

四、信託監察人

在受益人不特定（如公益信託）或尚未存在（如胎兒）之情形，由於

---

❿　田中實、山田昭，《信託法》，p. 50。

⓫　松本，前揭，p. 56。

⓬　田中實，《信託法入門》，p. 61。

無人監督受託人，需有人為保護受益人之利益，監督受託人職務之執行。在美國法，有檢察長 (attorney general) 與遺囑驗證法院 (probate court)，在日本信託法，有信託管理人予以監督，我信託法亦設有信託監察人一職，作為監督受託人職務執行之機關（信託法第 52 條第 1 項）。

五、保護人 (protector)

一般信託不設此機制，只有近來在海外資產保護信託（overseas asset protection trust，為一種跨國信託），為保護委託人，監督受託人之信託管理或維護信託財產而設。保護人可能是一名自然人（例如律師或委託人信賴之親友），亦可能是由自然人組成之委員會或法人。保護人因非受託人，故並不保有或管理信託財產。

委託人賦予保護人之權限可大可小，小者例如只限於將受託人解任或更換，否決有裁量權之信託收益分配，也可能非常廣泛，例如擁有增加或刪除受益人，或修改信託契約內容之權[13]。

[深度研究] 信託財產管理人

日本信託法設有信託財產管理人制度，即受託人由於辭任與解任致欠缺時，臨時應急所設之特別機關，而與信託監察人或管理人甚為相似（日本舊信託法第 48 條、第 72 條）。至於受託人其他出缺場合，因定有過渡措施（同法第 43、44、45 等條，我信託法第 45 條），故不需再設信託財產之管理人[14]。

---

[13] Bove, Trust Protector, Trusts and Estates, Nov.2005, p. 28.

[14] 參照田中、山田，《信託法》，p. 52。

第十一章　信託財產

　　信託係為他人管理財產之制度，成立信託，需有一定之財產，否則不能成立。我信託法第 1 條明揭信託財產須係財產權，但對具體內容或種類未加規定。理論上可作為信託財產之財產權原則如下：

一、需可換算為金錢

　　信託財產須可以金錢估算其價值❶，包含所有權、他物權，可估算為金錢之債權、著作權、專利權、商標權等無體財產權及礦業權、漁業權等，但不可僅以占有權作為信託財產。身分權與人格權不能作為信託財產❷。至以行使表決權為目的之股份之信託讓與（即所謂表決權信託，voting trust）固屬有效，但若單純只以與股份分離之表決權為信託財產之信託，則不能成立❸。又以事業經營權為對象之信託亦然，因我信託法規定須係以財產之「管理或處分」為標的（第 1 條），且此種行為可能構成公司法上之脫法行為，故直接辦理他人之事業，不能作為我國信託之標的❹。

❶　四宮和夫，《信託法》（新版），p. 133；新井誠，《信託法》，p. 193。

❷　例如劉備託孤，或論語「以託六尺之孤」，或孟子謂齊宣王曰：「王之臣，有託其妻子於其友，而之楚遊者；比其反也，則凍餒其妻子，則如之何？」（梁惠王下）皆不屬信託法上之信託。因信託乃財產管理之制度。

❸　因表決權非財產權，與由股份表彰之權利構成一體之故。參照四宮，《信託法》（新版），p. 133。

❹　日本學者以為事業本身並非信託法第 1 條所謂「財產權」。又事業之經營亦超過同條所謂「財產權之管理或處分」之範圍，故不可以其作為信託財產。況立法論上此種信託構成公司法上脫法行為，且使第三債權人與第三債務人之關係不明，責任財產界限亦不明確。但不妨以信託財產管理處分之結果供事業之用，例如將信託之土地出租，在土地上興建建物出租，或將信託之專利權授權他人使用，獲得使用費。參照三菱銀行，《信託の法務と實務》，pp. 46–47。日本舊信託法制定過程決定不准以特定事業本身為信託之對象，理由如次：

　　⑴事業經營有風險，對應安全確實之信託公司不適合。

二、須係積極財產

日本通說以為信託標的之財產權，限於積極財產；又僅指債權等積極財產，而與包含債務等消極財產之「財產」相區別。換言之，信託財產須全係積極財產，因此不但單純以消極財產作為信託財產之信託不能成立，而且不可設立包含積極財產與消極財產之包括財產為對象之信託。例如包含債務之遺產全體與商業大樓之建物與入居保證金返還義務一體信託亦屬不可❺。但財產權本身負擔稅捐與負擔抵押權等擔保權之財產權可以信託。不過如實行信託設立前設定之擔保時，不能以信託關係之存在予以對抗。包含消極財產信託時，信託全體並非無效，積極財產部分仍為有效，但與消極財產不能分離，及分離違反當事人之意思時，則信託全部歸於無效❻。積極財產之信託連同委託人之債務，即實質上屬於委託人之積極財產與消極財產（債務）之集合體之特定事業本身，在日本舊信託法下不能作為信託之客體，惟新信託法已廢除此種限制（第 21 條第 1 項第 3 款）❼。

---

　　(2)民商法原則上不承認以契約將財產包括移轉，因此如准許事業經營之信託，則變成承認以契約為包括移轉。

　　(3)發生監督權競合之問題。（四宮，《信託法》（新版），p. 134）

❺　四宮，《信託法》（新版），p. 133。

❻　三菱銀行，《信託の法務と實務》。

❼　日本新信託法由於承認積極財產之信託併同委託人之債務，實質上准許委託人以積極財產與消極財產（債務）之集合體（特定事業本身）作為信託之客體（第 21 條第 1 項第 3 款）。惟事業信託在實務上亦有不少問題，例如：(1)事業信託在某意義上可謂乃避免公司法繁雜之手續，欲以較簡易方式，創設與公司類似之機制，但一旦發生困擾時，公司有因應之法制、判例與商事習慣，但在信託這些機制則有未成熟或不足之顧慮。(2)信託法上並無與公司法上之公司分割、營業讓與相當之規定，因此將債務限定為信託財產，需經債權人之同意。(3)被信託部門之從業員應視為派遣、轉雇、借調等之何者？(4)事業信託如以事業之全部或重要一部作為信託對象時，須經債權人與股東等之同意。因此如有當初不知情之債權人，因未受通知之結果，不能取得其同意時，如何處理？(5)現實上能否物色能使事業內容提升之有能力之受託人等，值得研究。參照新井誠，《新信託法の基礎と運用》，

三、須有移轉或處分之可能

　　成立信託必須將信託財產自委託人移轉予受託人，況自信託法「移轉或其他處分」之文字觀之，委託人之財產權須經過移轉或其他處分，加以分離，始可作為信託財產。故例如禁止讓與之財產（包含附禁止讓與之特約）因委託人不能讓與予受託人，故不能作為信託財產。又讓與須經債務人同意之財產時，須先經其同意後始可信託。例如租賃權讓與，例外須經出租人承諾之情形，則須先符合此種要件。

四、須有現存特定性

　　信託財產一般須與信託行為同時移轉予受託人，故在該時點信託財產須現存特定，歸屬於委託人。但信託財產只須有存在可能性與特定可能性。因財產權現存且特定，以及歸屬於委託人所有，原則上並非信託行為本身之有效要件，不過為處分之效果歸屬於其標的物（即信託財產）之要件❽。故如將未現存特定，未歸屬於委託人之財產成立信託時，對該財產尚不能立即發生信託之效果，須待現存、特定、歸屬後始發生效果。信託財產之確定性乃所謂信託「三大確定性」之一。

五、信託業法上之信託財產

　　我信託業法規定「信託業經營之業務項目」如下：
　　㈠金錢之信託。
　　㈡金錢債權及其擔保物權之信託。
　　㈢有價證券之信託。
　　㈣動產之信託。
　　㈤不動產之信託。

---

　　p. 58 以下。

❽　四宮，前揭，p. 138。故特定物之遺囑信託，於遺囑人死亡時，其物不屬於遺產時，類推民法第 1202 條規定，原則上信託行為無效。

㈥租賃權之信託。

　　㈦地上權之信託。

　　㈧專利權之信託。

　　㈨著作權之信託。

　　㈩其他財產權之信託。（第 16 條）

　　即表示金錢、金錢債權及其擔保物權、有價證券、動產、不動產、租賃權、地上權、專利權、著作權及其他財產權均可作為信託財產。其信託財產之限制，遠較日本舊信託業法為寬，日本舊信託業法可作為信託財產之財產限於金錢、有價證券、金錢債權、動產、土地及其定著物、地上權及土地租賃權等六種，不包括智慧財產權，限制過嚴，無法因應時代之需求。尤其無體財產權乃現代社會重要財產權，經濟價值高，事實上現今各國如德國、日本及我國，實務上音樂著作權管理團體接受作詞人與作曲人之委託，代其向音樂使用人收取公開播送與公開演奏之使用費之契約，均不採委任而採信託方式。故日本最近已將其信託業法修正，增列智慧財產權作為信託財產。

第十二章 信託財產之公示

　　如上所述，信託財產名義上雖歸屬於受託人，但與受託人之固有財產不同，具有高度之獨立性，且透過後述受益人之追及權（信託法第18條），有時對信託以外之第三人亦可及之，影響第三人之權益甚大。因此為了交易安全，保護信託關係人以外第三人之利益，對於信託財產有別於受託人之固有財產之事實，有向大眾公示之必要，此即信託財產公示之問題。故信託法第4條就應登記或註冊之財產權及有價證券，規定非經辦理信託公示手續，不得以信託對抗第三人。該條乃強行規定，當事人即使在信託行為訂定可以信託對抗第三人，亦屬無效，惟如委託人與受託人間約定省略公示手續者，該信託雖不能謂為無效❶，但為確保信託財產之特定性，仍有公示之必要。

一、定有公示方法之財產權

　　並非一切財產之信託均有公示制度。關於信託財產之公示，信託法定有下列二點：

㈠關於應登記或註冊之財產權，規定：「以應登記或註冊之財產權為信託者，非經信託登記，不得對抗第三人」（第4條第1項）。

　　即明示此類財產權以登記或註冊為對抗第三人之要件❷。

　　所謂應登記或註冊之財產權，如下：

　　1.**不動產上之權利**：包括不動產之所有權、地上權、抵押權、典權、地役權等權利（民法第758條）。

---

❶　四宮，新版，p. 163。

❷　日本信託法關於信託行為雖定有公示方法，但此並非以其作為生效要件，不過以其作為對抗第三人之要件，而與日本民法登記或交付不過為對抗第三人之要件相同。印度信託法關於此點則規定以登記或交付為信託設定之要件。參照吳文炳，《信託論》，p. 79。

2.**船舶上之權利**：包括船舶之所有權、抵押權及租賃權（船舶登記法第 3 條、第 4 條）。

3.**航空器上之權利**：包括航空器之所有權、抵押權、租賃權等（民用航空法第 20 條）。

4.**專利權**：包括發明專利、新型專利及新式樣專利（專利法第 2 條、第 59 條、第 74 條、第 75 條、第 76 條第 6 項、第 108 條、第 126 條）。

5.**漁業權**：包括定置漁業權、區劃漁業權及專用漁業權（漁業法第 15 條、第 21 條）。

6.**其他設有登記制度之權利**：如水權（水利法第 2 條）、礦業權（礦業法第 8 條、第 11 條、第 36 條）等。

㈡**關於以有價證券為信託者，非依目的事業主管機關規定於證券上或其他表彰權利之文件上載明為信託財產，不得對抗第三人（第 4 條第 2 項）。**

按有價證券固以公債、股票、公司債券為其典型，但各種票據、提單亦應包含在內。

二、公示之具體方法

信託之公示方法，因信託對象之財產權種類而異。

㈠由於信託之設立，除具備財產權移轉予受託人或其他處分之「一般物權變動之公示」（例如信託財產為土地時，須依民法第 758 條辦理不動產移轉登記予受託人）❸外，另須踐履該財產權乃信託財產之特別公示方法。亦即信託財產須具備雙重公示方法。故以不動產所有權，其他物權（民法第 758 條），及基地租賃權（民法第 422 條之 1）等作為信託財產時，應按土地登記規則相關規定辦理登記❹。即設立信託者，除應辦理權利移轉登

---

❸　依民法第 760 條不動產物權之移轉或設定應以書面為之，故此際應作成書面。

❹　關於不動產之信託登記方法，「土地登記規則」第九章完全針對土地權利信託登記而設，該規則有關信託登記之重要內容如下：

　1.信託以契約為之者，信託登記應由委託人與受託人會同申請之（第 125 條）。

記外，並應另為信託之登記，此乃學理上所謂公示方法之二重性（實務上財產權之移轉登記與信託登記得以同一書面向主管登記機關申請）。惟如僅辦理移轉設定權利之登記，而未為信託登記，則信託在當事人間固已成立，但不能以其信託對抗第三人。惟信託之登記須就各別財產行之，故即使一件信託含有數個不動產，亦不能將全體一括加以登記❺。

此外專利權、礦業權、漁業權、船舶與航空器上之權利等各種信託登記，除專利法詳加規定外，其他法律似多付諸缺如，我國信託觀念有待提倡，可見一斑。又著作權註冊制度已廢止，故信託登記已屬不可能。

㈡有價證券原則上在各個證券面上表示其為信託財產——即蓋一定樣式印章（日本原則上由公證人或各有價證券之發行人為之）。信託條款即使另有指示管理方法，但不能有對抗力。關於股票之信託公示方法有特別規定，分述如次：

1.非公開發行公司股票

2.信託以遺囑為之者，原則上由繼承人辦理繼承登記後，會同受託人申請之（第126條）。

3.受託人依信託法第九條第二項取得之土地權利，由受託人檢附信託關係證明文件申請登記（第127條）。

4.信託關係消滅時，原則上由歸屬權利人會同受託人申請塗銷信託或信託歸屬登記（第128條）。

5.受託人變更時，由新受託人會同委託人申請受託人變更登記；委託人未能或無須會同申請時，得由新受託人提出足資證明文件，單獨申請之（第129條）。

6.信託登記除應於登記簿所有權部或他項權利部登載外，並於其他登記事項欄記明信託財產、委託人姓名或名稱、信託內容詳信託專簿（第130條第1項）。

7.信託登記完畢，發給土地或建物所有權狀或他項權利證明書時，應於書狀記明信託財產，信託內容詳信託專簿（第131條）。

8.土地權利經登記機關辦理信託登記後，應就其信託契約或遺囑複印裝訂成信託專簿，提供閱覽或申請複印（第132條第1項）。

9.依不動產證券化條例或金融資產證券化條例規定申請信託登記時，應檢附主管機關核准或申請生效檔，資產信託另附信託關係證明檔（第133條之1）。

❺　詳見四宮，新版，p. 165。

應依經濟部所訂「非公開發行股票公司股票信託登記準則」之規定，辦理信託公示❻。

2.公開發行公司股票

過去財政部證券暨期貨管理委員會之「公開發行股票公司股務處理準則」第 28 條對於（僅限於公司股務作業始有適用）股票信託，定有自行辦理過戶之方式❼。該準則為行政院金融監督管理委員會所沿用。

三、有價證券公示之問題

如上所述，以有價證券為信託財產，為了對抗第三人，除在證券上表示為信託財產外，股票尚須在股東名簿、公司債券須在公司債原簿（日本）表示為信託財產；即須具備二重公示方法。不但手續繁瑣，且增加信託事務之費用，實務上問題頗多。例如：股票之受託人為了具備信託之公示，每逢買賣須將股票帶往發行公司處理，影響信託財產管理運用之機動性；

---

❻ 該準則規定辦理方式如下：

一、委託人及受託人應填具過戶申請書及於股票背面簽名或蓋章。

二、檢附信託契約或遺囑，以及稅務機關有關證明檔，經公司核對文件齊備後，於股東名簿及股票背面分別載明「信託財產」及加註日期。

三、受託人變更者，並應檢附變更事由相關文件辦理名義變更。

四、信託契約明定信託利益之全部或一部之受益人為委託人，於信託關係存續中，變更為非委託人時，應檢附稅務機關有關證明文件。

五、信託關係消滅時，信託財產依法歸屬委託人者，應檢附足資證明信託關係消滅之文件，公司核對文件齊備後，辦理塗銷信託登記；信託財產歸屬非委託人者，並應加附稅務機關有關證明文件，經公司核對文件齊備後，辦理塗銷信託登記且於股東名簿及股票背面載明日期並加蓋「信託歸屬登記」章。

❼ 依該條規定辦理之方式，基本上與上述非公開發行公司股票之信託公示規定所不同者，只有下列兩點：

一、受託人自證券集中保管事業領回者，應檢附自該事業領回之證明文件，並由受託人於過戶申請書及股票背面受讓人欄簽名或蓋章。

二、以證券集中保管事業保管之股票為信託標的者，其信託之表示及記載事項，應依有價證券集中保管帳簿劃撥作業辦法規定辦理。

因此，日本實務上幾乎無視於信託法公示之規定，尤其在附隨有價證券積極買賣之有價證券運用信託，通常在信託契約上約定將公示手續省略，而一般亦皆省掉此種手續❽。

　　但信託財產如不按信託法公示方法辦理，於受託人破產時，委託人、受益人等對受託人之扣押債權人、破產管理人等，能否主張信託財產，排除扣押，向破產財團等取回？乃值得探究之問題。在日本有關判例尚屬缺如。通說以為信託法之公示規定乃為保護交易安全而設，如不具備公示方法，委託人、受益人等無法對抗受託人之扣押債權人、破產管理人；又委託人、受益人等所提第三人異議之訴與取回權亦不能實現❾。反之，新井誠氏以為此問題至少在以有價證券運用為目的之信託，由於買賣頻繁，需確保買賣之機動性，即使未辦信託法所定公示手續，如在保管之外觀上分別管理，作了可明白認識係信託財產之表示時，宜解為對第三人仍可主張信託財產而加以對抗。亦即在有價證券運用信託，可以受託人實施「分別管理」之事實，認為已具備公示方法。至於分別管理之具體程度及內容，他認為在有價證券保管，以整體上信託之證券與受託人固有有價證券在物理上有所分離，且預先在帳簿上明示各信託基金 (fund) 有價證券之名稱、種類、數量為已足。反之在「有價證券管理信託」，目的在證券之靜態管理，不附隨買賣時，因欠缺機動運用之需求，仍須踐履信託法公示手續，始可對抗第三人❿。事實上平成 10 年日本信託業法修正，對營業受託公司，有價證券之公示方法（第三人對抗要件）已改為以分別管理為已足⓫。我國新信託業法第 20 條亦規定：「……信託業之信託財產為有價證券，信託業將其自有財產與信託財產分別管理，並以信託財產名義表彰，其以信託財

---

❽　新井誠，前揭，p. 216。

❾　細矢祐治，《信託法理と信託法制》，pp. 384–385。

❿　新井，前揭，p. 218。

⓫　但關於有價證券之公示，日本信託業法第 10 條第 1 項規定「信託公司關於作為信託財產所有之有價證券信託，不拘於信託法第三條第二項之規定，與作為固有財產所有之有價證券分別管理之時，得以之對抗第三人」。即關於營業信託設有此例外規定，值得注意。

產為交易行為時，得對抗第三人，不適用信託法第 4 條第 2 項規定。信託業之信託財產為股票或公司債券，信託業以信託財產名義表彰，並為信託過戶登記者，視為通知發行公司。」惟我國有價證券信託之公示問題，似不因信託業法之修正而完全解決。因該條雖以「分別管理」作為有價證券之公示方法，但具體上分別管理應達到如何程度（或須具備如何內容），始可對抗？條文並未進一步說明。況不問信託業法如何修改，仍以在信託法本身修改才是正道。

四、未定公示方法之財產權

動產上之權利、金錢，及一般債權，因信託法並無登記之類公示方法，此類信託財產有無對抗第三人之效力？此問題甚大。日本通說自該國舊信託法第 3 條之反面解釋，以及比較受益人與一般債權人之實質利益，認為此等財產即使無特別公示方法，亦可對善意之第三人主張為信託財產，而加以對抗⓬。日本最高法院判決，將未為受益人表示之存款，認定為信託財產，而判認存款名義人之債權人所為存款之扣押轉付命令為無效（昭和29 年 11 月 16 日判決，判時 41 號，p. 11）亦係採此見解。因此如從通說見解，只要證明實體的信託關係存在，即可對抗。此外實務上亦著眼交易安全，近來已出現明認方法，且似已成為習慣。例如以電車車輛為對象之車輛信託，會在車輛上釘上與製造公司名稱及製造年度並列一起，表示「信託車輛——某信託公司」之小塑膠牌照 (plate)，以資識別。且此種便宜措施已逐漸推廣到其他動產（如電腦與 x 光機械等）之信託⓭。總之，在此類欠缺公示方法之信託，委託人宜要求受託人按信託財產之性質，在外觀上儘量提高第三人辨識信託財產之可能性或容易度，例如在金錢信託設立「信託專戶」，在動產信託於動產上標示或烙印「信託財產　委託人〇〇〇」之類字樣。

⓬　四宮，新版，p. 169。

⓭　新井，前揭，p. 220。

五、公示之效力

以公示為必要之財產權，非具備信託之公示方法，不能以信託對抗第三人（信託法第 4 條），但第三人對信託關係人不妨主張其係信託❹。至於在信託關係人之間，即使欠缺信託之公示方法，只要財產已有效辦理移轉或其他處分，則委託人與受益人可主張信託之存在，信託財產之受讓人亦可主張其為受託人。又不問第三人是否承認信託，受託人仍可對信託財產作為完全權利人加以行使。但因第三人可主張信託之存在，故可封閉受託人主張完全權利人之門，此時須承認受託人之名義與管理權。對信託財產受益權之侵權行為人，可解為即使無公示，亦可加以對抗❺。

又受託人違反信託本旨處分信託財產時，受益人對相對人或轉得人可撤銷該處分，即行使所謂追及權：⑴在應登記或註冊之財產權，有信託登記或註冊時，受益人可以信託對抗第三人（信託法第 4 條）。⑵在不能登記或註冊之財產權，其不法處分之相對人及轉得人就其為違反信託本旨之處分，係惡意（明知）或雖係善意，但有重大過失時為限，始可以信託加以對抗（信託法第 18 條）。

---

❹　田中、山田，前揭，p. 69；四宮，新版，p. 170。所謂無公示不能對抗之第三人，係指信託關係人、委託人、受益人、信託監察人，信託行為當事人之包括承繼人（繼承人等）等以外之人。

❺　四宮，新版，p. 171。

第十三章　信託財產之獨立性

信託財產有獨立性❶，可視為一種實體上法律主體，與信託關係人尤其受託人個人分離獨立，且應與受託人之固有財產分別管理，並獨立處理。此在學理上稱為信託財產之獨立性。以下將信託財產獨立性之表現分別說明：

一、受託人取得信託財產之禁止

受託人為受益人管理處分財產，信託法為使受託人不立於利害關係，除規定「受託人不得以任何名義，享有信託利益」（第34條本文）外，又規定「受託人不得將信託財產轉為自有財產，或於該信託財產上設定或取得權利」（第35條第1項）。所謂將信託財產轉為自有財產，例如受託人出賣信託財產時，不得自為買受人，取得權利，或利用他人名義，間接取得。所謂就信託財產取得權利，不但就信託財產取得限制物權（地上權、抵押權等），且包含取得債權（租賃權等）。故脫法行為，例如：經由第三人之手，以該人為買主，他日再自該第三人受讓，或以他人名義貸放信託財產之金錢，實則自為借用人，亦屬不可。又將自有財產轉為信託財產，其對價為自信託財產取得金錢或其他財產，亦在禁止之列。因如准許此類行為，則受託人與受益人之利益發生衝突，違反信託之本旨❷。但本條禁止之旨趣，在保護受益人之利益，並非絕對禁止信託財產自有化❸。立法論上受託人於充分告知受益人重要事項，並取得受益人之同意時，似可解除該條之禁止❹。

---

❶　在早期普通法與衡平法完全區分時，受託人之債權人可就受託人個人債務，在普通法法院扣押信託財產，但衡平法院基於受益人之訴訟，會禁止他將信託財產取走。參照 Bogert, op. cit., p. 115, footnote: 81。

❷　吳文炳，前揭，p. 99 以下。

❸　就此點，法律在極嚴格之條件下，承認由信託公司將信託財產固有化。

又受託人可否取得信託之受益權，此情形實質上與形式上皆係受託人享受信託之利益（信託法第 34 條），是否禁止，不無疑義。但日本過去判例係採否定說（日本大審院昭和 8 年 3 月 14 日判決（昭和 7 年）（オ）第 108 號事件）❺。

惟依信託法第 35 條第 1 項之規定，下列各款情形之一，受託人不妨將信託財產轉為自有財產，或於該信託財產上設定或取得權利：

㈠經受益人書面同意，並依市價取得者

此種要求之目的在昭慎重，以免受益人思慮欠周，口頭草率允諾。因此如信託財產性質特殊，並無市價，則雖有受益人之書面同意，仍不得轉為自有財產。所謂經受益人書面同意，如自益信託委託人預先在信託文件訂定或與受託人約定亦屬之，不必於每次交易行為前，取得受益人之書面同意。但如受益人行為能力欠缺，則不能為有效之同意。

㈡由集中市場競價取得者

所謂集中市場係指主管機關許可下，以商品買賣之仲介為業之公設交易所。按交易所經常從事交易，故以處分財產當日公定市場之公定價格作為買賣價格之標準，簡便且公平。且如由競價取得，更難作偽。現今有證券交易所、期貨交易所等，故可依本款之規定，由集中市場競價取得信託財產，惟其標的亦限於此等有價證券及其他動產。

㈢有不得已事由，經法院許可者

所謂不得已之事由，例如因市場變動，或為履行信託義務，須緊急處分信託財產，但苦無適當買主，而受託人欲以相當價格自己買受，此時對受益人利益既屬無礙，甚至對雙方有利。惟仍須聲請法院許可，由法院對不得已事由之存否，及信託財產自有化條件之當否，調查認定，而免流弊❻，

---

❹　參照日本「信託法改正試案」（三菱信託銀行研究會，《信託の法務と實務》（三訂版），p. 88）。

❺　民集 12 卷 4 號，p. 350；四宮，《信託法》（新版），p. 303。

❻　印度信託法就此點甚至規定：受託人辭職後，經相當期間，非經法院許可，不得將信託財產固有化 (Indian Trust Act, sec. 53)。參照吳文炳，《信託論》，p. 99 以下。

但在公益信託，似不必經法院許可，只須由主管官署許可即可。

　　但如受託人因繼承、公司合併或其他事由，例如遺贈，概括承受信託財產上之權利，亦即以包括名義承繼權利時，因取得權利並非基於受託人之行為，故無禁止之必要。例如信託財產為土地所有權，受託人祖先在該土地上有地上權或其他權利時，受託人不妨繼承其權利。又如信託財產為所有權以外之權利，例如地上權，而受託人因繼承等事由取得其土地所有權時，並非法之所禁，惟仍有必要排除民法權利混同法則之適用，故信託法第 35 條第 2 項特設規定，此時不生權利之混同。

　　我信託業法有信託業不得以信託財產購買本身或其利害關係人之財產、發行或承銷之有價證券或票券、不得以信託財產讓售予本身或其利害關係人等（第 25 條第 1 項）。此外第 26 條至第 27 條亦有相關禁止規定。信託業應就信託財產與信託業本身或其利害關係人交易之情形充分告知委託人及受益人，否則可受罰金或罰鍰之制裁。

　　受託人違反信託法第 35 條第 1 項規定使用或處分信託財產者，委託人、受益人或其他受託人除準用第 23 條規定外，並得請求將其所得之利益歸於信託財產；於受託人有惡意者，應附加利息一併歸入（第 3 項）。此乃所謂歸入權，即得請求受託人以金錢賠償信託財產所受損害或回復原狀，亦得另行請求減免報酬，此外，並得請求將其所得利益歸於信託財產。於受託人有惡意時，應附加利息一併歸入。

　　此項請求權自委託人或受益人知悉之日起時效期間為二年，自事實發生時起為五年（第 4 項）。

二、不列入受託人遺產

　　我信託法第 11 條規定「受託人死亡時，信託財產不屬於其遺產」。

　　因信託財產本非受託人之固有財產，受託人不過為信託財產之管理人，並非享受其經濟利益。從而受託人之繼承人自不能繼承信託財產，且受託人之死亡為受託人任務終了之原因（信託法第 45 條）。故於受託人死亡時，應將信託財產自受託人遺產中除外，此際利害關係人對受託人之繼承人，

雖無信託之公示，亦可主張其為信託財產❼。

三、受託人之債權人不得對信託財產強制執行

㈠信法第 12 條第 1 項本文規定「對信託財產不得強制執行」

所謂不得強制執行，除受託人之債權人外，亦包括委託人之債權人在內。強制執行包括假扣押與假處分。按信託財產與受託人自有之財產有別，並非受託人個人債權之總擔保，故受託人之債權人自不得對信託財產強制執行。又信託設立後，信託財產已非委託人之財產，委託人原則上對該財產已無置喙餘地，除其成立在詐害債權人外，委託人之債權人，即不得對信託財產主張權利，故除在信託前已存在於該信託財產上之權利（如抵押權）外，亦不得對信託財產強制執行。學者有認為如此使信託產生遮斷受託人倒產危險而有所謂「倒產隔離機能」❽。

㈡違反本條之救濟

如違反此規定予以強制執行，則「委託人、受益人或受託人得於強制執行程序終結前，向執行法院對債權人提起異議之訴。」（信託法第 12 條第 2 項）即得對債權人提起以排除標的物之強制執行為目的之訴訟，委託人之繼承人可否提起異議之訴？日本信託法明定可以。因委託人可能於成立信託後不久亡故，不能提起此異議之訴，而其繼承人對債權是否存在，可能知之較稔，況可能成為信託之剩餘財產歸屬權人。故解釋上委託人之繼承人，亦應有提起異議之訴之權（參照日本舊信託法第 16 條第 2 項）。

在異議之訴，固係以聲請強制執行之人為被告，但如受託人不認同此異議之訴時，亦應以受託人為共同被告。但須注意，為了提起異議之訴，凡應公示之財產權，固須有信託之公示，惟不須信託公示之財產（動產、金錢、債權），只要能證明其係信託財產即可。一般可認為該財產之為信託財產須至特定程度，動產因特定而證明其為信託財產雖不甚困難，但對金錢，欲在物理上特定近於不可能，以致信託財產為金錢時，受益人對受託

❼　四宮，新版，p. 182。

❽　新井誠，《信託法》，p. 91。

人之債權人如何主張其為信託財產，不無問題❾。如信託財產為依法應登記或註冊之財產權或有價證券，而未為信託登記或公示時，受託人之債權人，自信託法第 12 條第 1 項文義觀之，似不得強制執行，惟依同法第 4 條規定，未為信託登記或公示者，縱當事人間有信託關係存在，亦不得以其信託對抗第三人（不問善意或惡意）。故未經信託登記或公示之不動產、股票等，倘無有力之證明，恐不易主張為信託財產，排除受託人之債權人之強制執行❿。

又四宮教授以為受託人之一般債權人就信託財產排除強制執行有一般、抽象的利害關係，反之受益人則有具體、實質的利害關係，故自當事人之利益狀況觀之，即使無公示，亦應認為可以信託予以對抗⓫。

㈢不得強制執行之例外

依信託法下列情形，仍可對信託財產強制執行：

1.基於信託前存在於信託財產之權利

何謂存在於信託財產之權利，該條文義似欠分明，以余所見，似指有對抗力之權利而言，例如基於存在於信託財產之抵押權是。惟須留意「信託前」存在於信託財產之權利，並非指成立信託之信託行為以前，而係指構成某信託財產之各個財產權發生信託關係之前已存在於信託財產之意。故例如以原已設定他項權利（例如抵押權）之土地或房屋成立信託固為典型之例子，但不以此為限，凡因信託行為取得在信託行為以前已設定抵押權之不動產，固無論，即使於信託成立後，受託人因處理信託事務，取得原來設有抵押權之不動產作為信託財產之情形，該抵押權亦屬於「存在於該財產之權利」。此時抵押權人仍不妨對信託財產加以強制執行⓬，但本條

---

❾　能見，前揭，p. 46。

❿　參照台灣金融研訓院，《信託法制》，p. 49 以下。

⓫　參照四宮，新版，p. 183。

⓬　如該抵押權所擔保之債權屆期未清償，縱已成為信託財產，債權人仍得依法聲請拍賣作為擔保物之信託財產取償。（法務部 91 年 8 月 27 日法律字第 0910030114 號函參照）

所指「權利」僅限於物權，債權則不在其內，故例如於信託成立前為購買信託財產所借貸之金錢債權或修繕該財產所發生之工資債權，不能認為係存在於該財產之權利❸。

2.因處理信託事務所生之權利

即因信託財產之管理處分所生之權利，例如因修繕信託財產（如房屋）所生之工資債權，固為其適例，但為免與信託實務脫節，宜適當擴大解釋，凡源於信託財產本身之權利，例如有關信託財產應付之租稅（例如地價稅、房屋稅）、公課❹；為處理信託事務出售之信託財產，因隱藏有瑕疵所生之擔保責任（民法第 360 條以下），屬於信託財產之工作物瑕疵所生之所有人之責任（民法第 191 條），信託財產與他人之財產因添附所生之物歸屬於受託人結果，相對人請求支付償金之權利等（民法第 816 條）。又受託人為了遂行信託目的，適法借款時，相對人之債權亦應包含在內❺。

3.其他法律另有規定者

其他法律若另有特別規定，自應從其所定。

㈣其他問題

對於基於受益人給付請求權之強制執行如何處理，信託法雖無明文，但應無與上述為不同處理之理由❻。至於對受益人受益權可否扣押乃另一問題❼。

---

❸ 惟依英美法判例如委託人作為出租人或承租人，訂有土地租約，有支付租金或修理之義務，後來將土地交付信託時，則受託人對原來委託人所負此等義務負履行之責。又如委託人訂有移轉不動產（土地）契約，後來成立信託，則買受人可對受託人以受託人代表身分 (representative capacity) 訴請履行 (specific performance)。參照 Bogert, op. cit., p. 471。

❹ 信託關係存續中信託財產所生之地價稅、房屋稅，受託人不繳納者，稅捐稽徵機關除得逕對欠稅之信託財產強制執行外，因土地稅法及房屋稅條例均規定以受託人為納稅義務人，故稅捐機關亦得執行受託人之自有財產取償。（財政部 91 年 3 月 27 日臺財稅字第 0910451666 號函參照）

❺ 四宮，新版，p. 183 以下。

❻ 四宮，新版，p. 184。

四、不列入受託人之破產財團

日本舊信託法對於受託人破產時，信託財產是否不列入破產財團，並無明文。我信託法第 11 條爰明定「受託人破產時，信託財產不屬於其破產財團」，以杜爭議。

因受託人破產，受託人之任務終了（信託法第 45 條），受託人變成非信託財產之名義人，此時信託財產自應不屬於受託人之破產財團。又即使信託行為規定受託人不因破產而任務終了，但信託法本身亦禁止受託人個人之債權人對信託財產為強制執行。如信託財產被破產管理人誤列入破產財團時，則權利人可行使取回權，即得不依破產程式，由破產管理人取回之（破產法第 110 條）。此時取回權人似可類推適用信託法第 12 條第 2 項規定為委託人，其繼承人、受益人及新受託人，如信託終了時，則係信託財產之歸屬權利人（信託法第 65 條）。取回權亦及於因物上代位（信託法第 9 條）而歸屬於信託財產之所謂代位物。為行使取回權，應公示之財產權似須辦理信託之公示。

五、抵銷之禁止

信託法第 13 條明定：「屬於信託財產之債權與不屬於該信託財產之債務不得互相抵銷。」但此規定如何解釋並不明確，又其內容是否合理亦值得檢討。

按同樣是受託人名義，可分為兩種情形，理論上皆不能抵銷：

㈠「屬於信託財產」之對甲之債權與甲對「受託人個人」之債務之抵銷

例如屬於受託人管理信託財產之 X 債權（債權人＝受託人 A，債務人＝B），受託人 A 個人為債務人之 Y 債權（債權人＝B，債務人＝A 個人），即使符合民法第 334 條抵銷適狀之要件，兩債權仍不可因抵銷而消滅。因 X 債權之債權人與 Y 債權之債務人，形式名義上雖屬於同一人，即 A，相

---

❶　新井，《信託法》，p. 202 以下。

應之債務人與債權人亦為同一之 B，法律形式上（名義上）居於可能抵銷之對立關係，但實質上 A 管理之信託財產與其固有財產不同，兩債權之當事人不同，如可抵銷，則必然使信託財產為之減少，有悖於委託人成立信託之旨趣。

且係對受託人固有之債務以信託財產清償，違反受託人不得自信託財產受到利益之忠實義務之原則（且如准許此種抵銷，則須承認信託財產對受託人求償權。但在受託人資力不充分之情形，信託財產會蒙受實質損失，致受託人與信託財產利益相反）。

㈡「屬於信託財產」之對甲之債權 (A) 與「屬於其他信託財產」之對甲之債務 (B) 之抵銷

例如受託人 A 受託管理多數信託時，A 所管理各信託財產各有其獨立性，故 A 就各信託財產實質上不啻為不同人格存在，從而 A 所管理甲信託財產之 X 債權（債權人＝甲信託財產之受託人 A，債務人＝B）與 A 所管理乙信託財產之 Y 債權（債權人＝B，債務人＝乙信託財產之受託人 A），形式上雖合於抵銷適狀之要件，但依上開信託法第 13 條之旨趣，仍應不准兩債權間互相抵銷[18]。

因兩個信託財產形式上雖均屬於受託人之名義，但受託人名義之各個信託財產乃屬於完全不同法律主體之財產，更與受託人個人之財產有別。即一方當事人形式上之名義雖係同一人之 A，他方債務人與債權人亦係同一人之 B，但實質上 A 管理之信託財產與固有財產完全不同，且兩債權之當事人亦復不同。換言之，X 債權之債權人乃受託人 A，而 Y 債權之債權人乃個人之 A，實質上乃不同之人格者，如准許此種抵銷，則變成信託財產 X 負擔之債務以其他信託財產 Y 來清償，違反受託人之忠實義務，故不許其互相抵銷[19]。

---

[18] 新井誠，前揭，p. 206。

[19] 關於信託財產與抵銷問題之深入探討，可參照溫俊富〈信託財產與抵銷〉一文，銘傳大學法學院 97 年學術研討會論文。作者並建議信託法第 13 條宜加修訂如下：

㈠就受託人所為抵銷部分

六、信託財產與混同

我信託法第 14 條規定：「信託財產為所有權以外之權利時，受託人雖取得該權利標的之財產權，其權利亦不因混同而消滅。」即對信託財產混同所設之例外規定。例如以在甲土地設定之地上權為信託財產，對受託人乙設定信託，其後即使乙個人取得甲土地之所有權時，兩權利間仍不生混同，地上權仍行存續。

本條排除混同之範圍，除了受託人個人取得其標的之財產外，若受託人作為其他信託財產之受託人取得時，亦包括在內。在上例，受託人乙以甲土地上之地上權作為信託財產，受託 A 信託時，其後該受託人又作為 B 信託之受託人，取得甲土地時，其地上權仍不因混同而消滅。

又與上述案例相反，如信託財產為土地所有權，後來受託人取得對此土地之地上權時，其法律效果如何？此時原則上不生混同問題（更正確言之，並無發生混同之餘地）。因本案依信託法第 34 條及第 35 條之規定，受託人原即不許取得信託利益或在信託財產上取得權利（例如以信託財產之所有權為標的之地上權）。但受託人由於繼承合併或其他概括承受事由，例

建議將信託法第 13 條修訂為：

「受託人除有左列各款情形之一外，不得就涉及信託財產之債權債務為抵銷：一、抵銷之債權債務均屬於信託財產者。二、經受益人書面同意，並就信託財產因抵銷所受損失予以補償者。三、有不得已之事由，經法院許可者（第 1 項）」。

(二)就第三人所為抵銷部分

建議增加第 13 條第 2 項及第 3 項如下：

「對受託人固有財產或其他信託財產有債權之第三人，不得以該債權對屬於信託財產之債權抵銷。但該第三人非因重大過失而不知不得抵銷，或經受託人承認而信託財產未因抵銷而受損失，或受託人已補償該損失者，不在此限（第 2 項）」。

「對信託財產有以該信託財產為責任財產之債權之第三人，不得以該債權對屬於受託人或其他信託財產之債務為抵銷。但該第三人非因重大過失而不知不得抵銷，或經受託人承認者，不在此限（第 3 項）」。

外取得此種權利時，則為法之所許（信託法第 35 條第 2 項前段參照）。此時由於仍準用信託法第 14 條規定，不生混同問題（信託法第 35 條第 2 項後段參照）。

七、信託財產瑕疵之承繼

由於信託之設立，委託人將構成信託財產之各個財產權連同占有移轉予受託人，而發生占有關係之承繼。惟此時如委託人之權利或占有有瑕疵時，受託人是否承繼其瑕疵，值得探討。我信託法第 33 條規定：「受託人關於信託財產之占有，承繼委託人占有之瑕疵，前項規定於以金錢、其他代替物或有價證券為給付標的之有價證券，準用之。」分述如下：

㈠瑕疵之承繼

1.一般情形（民法）

該條第 1 項係指由於信託之設定，財產自委託人移轉予受託人之際，委託人占有之瑕疵仍由受託人承繼，第 2 項係指此瑕疵之承繼於以金錢、其他代替物或有價證券之給付為標的之有價證券，亦應準用。

通常由於買賣等原因關係移轉物之財產權時，民法規定對第三人之權利主張，買受人可以承繼物之占有為根據，主張時效完成而取得所有權（民法第 947 條）。例如甲將繼承其父之不動產移轉予乙，後來發現標的物有誤，甲並非真正權利人時，受讓人乙對真正權利人丙之返還請求可主張取得時效。又依照民法規定，占有之承繼人（買受人）主張在一定期間繼續占有權利之標的物時，乙可自由選擇下列任何一種主張：1.與前手（前占有人）之占有分開，只主張自己之占有。2.將前占有人之占有與自己之占有合併主張。但如合併主張前手之占有與自己之占有時，須承繼前手占有之瑕疵（民法第 947 條）。

2.信託法之特別規定

信託法第 33 條所謂占有之瑕疵，係指欠缺善意、無過失、和平、公然、繼續中之任何一種。所謂受託人（信託財產）承繼委託人占有之瑕疵，乃指即使自惡意委託人信託動產之受託人善意無過失，亦不准其行使上述民

法第 947 條所定占有之承繼人之選擇權。由於承繼委託人占有瑕疵之結果，受託人不能選擇主張自己之占有，而須承受前手（委託人）占有之瑕疵。因此信託財產為動產時，並無即時取得（民法第 948 條）規定之適用。又信託財產為不動產時，即使受託人在民法所定條件下，在十年間占有，仍不能取得時效（民法第 770 條）。

例如出賣人就誤認自己有權利一事有過失時，買受人本人即使無過失，亦承繼出賣人之過失，也被認為繼續有過失之占有，因此可就上述兩種方法任擇其一而為主張。但在信託則不適用上述民法之原則，因信託法第 33 條乃民法第 947 條「占有之繼承人或受讓人，得就自己之占有，或將自己之占有，與其前占有人之占有，合併而為主張。合併前占有人之占有而為主張者，並應承繼其瑕疵。」之特別規定。即信託法規定信託財產受託人之占有應承繼委託人之瑕疵，因受託人與委託人宜同等看待，對受託人並無賦予比委託人更大保護之必要。

原來該條當初在日本起草信託法時，立法者為了防止濫用信託制度，作為所謂信託後遺症之對策而設[20]。而與禁止脫法信託、詐害債權人信託及訴訟信託等規定同其旨趣。

即在防止物之占有有瑕疵之占有人（委託人），為了消滅占有之瑕疵，故意將物移轉予善意之受託人，以期受到善意占有之保護，即以此種不當方法濫用信託。依民法規定，占有物移轉時，占有之承繼人只能主張自己之占有，或一併主張前手（前占有人）之占有。況信託財產雖因信託之成立而移轉占有，惟此時受託人僅在法律形式上成為所有人，其占有實質上係為受益人為之，信託性質上不能容許受託人以所有意思，占有信託財產。如受託人自己以所有人自居，則有違信託之本質，在此意義上信託受託人之占有與其謂為自主占有，不如認為近於他主占有[21]。

信託法規定占有瑕疵承繼之第 33 條，文義上雖未區別自益信託或他益信託，但解釋上應只適用於自益信託而不適用於他益信託，為日本近來有

---

[20]　新井，前揭，p. 211。

[21]　新井，前揭，p. 212；四宮，新版，pp. 96, 200。

力之學說❷。此說以為在自益信託，受託人之占有與委託人本身之占有可以同視，對其構成物並無與委託人（受益人）之利益完全獨立之獨自利益，並無按一般原則承認信託財產獨立地位而予以保護之必要。以免有瑕疵之占有及權利之人為排除其瑕疵，或為了妨礙受讓人取得權利，有濫用信託之虞❸。反之，一般他益信託原則上為受益人之利益，受託人之占有欠缺視為委託人占有延長之根據，應承認信託財產自委託人獨立，以免發生不合理結果❹。

　　因此本條委託人占有瑕疵之有無，應就受益人加以判斷，而非就受託人加以判斷❺。在自益信託，委託人乃受益人，故委託人之占有有瑕疵時，受益人變成就委託人占有之瑕疵有惡意、有過失，不能因信託之設立，將此瑕疵加以切斷。但在他益信託，占有瑕疵是否被切斷，應就與委託人分開之受益人加以判斷。亦即委託人之占有有瑕疵，與受託人之善意、無過失無關，如受益人係惡意或有過失時，則受益人亦承繼委託人占有之瑕疵，不能受到保護。亦即此際占有之瑕疵不能切斷，信託法第 33 條仍有適用。反之，如受益人係善意無過失時，則占有之瑕疵被切斷，受益人受到保護，而不適用該條之規定❻。

㈡有價證券

　　信託法上開規定準用於「以金錢、其他代替物或有價證券為給付標的之有價證券」（信託法第 33 條第 2 項）。所謂「以金錢為給付標的之有價證

---

❷　四宮，新版，p. 200；田中，《信託法入門》，p. 85。

❸　四宮，新版，pp. 195–196。

❹　田中、山田，《信託法》，p. 64。

❺　但有人對信託財產之占有瑕疵繼承之有無，應以受益人為基準之見解，提出下列疑問：⑴與日本舊信託法第 13 條第 1 項「委託人之占有之瑕疵」之文義難於整合；⑵對受託人與受益人占有關係之說明不足，如以受託人定位為受益人之占有補助人，亦有困難。且即使認為代理占有，但在代理占有之一般關係上有問題；⑶包含公益信託，於受益人不特定或未存在之案例，如何處理，亦有問題等。參照新井，前揭，p. 213 之註 30。

❻　新井，前揭，p. 213；四宮，新版，pp. 196, 200。

券」係指支票、匯票、本票、公債券、公司債等。所謂「以其他代替物為給付標的之有價證券」係指倉單、提單、載貨證券。所謂「以有價證券為給付標的之有價證券」係指新股認購權利證書。即表示在占有之公信力方面有特殊性之有價證券仍適用上開原則。換言之，喪失無記名或指示式有價證券之占有之人，本來如不能證明取得人有惡意或重大過失，即使盜贓或遺失物仍不得請求返還（票據法第14條）。但由於信託財產承繼委託人占有瑕疵之結果，有價證券惡意或重大過失之取得人為了自己之利益予以信託時，即使受託人善意或輕過失，喪失占有之人仍可請求其返還❷。至於股票雖非「以金錢、其他代替物或有價證券為給付標的之有價證券」，但仍係一種有價證券，與一般有價證券有相同之流通力，故應與本條所定之有價證券同視。反之，記名證券諸如記名式公債券、記名式公司債券等由於不認占有之公信力，故無該條之適用❷。

(三)權利瑕疵之承繼

　　成立信託時信託財產上之權利有瑕疵時，受託人是否承繼其瑕疵，關於此問題，信託法雖無明文規定，但解釋上似應與占有瑕疵相同，委託人為自己之利益信託時，真正權利人得對受託人主張瑕疵。亦即在成立信託時，信託財產構成物所存在之瑕疵（諸如委託人無權利、債權依民法第91條或第299條附有抗辯權或撤銷權、或已因清償而消滅等），即使依照一般原則由於讓與而被切斷，但在委託人為自己利益設立信託時，即使受託人善意，仍應類推適用信託法第33條之規定，不應切斷。真實之權利人或債務人對信託財產仍可主張其瑕疵。換言之，為防止委託人濫用信託制度，損害真正權利人或剝奪債務人行使合法之抗辯權或撤銷權起見，法律為保護交易安全所承認之表見法理或公示或公信之原則，以及有價證券無因性之抗辯切斷等原則，在信託於上開情形不能適用❷。例如委託人甲將因惡意或重大過失自乙取得之票據，信託予善意（不知情）之受託人丙時，丙

---

❷　四宮，前揭，pp. 197–198。

❷　四宮，前揭，p. 198。

❷　四宮，前揭，p. 198。

不得主張善意取得而向乙請求支付票款，乙仍可提出票據法第14條第1項所定之惡意抗辯。又如甲受乙之詐欺、脅迫，出售汽車予乙，該車雖經乙信託予善意之丙，甲仍可依民法第92條之規定，撤銷其出賣之意思表示並對抗丙❸。

八、信託財產之物上代位

信託法第9條第2項規定「受託人因信託財產之管理、處分、滅失、毀損或其他事由取得之財產權，仍屬信託財產。」此乃承認物上代位性❸。例如信託財產中包含投有火災保險之建物，如該建物因火災滅失，保險公司交付火災保險金予受託人時，如信託目的仍有實現可能時，則此保險金成為信託財產之一部，而繼續該信託。此規定乃顯示信託財產具有因信託目的內部結合之統一性與不因個別財產變動而改變之自己同一性❸。

惟信託法第9條第2項所規定之物上代位比民法物權編所定物上代位之範圍更廣。因在民法物上代位之範圍，基本上限於對象財產之變形物，而本條則凡因信託財產之管理、處分、滅失、毀損或其他事由所取得之一切財產（即所謂代位物）均包含在內，包括積極財產與消極財產，而且信託財產所生之天然孳息與法定孳息，亦包含在內。

代位物之具體例子如次：

㈠因信託財產之管理處分所取得之財產

如出售信託財產所生之債權債務、以信託財產之金錢購進之物品、貸放金錢所取得之債權、擔保物權，自信託財產所生之天然孳息與法定孳息（如租金、利息）、為擔保信託財產所借入之金錢等。

㈡因信託財產之滅失毀損所取得之財產

例如因信託財產之房屋失火所領之保險金或其請求權，因信託財產毀損所生之損害賠償金或其請求權，公司股東之股份因公司解散而消滅時之

---

❸　參照賴源河、王志誠，《現代信託法論》（增訂三版），p. 79。

❸　新井誠，前揭，p. 213。

❸　四宮，新版，p. 175。

剩餘財產分配金或其請求權，土地被徵收之補償金或其請求權等。

(三)因其他事由所取得之財產

1.因受託人管理不當，及違反分別管理義務，受託人行使回復原狀或歸入請求權，所得之金錢及其他財產（信託法第 23 條）。

2.撤銷受託人違反信託本旨之處分信託財產行為，所回復之財產（信託法第 18 條）。

3.信託財產與他人財產因添附所生之物，歸屬於受託人（信託財產）時之所有權、共有權及償金支付義務（民法第 811–816 條）；或所有權、共有權不歸屬於受託人（信託財產）時之償金或其請求權❸。

---

❸　四宮，新版，p. 177。

第十四章　受託人之權限

一、受託人權限之範圍

受託人之權限包括管理行為與處分行為，但因個別信託行為之重點不同，故具體內容並不一致。

㈠管理行為

受託人得為信託行為所定之管理行為。受託人有排他的管理權，即使信託行為無規定，就信託財產亦得為管理行為（含保存行為、利用行為及改良行為），且管理行為亦含某種處分行為（例如出售易於腐敗之物、清償必要債務等）。

㈡處分行為

除對受益人之給付與管理性處分行為及信託終了後移轉信託財產（剩餘財產）予權利歸屬人之行為外，在信託行為無特別規定時，受託人雖不能為處分行為（例如出售、設定抵押權），但可解為有權從事遂行信託目的所必要之處分行為。

㈢債務負擔行為與權利取得行為

前者為負擔處理信託事務之費用或為達成信託目的所必要之債務（例如借款）之行為，後者為因處理信託事務自第三人取得之權利。

㈣進行訴訟

受託人乃信託財產之名義人及排他管理人，故關於信託財產之訴訟，有當事人適格，而對受託人之判決，對信託財產亦有效力。受託人有數人時，一般乃固有的必要共同訴訟，受債務之請求時，為準必要共同訴訟❶。

二、受託人權限之分類

㈠強制性與裁量性

---

❶　參照四宮，新版，p. 218。

委託人可能命受託人履踐一定信託管理行為,由此為受託人創設權限,無使其負擔實施該權限之義務。此種權限稱為強制或必要 (mandatory or imperative) 之權限。例如委託人指示受託人儘速出售信託不動產,並將價金投資在債券時,則出售乃強制性之權利。惟受託人之任務雖是強制性,但其履行方法 (如對何人分配收益) 可能留由受託人自行裁量 (discretionary)。

委託人亦可授權受託人依其判斷,為了實現該信託目的,是否作某行為,或決定何時及如何行使某種權限時,則此種權限稱為「裁量性」 (discretionary) 之權限。

在裁量性之權限,受託人不但須實施該裁量 (即決定是否採取行動),且須以適當之方式為之。即使信託文件賦予受託人絕對之裁量權,其行使仍不可欠缺善意,或怠於考慮信託之目的,且須為信託目的之最佳利益為之。在美國如法院發現受託人有濫用裁量權之情事時,可命其糾正或加以解任,正如任何其他義務之違反一樣。

(二)明示 (express) 或默示 (implied) 之權限

所謂明示之權限係指由信託文件或法令明白賦予受託人之權限。在美國通常包括購買、抵押、出賣財產、借款、支付或解決債權、公司證券之投資等,受託人常被賦予出售原始信託財產,投資所得價金,收取信託財產之收益並支付予受益人,這些權限稱為「明示權限」(express powers),乃明白且直接賦予受託人。

信託文件之起草人宜明白定出所有想像上必需或合宜之權限,以便受託人遭遇緊急情況時,能迅速因應❷。由美國統一州法全國委員會議於 1964 年所通過之「統一受託人權限法」(Uniform Trustees' Powers Act) 更進一步擴充或詳列受託人之權力。

所謂默示之權限係指為正當發揮信託目的所必要或適宜之權限。即若干權限雖未明定在信託文件,但其存在對受託人實現信託目的非常方便或必要時,則可推測委託人願將此等權限賦予受託人,俾受託人在實現委託

---

❷ Bogert, op. cit., p. 317.

人想要之成果過程中，不致受到妨礙或挫折。例如委託人留下待改良之不動產予受託人，指示受託人取得收益，供委託人子女扶養費之用，文件雖未提及出租該不動產，但可推測受託人享有此權限，因出租乃不動產收取收益之正常途徑。又如受託人為一家之利益，經營農場，如因氣候關係，該農場在若干年內沒有生產力時，受託人應有借錢支付經營支出之默示權限。又如信託文件指示受託人分配信託之原本予許多受益人，而部分信託財產是不動產，如由許多共有人管理，或分割為非常小塊，對受益人非常不利時，可認為受託人有出售該地產，以金錢支付剩餘財產歸屬人之默示權限❸。

㈢受託人之權限有時又可分為：

1.**事務性行為 (ministerial act)**：如將某建物加以油漆，此種行為可授權他人處理。

2.**裁量性行為 (discretionary act)**：如決定是否購買或出售某建物，此種行為不可授權他人處理。

惟有時此兩種行為之間界限並不分明，此時受託人須按合理謹慎之人，處理類似財產之注意為之。惟現代立法，包括美國之「統一受託人權限法」，大大擴充了受託人授權他人，甚至包括可授權他人處理顯然屬於裁量性事務之權限❹。

㈣專屬權限與非專屬權限

受託人之權限有時有專屬性與否之分。若信託權限是附屬或附隨於（incidental to 或 attached to）受託人之職務，則可由任何受託人行使。若某種權限由於受託人與委託人之特殊關係，或因受託人有特別資格或專業，被認為專屬於該受託人個人時，則此種權限有一身專屬性，不能由其繼任人行使。惟因受託人拒絕接任、死亡、辭任及解任之情形並不少見，致某種權限在整個信託期間都頗需要，若解為有一身專屬性，難免影響信託事務之推動。故除信託文件有明示文字外，美國法院通常很少解釋委託人意

---

❸　Bogert, op. cit., p. 318.

❹　Reutlinger, op. cit., p. 219.

欲某權限係一身專屬之性質❺。

三、信託成立後委託人之權限與信託行為之彈性

㈠委託人保留權限

委託人一旦移轉財產權予受託人後，原則上即對受託人無控制權（但我信託法與日本信託法相同，仍保留若干監督權予委託人），委託人可於信託行為（即信託文件）上保留若干權限❻。例如派新受託人（但其中若干在賦稅方面委託人可能蒙受不利結果），或受託人在採取若干重要行動前須經其同意。

㈡委託人監督受託人之其他方法

委託人另一種維護信託財產之方法為選任一名保護人 (protector)，監督受託人之活動，該保護人可能是律師，或信賴之親友或同事。

㈢信託條款宜有彈性

信託成立後信託文件（條款）嗣後雖可聲請法院加以修改，但程序費用昂貴且耗時，又難以預測。故信託之起草人須將條款之完備與賦予當事人最大彈性之需求加以平衡。因人的將來或賦稅法令等行政環境之變動難

---

❺　Bogert, op. cit., p. 324.

❻　在英國通常委託人可事先作如下保留：

　1. 撤銷 (revoke) 信託之全部或一部。

　2. 將受託人解任並派新受託人，將受益人中一些人除名或增加新人。

　3. 指定收益或原本歸受益人中之若干人。

　4. 在受託人行使將收益或原本撥歸受益人之裁量權之前，或在受託人投資前，保留否決或與他諮商之權。

　5. 將若干權限交付予熟悉委託人與受益人之所謂「保護人」(protector) 之人。（尤其在受託人為職業受託人，不熟悉委託人與受益人之場合為然）

　6. 委託人亦可規定若干權限於其死後或變為無行為能力人時，移歸保護人享有。

又在英國委託人為了於其死後指導保護人或受託人，往往提供一封「意願信」(letter of wishes)，雖無法律上拘束力，但可望被認真斟酌。不過受託人在考慮意願信後，可以該信寫後情事已有變遷，而採取其他行動。參照 Hayton, op. cit., p. 136。

於預測，故信託要求最大行政上之彈性，尤其在受益人年幼或在社會或職業上仍在發展之階段為然。

四、委託人地位之繼承與讓與

委託人之地位有財產之價值，可由繼承人承繼。惟此時其繼承人可否行使原委託人法定之權利或信託行為保留之權利？關於此問題，除信託法明訂「信託利益全部由委託人享有者，委託人之繼承人得隨時終止信託」（信託法第 63 條），以及信託契約、信託遺囑賦予委託人之繼承人任何權利外，原則上，委託人之繼承人只能視個案情形，於法條規定利害關係人可聲請法院選任受託人或新受託人、信託監察人或新信託監察人（信託法第 36、46、52、59 條）時，以利害關係人之身分，行使其權利。至委託人之地位是否可讓與不無問題。按委託人之權利中，多數可認為係一身專屬之權利，原則上不能讓與。但例外「無個性之自益信託委託人之地位」則可以讓與。因委託人之權利，在自益信託幾乎為受益權所吸收，其留存在委託人者，不過為「契約當事人之地位」而已，而此契約當事人之地位一般可以讓與，從而自益信託，如無特殊情事，可將契約當事人之地位與受益權一併讓與❼。

此外，我國不乏特別法對委託人地位之移轉設有明文者，例如金融資產證券化條例之特殊目的信託及不動產證券化條例之不動產投資信託或不動產資產信託（為自益信託性質），原則上委託人之地位因讓與受益權而消滅（金融資產證券化條例第 21 條，不動產證券化條例第 40 條），由受讓受益證券之受益人承受委託人之權利義務，嗣後變更及終止信託之權限，原則上亦由受益人（原則上透過受益人會議等）行使（金融資產證券化條例第 23、43、45、47、49-51 條，不動產證券化條例第 11、36 條）。

現日本新信託法更明文規定:「委託人之地位得經受託人及受益人之同意，或依信託行為所訂之方法移轉與第三人。」（第 146 條第 1 項）❽

---

❼ 四宮，新版，p. 344。惟新井誠氏則以為在自益信託，委託人之地位與受益權常係一體，故不問個性之有無，在一切情形，委託人之地位可與受益權一併讓與。

---

❽　日本放款（貸付）信託法將委託人之地位轉化為受益證券，受益證券之取得人當然承繼委託人之地位（日本貸付信託法第 10 條）。又關於資產流動化之法律亦規定：取得受益證券之人承繼委託人之地位（日本資產流動化之法律第 176 條）。此外日本投資信託，在原委託公司被取消許可等場合，內閣總理大臣得對新委託公司或受託公司頒發承受營業上地位之命令（日本投資信託法第 42 條第 1 項第 1 款、第 45 條）。參照新井誠，前揭，p. 129。

第十五章　受託人之義務

受託人之義務一如其權利，甚為廣泛，且往往由信託文件、信託法加以規定。若干信託受託人尚須受特別法之規範❶。受託人之義務幾乎都可以信託文件加以改變或免除。免責條款（exculpatory 或 immunity clauses）的訂定即其著例。但欲免除受託人之基本義務，諸如忠實義務，通常應嚴格解釋，且須止於不違反公序良俗之程度❷。

在我國受託人為信託業時，其應負之義務及相關行為規範，由信託業商業同業公會擬訂，報請主管機關核定（新信託業法第 22 條第 2 項）。

第一節　忠實之義務

一、英美法

英美信託法非常強調受託人之忠實義務，因信託乃一種信任關係(fiduciary)，受託人負有為信託與受益人之利益，管理信託事務之義務，此為受託人最高，亦是最根本之義務，幾乎適用於所有層面。該義務乃信任關係之本質義務，由信賴關係而非由信託行為所派生❸，故不須特別在信託文件規定。此種忠實義務含有基本面（純為受益人利益管理信託）與消

---

❶ 在美國諸如國家銀行受到「錢幣司長第九號規章」(Regulation 9 of the Comptroller of the Currency) 之規範，而員工退休安全法 (the Employment Retirement Security Act of 1924) 則規範適格之退休計畫 (ERISA)。

❷ 在遺囑信託、生前信託與保險信託，由於受益人人數少，受託人被期待與受益人有直接交往。且事實上亦然，但在受僱人信託、公益信託與公司債信託，受託人不期待與債券持有人或受益人有太多直接交往，且事實上亦不可能。參照 Stephenson & Wiggins, op. cit., p. 253。

❸ 在英美法負擔此忠實義務之人不以受託人為限，尚擴及於所有居於所謂信賴關係 (fiduciary 或 confidential relation) 之人，諸如遺囑執行人、遺產管理人、監護人、合夥人、公司之董事與發起人等。參照 Bogert, op. cit., p. 343 以下。

極面（除非充分透露與公平交易，不得為自己與受益人交易），即禁止自我交易 (self-dealing) 及其他方式之利益衝突 (conflict of interest)。法律禁止自我交易之旨趣，在使受託人遠離違反忠實義務之誘惑。我信託法與日本過去信託法就受託人忠實之義務，雖未設明文，但解釋上亦應認為受託人負有此種基本義務。又我信託業法第 22 條第 1 項明文規定：「信託業處理信託事務應以善良管理人之注意為之，並負忠實義務」。此次日本新信託法已仿英美信託法，特以明文規定委託人負有忠實義務（第 30 條）。

關於受託人之忠實義務宜注意下列各點：

㈠受託人直接或間接從事自我交易，可能均屬違反忠實義務

故受託人不可透過與他共謀之人 (a straw man) 或與其經濟利益相同之人，例如妻子或受託人擁有全部或幾乎全部股份之公司，規避此義務。

公司受託人和與其有高度利益共通與控制之關係企業或子公司 (affiliate or subsidiary) 交易，亦屬違反此義務。受託人之代理人及公司受託人之職員 (officers) 亦受此原則之適用。

㈡違反忠實義務之事例

依據美國法院判例，違反忠實義務之事例，包括下列：

1.在私人或法拍購買信託財產。

2.將信託財產出租與自己。

3.購買信託財產之債權，如抵押權或清算信託 (liquidation trust) 下之受益人之權益。

4.出售個人財產予信託作為投資。

5.法人受託人為信託持有或購買受託人公司之股份。

6.至於受託人將一信託財產售予在其管理下之另一信託，雖可能有利益衝突，但如能證明對兩信託係屬公平時，可以准許。

二、我國新信託業法之規定

信託業原則不得以信託財產為下列行為：

㈠購買本身或其利害關係人發行或承銷之有價證券或票券。

㈡購買本身或其利害關係人之財產。

㈢讓售予本身或其利害關係人。

信託業應就信託財產與信託業本身或利害關係人交易之情形，充分告知委託人（第 25 條）。

㈣信託業除以開發為目的之土地信託外，不得以信託財產辦理銀行法第 5 條之 2 所訂授信業務項目或借入款項（第 26 條）。

㈤信託業除依信託契約，或取得受益人同意外，不得以信託財產為下列行為：

1.購買其銀行業務部門經紀之有價證券或票券。

2.存放於其銀行業務部門或其利害關係人處，或與其銀行業務部門為外匯交易。

3.與其本身或其利害關係人為第 25 條第 1 項以外之其他交易(第 27 條)。

三、忠實義務在現代之難題與變遷

傳統上一些可認為利益衝突，而受託人宜避免之行為，現今由於社會與經濟之情事變遷與近代金融服務之複雜化，如僵硬沿用傳統忠實義務之標準，不免影響信託事務處理之順暢，甚至反生不利受益人之結果。有些形式上利益衝突，反被認為有利於信託之有效率管理，諸如營業受託人為了方便或高利，將信託財產存放在自己公司的金融部是否利益衝突，過去曾產生爭議，但近年在美國已為制定法所允許❹。

又在匯兌交易，即將信託財產運用在外國證券之情形，由信託銀行將本國貨幣兌換為外幣，此種交易形式上可認為相當於信託財產與受託人固有財產之交易，可能發生是否違反我信託法第 22 條之疑問。但信託法禁止委託人取得信託財產之本意是在保護受益人，兌換交易也是服務客戶之一環，為了受益人之方便而提供，如嚴格拘泥於信託法之規定，將其排除，對受益人反增加不便。因此此種現代金融服務形式上雖與忠實義務牴觸，但實質上不致對受益人造成不利（甚至對其更為有利）之情形，在立法上

---

❹　參照 Reutlinger, op. cit., p. 221; Bogert, op. cit., p. 346。

應將受益人之同意，或符合標準市場交易之條件，作為排除適用信託法禁止規定之要件❺。此次日本新信託法已放寬忠實義務之限制❻。

第二節　善良管理人之注意義務

受託人係受他人信賴，管理他人財產，故須遵照信託行為之指示，實現信託之目的。故受託人在處理信託事務之際所用之注意，如與處理自己事務為同一注意，尚嫌不足，而應以善良管理人之注意為之。此所以信託法規定「受託人應依信託本旨，以善良管理人注意，處理信託事務」（第22條），而不問有償或無償。此點與民法上受任人因有償或無償而注意義務不同迥異。所謂「信託之本旨」，乃指委託人意圖實現之目的❼。惟該條並非強行規定，不妨以信託行為對受託人之責任加重或減輕。例如減輕注意義務，對單純過失不負責任。但如對故意亦不負責任，則因違反公序良俗而無效。

按在英美法受託人只須以通常之人在處理自己事務之際所用之能力與

---

❺　新井誠，《信託法》，p. 157。

❻　日本新信託法第 31 條第 1 項列舉四款受託人不得從事利益相反之行為，但第 2、3 兩項設有例外規定，即規定：

「2. 於下列任何規定相當時，不適用前項規定得為同項各款所揭之行為。但第 2 款所揭事由，即使與同款相當，如信託行為定有不得為該行為時，不在此限。

一、信託行為定有容許為該行為者。

二、受託人就該行為開示重要事實，且經受益人承認者。

三、因繼承及其他包括承繼屬於信託財產：財產之權利歸屬固有財產者。

四、受託人為該行為可認為為達成信託目的合理且必要，且明顯無害於受益人之利益者，或斟酌該行為對信託財產之影響、該行為之目的及態樣、受託人與受益人實質利害關係狀況及其他情事，有正當理由者。

3. 受託人為第 1 項各款所揭行為時，應對受益人就該行為之重要事項予以通知。但信託行為另有規定時，依其所定。」

即在所定要件下，受託人雖在形式上作了相當於利益相反之行為，亦為信託所容許。此種觀念之變遷，值得注意。

❼　四宮，新版，p. 247。

注意即可 (Restatements §174; Bogert, op. cit., sec. 93)。但實務上由於判例定有一定客觀基準，如約定受託人用處理自己事務同一之能力與注意，則與信託之本質不合❽。

　　受託人為專業之人（例如信託公司或銀行）時，應解為須具有較平均人更高之注意能力，我信託業法第 22 條第 1 項亦規定：「信託業處理信託事務，應以善良管理人之注意義務為之……」。受託人善良管理人注意義務，具體言之，包含以下各種：

一、占有與保護信託財產之義務

　　此義務為美國法所承認，我國與日本信託法均無規定，但理論上應認為有此義務。即受託人於接任之初，應研究信託文件之內容，瞭解其義務與權限、確定何人為受益人、並加以通知❾、瞭解信託財產之內容❿。自委託人（生前信託）或遺囑執行人（遺囑信託）或前任受託人或其代理人受領客體財產，將現金、動產（如契據、票據）等有體物加以管領；占有表彰不動產、債權及股份之文件；債權則設法收取，並將所獲金錢納入信託財產。為了占有信託財產，必要時可能須提起訴訟。有時信託准許受益人占有信託財產（例如准許寡婦免費使用房屋），此時受託人應先取得其占有，再移交予受益人。

　　如受託人怠於取得信託財產，可能須對受益人因此所生之損失負責（例如遺囑受託人長時間怠於請求遺囑執行人交付信託財產，如財產被遺囑執行人侵吞時）。但如管理之初所受領之財產缺乏價值時，可請求法院准予拋棄。如信託財產為債權時，受託人通常有仲裁或和解之權限⓫。

---

❽　四宮，新版，p. 247。

❾　受益人可追溯至信託資產之所在。據云在英美常有受益人不知他們的權利，甚至不知是受益人之情事，且世界上有不少基金閒置，尚未發現受益人。

❿　信託財產之種類與數量可能詳列在一份清單，附於生前信託文件內。在遺囑信託，受託人可自遺囑條款、遺囑執行人向法院所提財產目錄及其帳目，以及法院所下之分配裁定加以瞭解或確定。

⓫　Bogert, op. cit., p. 354.

二、保存並維護信託財產之義務

受託人應盡善良管理人之注意，採取必要措施，防護信託財產發生喪失或毀損。包括將可註冊之財產註冊，以防被人移轉或抵押予善意買受人，致信託利益被切斷；將有價證券與其他重要文件存放在保管箱；將現金與票據，存放於可靠之銀行；購買火災及其他責任保險；對處理現金或流通證券之信託員工取保；對建物作必要之修繕，以防毀壞；如人壽保險放在信託，應支付保險費，以防保險失效；農地應耕耘施肥；支付稅捐，以免財產因遲延繳納而被拍賣；對信託財產內之抵押權支付利息與原本，以免標的物被人拍賣等❶❷。

三、防護信託被人攻擊之義務

此種義務為美國法所承認，我國與日本信託法雖未規定，但基於信託之本質及受託人之忠實義務，解釋上亦應認為負此義務。信託在成立後，可能被人攻擊，其情形包括下列：

(一)委託人：主張信託無效（例如信託行為係出於詐欺、脅迫或錯誤）。

(二)遺囑人之繼承人：主張遺囑人立遺囑時，心智不全。

(三)第三人：主張對信託財產有所有權。

(四)受益人之債權人：欲取得受益人之利益償債。

(五)其他：有人在信託目的未完成前，欲終止信託。

按受託人一接受任務，即有按信託文件執行信託，並保護受益人享有所賦與利益之義務。因此凡任何人擬摧毀信託之全部或一部，或宣告信託無效，或以他法傷害受益人之利益時，受託人有義務進行調查，如確信該人之請求並無根據時，應以善良管理人之注意，對該請求或訴訟加以防禦或上訴。但如經調查，並諮詢專家結果，認為攻擊有相當理由，防護行動並無希望，且須花費不值得之支出時，不在此限。此時宜設法和解，俾信託免於全部毀滅。

---

❶❷　Bogert, op. cit., p. 359.

　　受託人如怠於踐履防護受益人之義務，可能須對所生損害負責。受託人踐履此義務所生之支出（如律師費、訴訟費），如防護成功，可自信託財產支付，如未成功，但受託人為善意時，亦同。

　　受託人本身亦不可攻擊信託或主張信託之全部或一部無效（例如主張遺囑信託因遺囑人無意思能力而無效。或為寡婦成立之信託，主張委託人法律上未與她結婚，或結婚乃重婚之類）❶。

第三節　親自處理信託事務之義務

　　信託乃以對受託人之信賴為要素，即以信賴受託人之人格、經驗或手腕為基礎，從而受託人原則上應自己處理信託事務，不可輕易利用他人代勞，亦即負有不得將其親自履行之事務授權他人處理之義務。（參照 2d Rest. Trust §171）

　　英美信託法傳統上採受託人親自處理，不得授權之原則，即課受託人對受益人負有不得授權他人處理受託人能被合理要求親自履行之義務。此不授權之原則特別適用於受託人之投資責任。1957 年信託法整編（第二版）規定：「受託人不可授予他人選擇投資之權力。」我信託法第 25 條本文亦規定：「受託人應自己處理信託事務」。

　　此種義務乃由受託人管理義務所派生，其旨趣是受託人既然已接受委託人付託擔任受託人，即應踐履所有任務，不可躲在自己所選之專業協助人員後面。

一、此項原則適用上應注意之問題

　　㈠如期待受託人親身踐履所有信託管理行為，會使其工作過於沉重，影響受託人接受職務之意願。況受託人往往欠缺踐履其義務所需之特殊技巧與知識，而須取得他人之建議與協助。尤其在現代複雜社會，要求受託人處理所有信託事務不但不可能，且不適宜，從而營業受託公司及其他法人，僱用職員、諮詢別人意見，固無論；即使按必要情形自己負責聘用律

---

❶　Bogert, op. cit., p. 357.

師、會計師、專利代理人、銀行家、技師、經紀人 (broker) 等以處理信託事務之手段性質之行為，甚至進而將信託財產之管理，轉信託與營業受託公司處理，亦屬無妨。

㈡在受託人不止一人（共同受託人）時，各受託人亦負擔親自處理之義務，不可自己不處理，而委諸其他共同受託人。在共同受託人之情形，除信託行為另有訂定外，受託人須全體一致行動，故任何受託人如不參與決定，不啻將決定委諸其他受託人。但付託一部信託事務，即委託他人處理特定事務，如謹慎將事，並非不可❶。例如受託人可與他人諮詢（在特別複雜之事務或情況，可能更有諮詢他人之義務），且可採納他人之建議，但最後仍應由受託人做成決定，負擔決定之責任。（在認定受託人是否須對信託之違反負責時，採用顧問之建議，可能減輕責任，但並非免責之理由。）一般而論，決定之事務性質愈重要（例如在重大買賣與投資行為），則愈需受託人親自做成決定。

㈢在決定受託人工作中那些部分須親自辦理，那些可授權別人，有三種見解。第一是可授權他人處理所謂「事務性事務」("ministerial" acts)❶，但不可授權處理有裁量性 ("discretionary" acts) 之行為；但庶務性與裁量性之界限實際上很含糊，不易判斷。第二是如涉及裁量權很少的行為，可授權別人處理，但在需要使用技巧與判斷之情形，須親自處理。第三是某種行動之重要程度並非判斷之唯一準繩，尚須斟酌該行動所需之特殊知識及受託人是否擁有此種特別技能。三說皆有見地，但無一能解決所有問題，以余所見，似以下述美國信託法整編第二版 (Restatement, Second, Trusts) §171 建議之指標較為可採❶。

---

❶ Mennell, Wills and Trusts in a Nutshell (1990), p. 319. 一種比較微妙的情形是：當受託人想辭職，將信託財產交予「繼任人」，但後來辭職不成功，或辭職成功，但交給不適當之繼任人。

❶ Bogert, op. cit., p. 328.

❶ 依美國信託法整編第二版 (Restatement, Second, Trusts) §171 之建議，在認定受託人可否委託他人處理信託事務時，下列各點可能是重要斟酌之指標：
　1.所涉及裁量之分量

二、使他人代為處理之效果

由上所述，可知受託人信託事務之處理不妨使用他人（即履行補助人）當作手足使用，其履行補助人之行為並無獨立性，與受託人之行為同視，故如其補助人有任何過失時，應歸受託人負責，與民法上准許委任之受任人複委任之情形，旨趣略同（我民法第 104 條）。信託法亦明示對不授權之原則有二例外，即信託行為另有訂定，及有不得已之事由之情形，得使第三人代為處理（第 25 條但書）。因信託行為既准許授權他人處理，自應從其所定。所謂不得已之情形，例如受託人生病、遠行、時間衝突之類。第三人在許可範圍內所為行為之效果歸屬於受託人，經由受託人及於信託財產。

受託人合法使第三人代為處理信託事務時，僅就第三人之選任與監督其職務之執行負其責任（信託法第 26 條第 1 項），如其選任與監督並無過失，縱第三人代為處理信託事務致信託財產發生損害，亦僅能由該第三人自負其責，受託人不負賠償責任。又代為處理信託事務之第三人，其地位與受託人相當，與受託人負擔處理信託同一之責任（信託法第 26 條第 2項）。且與受託人負擔同一之義務（含善良管理人之注意義務、忠實義務……等）。受益人可基於受益權，對此第三人為請求（與對受託人相同）。

如受託人違法使第三人代為處理信託事務者，應就該第三人之行為負

如受託人保有之控制程度愈高，授權被接受之程度亦愈高。

2.涉及財產之價值與性質

比起主要資產，價值較低之財產（或信託中很小部分）可由助手管理。又需要特殊技術處理之資產，需要較多之授權。

3.財產是原本或收益

如數量相同，區別原本與收益固無何意義，但在受託人有迫切義務去分配收益之情形，此時即應予以分配。

4.信託標的所在之遠近

如受託人不能親自接近信託財產時，借重財產所在地當地之人代為處理較為得策。

5.行為之性質

例如涉及受託人本身所有或欠缺之專業技術或設備。

完全責任，亦即與就自己之行為負同一責任。因此處理行為為法律行為時，其效果不及於信託財產，只拘束受託人本身，如第三人就信託事務之處理有過失，受託人亦應負責。如因此致信託財產或受益人發生損害時，須對信託財產或受益人負賠償責任。且此時該第三人應與受託人負連帶責任，以確保受益人之權益（信託法第 27 條第 2 項）。又第三人處理信託事務所生之費用，亦有補償請求權。如受託人定有報酬時，該第三人亦有報酬請求權，此時如何行使，可否直接對信託財產或受益人行使？在自益信託，尤其受益人（兼委託人）同意使用代理人時，受託人不但可對信託財產，且可對受益人行使請求權，而在他益信託，則只能對信託財產行使**⑰**。該第三人可否與受託人訂立特約，排除第三人對委託人與受益人之直接責任？此問題如信託行為准許受託人與第三人間此種特約，或受益人承諾此種特約時為有效**⑱**。

三、不可授權原則之新發展

在 1992 年美國新信託法整編（第三版）：謹慎投資人原則，排斥 1957 年信託法整編（第二版）所列不可授權之原則。相反地，該三版不但贊成授權，而且更課受託人積極義務去考慮「是否授權他人投資任務及如何授權」，因現代社會信託管理高度專業化，昔日信託係在比較消極之管理方式下誕生，當時以土地為主要信託資產，信託管理只要求受託人有限專業知識。但一世紀以來，財產持有之型態起了驚人變化，金融證券變成信託之典型資產，需要擁有在瞬息萬變證券市場管理投資之專業知識。於是要求受託人擁有投資專業知識，猶如要求通常公民具有原子科學知識一樣，乃不合理。因此受託人不免須尋求且依賴外界顧問，從事投資事務。過去法律禁止受託人授權他人處理投資事務時，受託人可尋求專家建議，但須獨立決定是否採納，且日後該投資如被人挑戰時，有關授權之爭議是：受託人是否自己實施判斷？反之，在信託法准許受託人將投資授權外界專家之

---

⑰ 新井，前揭，p. 145。

⑱ 能見，前揭，p. 119。

今日，授權行為之爭點，已變成受託人在選任及監督代理人時，是否已實施適當之注意。

四、日本新信託法之規定

日本新信託法第 28 條擴大原禁止授權原則例外規定之範圍，而規定：

「受託人在下列場合，得將信託事務處理委託第三人：

㈠信託行為定有委託或得委託第三人處理信託事務者。

㈡信託行為未定有委託或得委託第三人處理信託事務之情形，而參照信託之目的，認為委託第三人處理信託事務為相當者。

例如信託使用比受託人本人處理更有高度能力之專家為適當，以及信託事務雖不需特別高度能力，但委託他人費用與時間比受託人本身處理為合理之情形。又信託事務全部委託，信託法亦不禁止，於相當於上開三種情形之一時，可予准許。

㈢信託行為定有不得委託第三人處理信託事務之情形，而參照信託之目的，可認為有不得已須委託第三人處理信託事務者。」

第四節　共同受託人共同行動之義務

一、共同行動之原則

我信託法第 28 條規定：「同一信託之受託人有數人時，信託財產為其公同共有」、「信託事務之處理除經常事務，保存行為或信託行為另有訂定外，由全體受託人共同為之。受託人意思不一致時，應得受益人全體之同意，受益人意思不一致時，得聲請法院裁定之。」即表示共同受託人負有共同行動之義務。

該條表示信託財產為共同受託人之公同共有，此處所謂公同共有與民法物權編固有之公同共有意義相似，並無潛在之持分觀念，各受託人亦無分割財產之請求權（參照民法第 827-830 條）。又即使受託人中一人死亡，亦不發生持分權之繼承，而適用所謂生存者之原則 (survivorship)。

在共同行動之原則下，有關信託財產之處分行為、管理行為與訴訟行為[19]須由受託人全體共同行動，不許多數決[20]，且不許代表。但一部受託人實際所作之行為，可由其他受託人於事後予以承認而生效。如共同受託人意見不一致時，應得受益人全體之同意，受益人意思不一致時，可聲請法院裁定之。惟此時是否須由全體受託人共同聲請，抑一部分受託人亦可聲請，法條並未規定，理論上固應由全體聲請，但為免陷於僵局，余意雖一部受託人亦可聲請。

二、共同行動原則之例外

對上述共同行動之原則，信託法設有下列例外：

(一)經常事務及保存行為

經常事務對信託財產即受益人之利益影響不大，故可不必共同為之，以免影響效率。至保存行為，一般乃維持財產本來狀況之輕微行為，且時間緊迫，如不及時處理，可能導致信託財產重大損失，而需緊急處理。故此類行為各受託人亦可單獨執行，不必共同一致行動。此點日本舊信託法並無明文，但學者以為乃當然解釋，我信託法爰加明文承認，以杜爭議。

(二)信託行為另有規定

例如信託行為定有可由多數決[21]，或選定代表，或規定受託人間權限之分擔之類，即將一種管理權能授予一受託人，其他權能授予其他受託人。例如將不動產之管理付託予一受託人，其他投資之處分歸另一受託人之類。

---

[19] 受託人有數人時，訴訟為固有的必要共同訴訟，故如受託人中之一人單獨提起有關信託財產之訴訟，乃欠缺當事人適格。參照四宮，新版，p. 244。

[20] 由於共同受託人必須一致，如受託人中有不同意見，或其中有缺席、生病等情事時，不免發生不便。故美國一些州制定了准許多數決之立法。統一信託法 (Uniform Trust Act) §11 准許由多數受託人行動，該法在路易西安那等州施行，又統一受託人權限法 (Uniform Trustees' Powers Act) §6 規定亦同此旨趣。

[21] 在美國公益信託，與通常私益信託很少選任三名以上受託人不同，常有多名共同受託人，因此難於要求所有受託人集體做決定及簽署交易文件。因此除委託人明示相反意思外，視為曾暗示共同受託人有權以多數決就信託採取行動。

㈢其他例外

　　1.受其他受託人之委任，且不違反禁止授權他人之原則時。

　　2.有不得已之事由時，例如受託人生病等。

三、違反共同行動義務之效果

　　如受託人違反共同行動之義務而為行為時，就因此所生損害，對信託財產、受益人、委託人負賠償責任[22]。如違反行為係法律行為時，其行為之效果，不能拘束信託財產，而須由該受託人負個人責任。

四、對受益人之債務負連帶責任

　　共同受託人「對受益人因信託行為負擔之債務，負連帶清償責任，其因處理信託事務負擔債務者亦同。」（信託法第 29 條）

　　因信託財產為共同受託人之公同共有，且信託本身之處理原則上由全體受託人共同為之（信託法第 28 條），為便於受益人行使受益權及受託人履行債務起見，故設此規定[23]。

五、對共同受託人一人所為意思表示，對全體發生效力

　　此為信託法第 28 條第 3 項所規定。所謂對共同受託人其中一人所為意思表示，例如清償之請求，文件之送達，票據之提示等是。因共同行為乃

---

[22]　在美國法下，如按信託條款，共同受託人須一致行動，多數人建議採取某種行動，而少數人認為並非賢明之舉時，反對之受託人可拒絕加入行動，且可對多數受託人擬締結之交易，向法院申請禁止命令 (injunctions)。但如拒絕之理由，只是出於頑固，或即使出於善意，但會使管理陷於僵局時，法院可能指示受託人如何行動，或將其中一人或數人解任。如多數共同受託人有權行動，但少數人認為該行動對於信託非常不利時，此少數人應設法防止該行動之實施，並無義務與多數人一致行動。但美國也有一些制定法要求少數受託人加入 (join) 多數人的決定，不過如他就該交易行為已對多數受託人提出異議時，則免除此少數受託人對該行動結果之所有責任（如統一信託法 §11）。

[23]　松本崇，前揭，p.166。

對受託人所要求之義務，不應拘束第三人。在另一方面，共同受託人彼此間應有連絡，故第三人以對其中一人為意思表示為已足。同理，因意思欠缺或就某事實之惡意（知情）等，致其法律行為效力受影響時（參照民法第 105 條），只要共同受託人中一人有此等情事時，即應發生效果❷❹。

深度研究 美國共同受託人間之關係

一、不積極受託人之責任

美國不積極之受託人可能須對其他共同受託人之行為負責。關於其理由，美國判例並不一致，包括：

㈠可促使他對積極之共同受託人之違法行為負責。

㈡不積極之受託人也做了不法行為，因為他讓積極之共同受託人置於可做違反信託行為之地位。

㈢委託人選任共同受託人，意在使互相監督制衡，對資金控制與信託之利益要同等注意，不可獨自鼾睡，而將所有信託事務交給其他受託人。

二、對其他受託人不正行為之處理

當受託人知悉其他共同受託人欲做不正行為 (misfeasance) 時，有義務為保護信託財產，對該人提起禁止處分 (injunctions)，如其他受託人已做了違法行為，應由訴訟或他法採取行動回復財產原狀。

第五節　分別管理信託財產之義務

一、分別管理之必要

信託財產與受託人固有財產及受託人名義下其他信託財產獨立。如受託人將信託財產與其自有財產混合，固然有損害第三人利益之虞且易導致受益人監督困難。若受託人與第三人發生爭議，難於認明信託財產，易使信託財產蒙受不利。因信託財產既移轉在受託人名下，為防止被受託人個人之

---

❷❹　四宮，新版，p. 246。

債權人扣押，以及在受託人破產時，將信託財產與破產程序隔離，有將信託財產與受託人固有財產明確區分之必要。其次在信託財產為動產及其他欠缺對抗第三人公示方法之財產，為了防止受託人違反信託將信託財產讓與第三人，致第三人主張善意取得，亦有分別管理之必要**㉕**。何況分別管理可使受託人不易自信託財產取得利益或為其他違反忠實義務與善良管理注意義務之行為**㉖**。易言之，為了防止他人善意取得及避免受託人違反忠實義務之弊害，以保護受益人與第三人，我信託法特課受託人分別管理信託財產之義務**㉗**，而於第 24 條明定：「受託人應將信託財產與其自有財產及其他信託財產分別管理。信託財產為金錢者，得以分別記帳方式為之。前項不同信託之信託財產間，信託行為訂定得不必分別管理者，從其所定。」

二、分別管理之方法

我信託法對如何分別管理，並無明文，土地建物之類不代替物並無特殊分別管理之問題（但單純物理上分別管理尚屬不足，尚須辦理公示信託登記）。動產則須在物理上（實物上）與其他類似物品分離管理。又因動產並無適當公示方法，亦可對第三人主張為信託財產，故即使不講求此種公示方法，原則上亦不成立分別管理義務之違反。不過在火車車輛信託，在日本為避免被誤解為受託人之固有財產，往往在車輛上附上表示信託財產之牌照。

三、分別管理義務之例外

㈠金錢

㉕ 在欠缺公示方法規定之財產，分別管理在某程度亦發揮公示之作用。參照田中、山田，《信託法》，p. 82。

㉖ 能見善久，《現代信託法》，p. 94 以下。

㉗ 按美國法只是用「隔離與標示信託財產之義務」(duty to separate and earmark trust property) 字樣，非如日本與我國信託法用「分別管理」義務字樣，故此點其要求之程度稍低。

金錢乃單純表示價值之財貨，將金錢分別管理有事實上困難，且無意義，故得以分別記帳之方式代之。所謂金錢不限於屬於金錢信託之金錢，且包含作為「代位物」（我信託法第9條）之金錢在內。

㈡有價證券

　　信託法對有價證券雖無例外規定，但在今日大量使用有價證券之時代，有價證券亦應類推適用關於金錢之規定，承認分別管理之例外。但為防止發生不公平情事，須符合一定要件[28]。

㈢信託行為另有訂定者

　　我信託業法亦規定：「委託人得依契約之約定，委託信託業將其所信託資金與其他委託人之信託資金整合管理及運用」（第28條第1項）。例如合同運用信託，基於委託人之指示或同意，無須分別管理。目前「信託資金集合管理運用帳戶」，大致是由委託人與信託業者簽訂信託契約，載明委託人指示之資金運用方法與範圍，並同意受託人將信託資金與他人信託資金集合管理運用，受託人將信託資金納入其設置之「集合管理運用帳戶」，並以記帳方式記載受益人持有該帳戶信託受益權之單位數[29]。受託人可否將屬於信託財產之金錢與其固有財產之金錢合同運用，不無疑問，因對自己財產之注意義務雖非善良管理注意亦屬無妨，而對信託財產則須出於善良管理人之注意，二者注意義務程度不同之故。

四、違反分別管理義務之效果

　　信託法第24條第3項規定：「受託人違反第一項規定獲得利益者，委託人或受益人得請求將其利益歸於信託財產。如因而致信託財產受損害者，

---

[28]　四宮，前揭（新版），p. 223。我國信託業法第20條亦規定：「信託業之信託財產為應登記之財產者，應依有關規定為信託登記。信託業之信託財產為有價證券，信託業將其自有財產與信託財產分別管理，並以信託財產名義表彰，其以信託財產為交易行為時，得對抗第三人，不適用信託法第四條第二項規定。信託業之信託財產為股票或公司債券，信託業以信託財產名義表彰，並為信託過戶登記者，視為通知發行公司。」

[29]　溫俊富，前揭，p. 107。

受託人雖無過失，亦應負損害賠償責任。但受託人證明縱為分別管理，而仍不免發生損害者，不在此限。」

即受託人如違反分別管理義務，因而獲得利益者，委託人❸❹或受益人得請求將其利益歸於信託財產，即可行使歸入權。立法意旨乃仿證券交易法第 157 條第 1 項與公司法第 209 條第 4 項規定。如因而致信託財產受損害時，受託人雖無過失，亦應負損害賠償之責，包括填補信託財產之損失（金錢賠償）及以現物回復原狀。換言之，違反分別管理義務之責任為無過失責任，即使不可抗力，仍不能免責。

信託法所以課受託人如此嚴格責任，係因受託人如分別管理，則損害可能不發生。因此如能證明縱分別管理，仍不免發生損害，例如即使分別存放在銀行保險箱或倉庫之不同箱櫃，但銀行或倉庫全遭火災焚毀，此時因不分別管理與損害間並無因果關係，故不負損害賠償之責。上述請求權，自委託人或受益人知悉之日起，二年間不行使而消滅。自事實發生時起，逾五年者，亦同（信託法第 24 條第 3 項）。又我信託業法第 51 條規定：違反信託法第 24 條規定，未將信託財產與其自有財產或其他信託財產分別管理或分別記帳者，處其行為負責人徒刑及罰金。

五、美國法對於分別管理規定之緩和

在美國普通法下，受託人如怠於標示，不問損失原因如何，須負賠償責任，不啻使其成為信託財產完全之擔保人 (guarantor)，會導致法人受託人重大損失，且威脅銀行之結構與運作，故近年來此原則因下列情形已被放寬：

㈠美國在 1930 年以前，營業受託人為了移轉便捷與減少費用起見，建立慣例將公司股票登記在銀行一名或數名職員或董事名下，作為「被指定名義人」(nominee)，信託字樣並不出現在股票或股東名簿上，避免取得證明受託人有權移轉股票所引起之稽延與費用。現今幾乎各州都有所謂「被

---

❸❹　在英美法上委託人除信託行為另有保留外，於信託成立後，原則上不能過問受託人之信託管理，本條規定委託人可行使此等權利，係仿日本立法例，賦予委託人一定之權限。

指定名義人制定法」(nominee statute)，准許股票及其他許多投資可以「被指定名義人」名義持有，但須在受託人辦公室作成正確所有權記錄，且受託人須對被指定名義人之不法行為負責❸。

㈡美國在 1930 年經濟恐慌前，銀行與信託公司建立慣例，持有抵押權或所有權在抵押權檔案或地契 (deed) 上不提及信託，只在公司簿冊上登記抵押權或所有權之權利人，目的在使抵押權或所有權便於移轉，且免除證明移轉所有權之必要。

現美國法院引用信託法整編第一版 (Restatement of the Law of Trust)（1935 年通過）之規定，受託人雖有標示義務，但除非證明損失係由其怠於標示所引起，否則受託人對其違反不負責任❷。

第六節　公平對待受益人之義務

在一個信託往往有兩名以上受益人，即

一、收益受益人與原本受益人（剩餘財產歸屬人）之間，不同性質之受益人有二人以上（複數）

二、同種（同性質）受益人人數在二人以上（複數）

由於這些受益人利害並不一致，甚至衝突，因此英美法上受託人負有公平對待受益人之義務 (duty of impartiality)，即受託人應為所有受益人之利益公平管理信託，不偏袒某一或某類受益人，而犧牲其他受益人。此原則在避免受益人間發生利益衝突；尤其在投資時，此公正行動之義務更為重要。例如受託人不得對收益之受益人選擇有利之投資，而對剩餘財產歸屬人不利；又某種收入或支出究應歸類為收益或原本時，亦須公平對待收益之受益人與原本之受益人。惟實際上如何調配處理，乃複雜之問題。尤以信託財產涉及消耗性之財產時為然，以下特舉實例以明之：

假設 B 設立信託為 C 終身享有收益，並將信託原本予 D，又假設信託財產包括：

---

❸　Bogert, op. cit., p. 362.

❷　Bogert, op. cit., p. 361.

一、$5000 3\frac{1}{2}$ 股票

二、乳牛一隻

三、在其祖父遺囑下有權於其父 A 死亡時，受領 15,000 鎊。（此權利稱為剩餘歸屬權）

如資產以現有方式保有，股份會產生固定收益，於 C 死亡時，D 會得到原本。問題是該乳牛（產乳之牛），可能最初收益高，但日後變老，乳量減少，價值也會愈來愈低，且可能比 C 先死亡。如日後情形果真如此，C 會取得該牛之全部收益，而 D 則收不到。

剩餘歸屬權之情形則恰恰相反。在 A 死亡前，收益不可能付予 C 或 D，且如 C 在 A 之前死亡，則自此資產將得不到任何收益。英國衡平法認為受益人如按此偶然之因素處理，財富之取得靠運氣，不合 B 之意思。因此，基本解決方案是將牛與剩餘歸屬權賣掉，而將價金投資在合適證券，以便能支付收益予 C，並為 D 維護原本。亦即受託人在原本與收益間應做必要的分配❸。

又如另例，A 為妻 C 終身之利益成立信託，指定於妻亡故後，原本歸其子 D，但未提及受託人可為妻 C 動用原本，即意指妻 C 只能取得純利益。由於 C 之收入完全仰賴信託，而 D 則堅持按信託文件辦理。受託人在投資時，在何種限度內，可為了增加 C 之收益，對原本之安全有所犧牲？按儘管受託人可能偏袒 C，但他有義務在 C 與 D 之間謀取平衡。如有任何偏袒，

---

❸ 關於分配尚有其他問題，例如：在遺囑信託由於往往有債務要清償，但自委託人死亡之日至資產真正實現之日，其間有一段間隔，如委託人為了連續受益人之利益，以遺囑設立信託。此時終身收益之受益人如債務清償期間拖得愈長，得到之利益亦愈多。例如遺產粗計為二百萬，債務五十萬元，而遺產是為連續數受益人信託，如債務馬上償清，則終身收益受益人自所餘一百五十萬元獲得收益，但如過了一年未償清，則終身受益人會在該年度底自二百萬元中獲得收益。英國在 Allhusen v. Whittell 一案樹立了分類規則，其重點是對於以後用來償債之數額應對終身受益人索取利息，目的在使終身受益人立於與委託人在死亡時債務已償清之同一地位。英國法後來發展較為深入之規則，因過於複雜，茲不贅述。參照 Oakley, op. cit., p. 469 以下。

亦須出於委託人之授權。惟近年來在美國愈來愈多信託文件訂定偏袒終身受益人（而非剩餘財產歸屬人或原本受益人），甚至如為了終身受益人，可動用原本[34]。

公平對待之原則不但在收益之受益人與原本之受益人間適用，而且在同性質之受益人間亦有適用。例如英國 Lloyds Bank v. Duker ((1987)/ W.L.R. 1324) 一案，遺囑人在一家私人公司持有 999 股，他將 999 股中的 46/80 留予其妻，法院判認代表此比例之 574 股不得移轉予其妻。因為持有大多數股份，會使其妻取得控制公司之權利，而且自與其餘少數股之關係上言，其股份之價值遠超過其真正比例，因此法院指示受託人應將 999 股出售，並將買賣價金按適當比例分配予各受益人。

公平對待受益人之義務，在日本信託法原無規定，此次修正信託法，已仿英美信託法，增列明文規定：「有二人以上受益人之信託，受託人應為受益人之利益，公平執行職務」（第 33 條）。我信託法對此義務雖亦無明文規定，但在解釋上可認為基於善良管理義務，受託人亦應公正並平等對待所有受益人，而不應偏袒某一或某類受益人。

值得注意的是，委託人在信託行為可免除受託人之公平義務。方法有二：其一為規定複數受益人中，一部分比其他人不得為有利之處理。例如委託人予其妻生存期中之收益受益權，於妻身後，原本歸其子。如信託行為定為受託人於必要時可動用原本給付予其妻時，則表示優待收益受益權人。其二為不表示優待那個受益人，而一般性的訂定受託人不必依公平義務行動。

在日本信託多具有同種受益權態樣（例如投資信託），受益人間權利義務明確，易於判斷受託人有無違反此公平對待義務。但近時由於複數受益人持有不同性質受益權態樣之信託（例如住宅貸款債權信託等之流動化信託）增加，以致難於判斷違反之案件數為之上升，尤其在認定對特定受益人優待一點，如何平衡公平義務與受託人之裁量權，不免成為難題，致公平義務與受託人之裁量權有時處於緊張關係。

---

[34] Stephenson & Wiggins, op. cit., p. 251.

至於受託人違反此義務時，受益人有何救濟？學者有以為：

一、受不利處理之受益人，對受託人可請求回復原狀（補正措施）。

二、受不利處理之受益人，對受託人可請求損失填補。

三、受不利處理之受益人，對受有利處理之受益人可請求移轉所得利益。

四、受有利處理之受益人，對受不利處理之受益人，負返還所得利益之義務。[35]

但能見善久氏以為對收益受益人或原本受益人中一方為有利投資，就信託財產全體仍係有利之投資，此時要求受託人以其固有財產賠償，似屬過苛，勿寧由受益人請求受託人補正此不公平為當。故受不利處理之受益人可對受託人請求將要分配予有利之受益人之利益移轉於自己。如信託利益已交付受優待之受益人時，則因已不能自收益之受益人請求歸還，此時受託人始生損害賠償義務[36]。

第七節　投資之義務

一、概　說

日本與我國信託法皆無受託人投資義務之規定，但在英美法受託人對受益人負有以謹慎投資人之注意，參酌信託之目的、內容、分配要求及其他情況，將信託資金予以投資與管理之義務，而且負有從事多樣化信託投資之義務。如受託人將信託財產只投資在單一企業或同一類資產（將所有信託的蛋放在一個籃子裡），通常可認為有欠謹慎。受託人投資之標的有無限制？又須以何種注意為之？歷來法院態度歷經許多變遷。

二、美國法下投資之標準

在美國法下，受託人投資的標準一直在改變，在 1830 年 Harvard College v. Amory, 26 Mass (9 Pick) 446, 461 (1830) 一案，美國法院定下了

---

[35]　新井誠，前揭，p. 163。

[36]　能見，前揭，p. 93。

「謹慎管理人原則」(prudent man rule)，即受託人應遵守「具有謹慎、裁量與智慧的人 (man of prudence, discretion and intelligence) 如何處理他們自己的事務，不考慮投機，要顧慮他們資金的永久處分，斟酌可能的收益以及要投資的原本的可能安全性。」這是彈性說明投資可適應不同環境，但不久此種彈性失去了人們的青睞。

因為到了十九世紀，經濟的蓬勃發展導致許多州的議會對合適信託投資的對象定了「法定名單」(legal list)。有些名單是強制性的，意即受託人投資的對象不可逾越這些名單。有些名單是任意性的，准許受託人購買不在名單上的標的，但對受託人課以表明此種作法出於謹慎的責任。這些名單傾向於投資的「安全」(safe)，諸如政府公債與不動產的第一順序抵押權，而普通股因為太冒險，通常不在名單之列。

到了 1930 年代經濟不景氣時期以後，股票價值恢復得比公債或抵押權迅速。到了 1940 年代，趨勢是擴大適當信託投資的範圍。由於 Scott 教授與信託法整編 (Restatement of Trusts) 的鼓吹，大多數的州自法定名單改回歸到原來較為彈性的「謹慎管理人」(prudent man) 之原則。

但由於現代投資對象種類複雜化、多樣化，一些投資可能成績好，有些不好，如何判斷受託人全盤業績？傳統英美法是評估各個單一投資之績效，而不問受託人全盤投資策略之內容；且一個投資之損失不能與另一投資之盈餘相抵。此標準之缺點為對受託人過苛，且與今日投資市場之實情不合。因此近年來美國法院與法規已經改變，較常自整體來考慮特定投資，且若干制定法對投資評估亦明白支援「整體資產管理之作法」(total asset management approach)。又不少經濟學家對於投資市場如何運作，提出通稱為「現代投資組合理論」(modern portfolio theory) 的新看法，即強調重視一個整體投資組合的風險與收益，而非就孤立的個別投資加以評估。此種理論改變了信託投資的法律。在 1992 年，全美法律學會 (the American Law Institute) 出版了新的信託法整編（第三版）(Restatement (Third) of Trusts)，倡導由現代投資組合理論所形成的「謹慎投資人原則」(prudent investor rule)。明白承認對受託人投資之「不應孤立觀察，而應評估信託投資組合

(portfolio) 之全體」(not in isolation but in the context of the trust portfolio) 及整個投資策略，並樹酌適當之風險程度。在此標準下，一個投資不能只看它風險程度及收益如何，而要看最初包括在整個信託投資組合 (portfolio) 內是否合適❸。終於在 1994 年「統一謹慎投資人法」(Uniform Prudent Investor Act) 問世，採取同樣理論基礎。

　　受託人須避免欠缺生產力 (under-productive) 的投資，如投資精美的名畫或當前市場比較沒有收益或收益太少之標的，則收益之受益人會受到損害。即使該名畫將來一定增值，此種增值係不利於收益受益人而使剩餘財產歸屬人受益，這是違反受託人之公平義務。又如專利使用費或礦業權（又稱為耗盡 depletion）之類消費性財產 (wasting assets) 雖可產生較高收益，但在過程中原本會一直減少，因此犧牲剩餘財產歸屬人而有利於收益受益人。除了信託文件明示或默示授權受託人保有此種投資外，受託人可能須處分此種生產力低的財產，自收入中對收益受益人支付遲延之收益 (delayed income)，並處分消費性資產，或至少分配其收入，以彌補受益人間之不平衡。在美國有標準分配規則與表格可循。

> **深度研究** 美國統一謹慎投資人法 (Uniform Prudent Investor Act)
> 　　　　　（1994 年由全國統一州法委員會議通過）

sec. 2. 注意標準：組合策略；風險與盈利之目標

　　一、受託人應作為謹慎之投資人，考慮信託之目的、期限、分配條件與其他情況，來投資與管理信託資產。為符合此標準，受託人應實施合理之注意、技巧與警覺。

　　二、對受託人有關個別資產之投資與管理之判斷，應作為整體信託組合與整體投資策略之一部，而不應作孤立之評估。

　　三、受託人在投資與管理信託資產時，應考慮包含下列與信託或其受益人有關之情況：

---

❸　Reutlinger, op. cit., p. 223.

㈠一般經濟情況。

㈡物價貶值或通貨緊縮之可能影響。

㈢投資決定或策略在稅捐上之結果。

㈣每個投資或行動在整體信託組合所占之角色，可能包括財政資產。

㈤自收益與資料評估所得之全部盈利。

㈥受益人之其他資源。

㈦資金流動性之需要、收入之經常性、資本之維護或升值。

㈧資產與信託之目的，或與受益人中一人或數人之特別關係或特別價值。

㈨受託人應作合理努力以證實有關信託資產之投資與管理之事實。

㈩受託人可投資在與本法標準相符之任何種類財產或投資種類。

(十一)有特別技巧或專業之受託人，或其任命係信賴自稱有特殊技巧或專業之受託人，有義務運用此等特別技巧或專業。

第八節　分配收益之義務

受託人有向受益人分配並支付信託收益 (income) 之義務。信託文件訂定收益是否可保留不支付而將其累積起來。依美國法，除信託文件另有規定外，受託人可以合理之間隔，支付收益予受益人或替受益人向其債權人支付。例如可依照受益人之需要，每月、每季或每半年支付一次。又受託人為了支應現在或預期之支出，可將收益暫緩支付。例如，當受託人知悉當年底須支付龐大稅捐時，可在年初將收益之一部留住，並為該年稅捐成立一預備金 (reserve)[38]。

又在受益人有權收取收益時，如信託文件無明文授權，受託人不可只因受益人當時不需要金錢，而保留給付，亦不可只因收益不能滿足收益受益人之需要，而動用信託之原本。受託人如無授權，不可依照受益人個別需要支付收益。通常如信託文件未訂定支付日期，則受益人可要求受託人在合理間隔之時期支付收益。受託人對不該支付之人支付或多付，即使出

[38] Stephenson & Wiggins, op. cit., p. 250.

於善意，亦應對正當受益人負責。對信託文件之錯誤解釋，或對法律或事實認知之錯誤，通常不能作為免責之抗辯。為了在對信託管理責任有疑義時取得保護，在英美受託人須向管轄法院請求指示，如經獲准，則通常可使受託人免除責任。

　　受益人應以公平合理方法，在不同受益人之間，分配信託收入。問題是特定收入究應作為原本抑作為收益處理？如何認定？通常信託原本係指原始信託財產（自委託人或遺產交與受託人者）連同任何取代原信託財產之財產（諸如因投資所得之現金與債券之類）。而收益則係利用信託原本而獲得之財產（諸如銀行存款之利息，房屋之租金）❸⁹。

---

❸⁹ 關於美國法受託人在原本與收益之間，應如何分攤收入與費用，此間問題極其複雜，以下姑舉數例以明之：

1. 信託財產出售之損益

　出售信託財產之價金通常認為信託原本，包括超過成本之利潤。又出租出售之損失亦歸信託原本。

2. 受託人基於信託財產公用徵收所領補償，或因建物毀損滅失自保險人所領賠償金，視為信託原本。

3. 因訴訟或和解所收領之金錢

　(1)如對受託人或第三人之訴訟收到錢，而訴訟基於損害收益受益人之權利而起，則該收入應視為信託收益，而其差額應視為信託原本。

　(2)如受託人對前任受託人違反信託所得之賠償中那一部分應歸信託收益，應視何種利益由於違反信託受到損害而定。違法行為可能只使收益受到損失，或使信託原本之財產價值縮水。例如前受託人不將信託資金投資獲得收益，而無息存於銀行，則只有收益受益人受損。但如前受託人侵占構成信託原本之股票與信託收益存放之銀行帳戶，則原本與收益二者俱受損害，此時所得賠償應按收益與原本來分配。

　(3)又如受託人之承租人違法損害信託財產，則賠償金應認為信託原本，如支票之債務人怠於支付債之利息與原本，則賠償金應分配於二者。

4. 商品化或農業之利潤

　受託人被授權經營商業，例如繼續委託人之買賣，農業或畜牧業。此種企業之利潤在扣除營運支出後之收入應認為利潤，而劃歸信託收益。反之，如營運企業之受託人為了退出該營業，將其設備與股票出售，則該交易之所得通常認為

　　值得注意的是：在管理信託不同階段，受託人除須在受益人之間分配收益外，尚須公平分攤信託管理費用。當信託終結時，又須將資產在收益與原本受益人間分配。不過實務上有許多種收入或費用究應劃歸原本或收益帳戶內，很難劃分。由於收入之分配與費用之分攤乃非常複雜之事務，為了提供受託人指導之用，1931 年美國全國統一州法委員會議 (National Conference of Commissioners on Uniform State Laws) 制定了「統一原本與收益法」(Uniform Principal and Income Act)，並在 1962 年及 1997 年修正，可供受託人依循。

第九節　保持生產力之義務

　　在美國法之下，在許多情形，受託人有義務使信託財產保持合理之生產力，即在適當斟酌原本安全下，使財產維持生產力。因有些信託主要目的是維持信託財產之生產力，當然也有僅在維護財產與分配收益，此時，受託人可能不負維持生產力之義務。

　　受託人通常不可將供投資用之信託資金貸放出去，達不合理之長時間而不投資。有時他可在相當長期間不將資金拿去投資。在通常謹慎之人會將資金投資在高收益之證券，而不犧牲原本安全之情形，受託人不可只基於安全理由，將資金投資在低利之證券。如財產交到受託人手中時不具生產力（例如無人管領或未開墾），則受託人可能有義務將其出售，將價金轉為有生產力之財產。如財產無生產力乃基於其他原因時，則受託人可能有義務將其修理、翻新或改裝，使其具有生產力❹。

第十節　作成文書與報告之義務

一、義務之重要性

　　由於受益人可取得信託財產中一部或全部利益，故信託營運是否適當，

信託原本。

❹　Stephenson & Wiggins, op. cit., p. 247.

受益人須加瞭解，而信託財產之管理係由受託人操控，受益人對信託財產之情況、投資之性質、所收之收益與支出，除非取得相關資訊，通常無法得知。如只由受託人口頭報告，受益人仍無法獲得足夠資訊。

　　基於此等理由，在英國受益人可檢查信託財產、帳目與任何有關信託之文件。受託人有義務保存交易記錄及通信，取得所有支出之憑證 (vouchers)，加以維護。同時由於作為通常謹慎商人，替別人營運事業，故亦須依照公認會計制度建立簿記記錄 (entries)，通常各項目分為原本與收益，俾在原本與收益之收入、費用支出及分配予受益人之標題下，信託工作隨時有整齊記錄供相關人檢閱。此種報告應表明所有收支，增減及買賣、互易及分配之盈虧。

　　報告之義務甚為重要，因其係解決信託內部爭議之第一步，受益人對報告內容如能異議而怠於提出時，構成承認。但應列而未列報告之項目或虛偽提出之項目，並不妨礙受益人日後之檢閱。受益人可反對將特定項目列入報告文件 (例如受託人花費信託資產在有爭議之目的)，或要求將其項目刪除。

　　英美法對報告義務極為重視，受託人除應向受益人提出外，亦應向法院提出報告，並經法院審核認可[41]。報告義務通常不可由委託人預先拋棄，但可加以修改，因免除乃悖於信託之本旨，正如忠實義務乃信託本質之要求一樣，但受益人如有完全行為能力，則可拋棄[42]。

二、我國法之規定

　　㈠我信託法亦規定「受託人就各信託應分別造具帳簿，載明各信託事務處理之狀況。受託人除應於接受信託時，作成信託財產目錄外，每年至

---

[41]　在美國公司受託人之信託部門定期由美國錢幣司 (Comptroller of the Currency) 予以檢查，如係國家銀行，則數個聯邦儲蓄銀行 (Federal Reserve Banks) 之代表、聯邦存款保險公司及州銀行機構會調查此等受託人所作記錄與帳目之正確性、投資及其他行政程序。參照 Bogert, op. cit., p. 494。

[42]　Mennell, Wills and Trusts in a Nutshell, p. 315.

少定期一次作成信託財產目錄，並編製收支計算表，送交委託人及受益人」
（第 31 條第 1 項）。即受託人應造具帳簿、信託財產目錄及收支計算表，
但是否應保存支出憑證則無明文，惟帳簿解釋上應按公認會計制度建立。
日本新信託法第 13 條明定：「信託之會計按一般認為公正妥當之會計慣行
辦理」。由於委託人與受益人僅定期收到信託財產目錄及收支計算表，為期
對信託管理之瞭解，有閱覽、抄錄或影印相關文書，並請求受託人說明信
託事務如何處理之必要。故我信託法規定：「委託人或受益人得請求閱覽、
抄錄或影印前條之文書，並得請求受託人說明信託事務之處理情形。」（第
32 條第 1 項）受託人怠於履行此等義務，有時可能構成法院解任受託人，
不付或減少其報酬，甚至命其負擔會計程序 (accounting proceeding) 費用之
理由。於有疑問時，此等義務可使法院作出對受託人不利之處理。例如，
沒有收據或憑證、主張之支出有疑問時，可能對該項目不予認可；又如收
入無準確帳目時，可能課以估計之數字。傳統上作成文書或報告之請求權
對受益人乃重要權利，故認為不能以特約免除，但近時亦有學者主張如委
託人同意免除受託人保存正式記錄與帳簿之義務時，並非無效❹。

　　㈡信託關係有機密性，受託人只對受益人負擔提供資訊之義務，此外
除經受益人授權外，不對其他人提供有關信託之資訊。但在受託人與受益
人之間，則須公開❹。如有數受益人存在，例如 A 與 B 二人為 C 終身成立
信託，信託之剩餘財產於 C 身後歸 D。D 對信託與 C 一樣，亦有權取得有
關信託之資訊。但有例外，即利害關係人「於必要時」亦須瞭解有關信託
情況。故我信託法第 32 條第 2 項規定「利害關係人於必要時得請求閱覽、
抄錄或影印前條之文書」。

　　所謂利害關係人除委託人、前受託人、受益人、信託監察人外，受益
人與委託人之債權人、願與受託人為交易之第三人等，亦包含在內。惟該
條所謂「必要時」如何認定？又對其請求受託人可否拒絕？按該條係為保
護利害關係人之公益規定，受託人非有正當理由，不得拒絕。而下列情形

❹　能見善久，《現代信託法》，p. 127。

❹　Stephenson & Wiggins, op. cit., p. 252.

似可認為受託人有拒絕之正當理由：

 1.請求閱覽或說明之必要甚低，而可認為權利濫用時

 2.需要龐大費用或勞力時

 3.有害及信用秩序及請求者以外之人之權利之虞時

 4.在營業時間外或營業場所以外請求時（又參照信託業法第 32 條之 2）

 此外對受託人之義務，尚有國家之監督，即在公益信託，我信託法規定：「受託人應每年至少一次定期將信託事務處理情形及財務狀況，送公益信託監察人審核後，報請主管機關核備並公告之。」（第 72 條第 2 項）

 又關於營業受託人，我新信託業法第 39 條規定：「信託業應每半年營業年度編製營業報告書及財務報告向主管機關申報，並將資產負債表於其所在地之日報或依主管機關指定之方式公告」，違者處以罰鍰（第 56 條）。

 信託法受託人文件保持義務與利害關係人文件閱覽請求權乃互補性之信託事務資訊開示機制，基本上乃以個別信託（土地信託之類）為前提，並未顧及今日集團信託之實情。實務上在一個有無數受益人之合同運用之集團信託，一個受益人行使閱覽請求權，會同時涉及其他受益人之資訊開示，此時常發生其他受益人隱私權保護與利益侵害之問題。尤其在營業信託，自信託基金全體觀之，對於只持有極少額受益權之受益人，要逐一說明與受益人無何利害關聯之基金全體運用經過與事務處理之細節，並非適當，且亦無此必要。故有學者主張在集團信託之公司受託人可援用權利濫用等法理，對受益人等之文件閱覽請求權及說明請求權加以適當之限制或活用信託管理人（相當於我信託監察人）制度，將資訊開示對象限定於信託管理人，而個別受益人等請求開示資訊時，應透過信託管理人開示必要範圍內之資訊[45]。

 關於集團信託受益人之此種權利，我新信託業法第 32 條之 2 亦設有特別限制規定，即：「信託業辦理信託資金集合管理及運用，或募集共同信託基金，持有受益權百分之三以上之受益人，得以書面附具理由，向信託業請求閱覽、抄錄或影印其依信託法第三十一條規定編具之文書。除有下列

---

[45]　新井誠，《信託法》，p. 169。

情事之一者外，信託業不得拒絕：

一　非為確保受益人之權利。

二　有礙信託事務之執行，或妨害受益人之共同利益。

三　請求人從事或經營之事業與信託業務具有競爭關係。

四　請求人係為將閱覽、抄錄或影印之資料告知第三人，或於請求前二年內有將其閱覽、抄錄或影印之資料告知第三人之紀錄。」

第十六章　受託人之責任

第一節　受託人對受益人之責任

受託人對受益人就信託義務之違反負責❶。受託人違反信託可分為給付義務之不履行與使信託財產蒙受損失二種。對受益人之給付，名義上雖由受託人負責，實質上係由信託財產負債務與責任。惟受託人在不履行時，應單獨負人的責任。受託人有數人時，負連帶責任（信託法第29條）。信託法在受託人有違反信託行為時，規定「委託人、受益人（或其他受託人）」對受託人得請求賠償損害或回復原狀。此種情形包括：

㈠因管理不當致信託財產發生損失（信託法第27條）。

㈡違反信託本旨處分信託財產（信託法第18條）──雖主要為不能撤銷之情形，但可撤銷之情形亦包含在內。

㈢違反分別管理義務（信託法第24條）之情形。

其他可參考上述第十五章受託人之義務之說明，茲不贅述。

受益人可由於事前同意或事後追認，或確認受託人之交易行為，或由正式之責任之解除而使受託人免責。但須有行為能力，且知悉所有相關事實及他們在該交易之法律上權利。

第二節　受託人對第三人之責任

一、英美法

在英美傳統信託法下，受託人為處理信託事務與第三人簽訂契約，或

---

❶ 賠償準備金：我新信託業法為保障受益人之權益，對信託業課以提存賠償準備金之制度，即規定：信託業為擔保其因違反受託人義務，而對委託人或受益人所負之損害賠償、利益返還或其他責任，應以現金或政府債券，提存賠償準備金於中央銀行。委託人或受益人就此項賠償準備金，有優先受償之權（第34條參照）。

為侵權行為，究竟對第三人負個人責任 (personal liability)，或只有代表性責任 (representative liability)？例如受託人甲與第三人乙簽訂契約，由乙提供勞務予信託，傳統上甲個人要對任何契約之違反負責，即使該契約是在授權範圍內，或契約載明甲是受託人，除非契約明白免除甲之個人責任。同樣在信託過程中，由甲或甲之代理人 (agent) 對第三人乙所作侵權行為，即使甲個人並無侵權行為，甲也要對乙負個人責任，即乙對甲正如信託不存在一樣，可主張權利。

惟如上述契約係正當簽訂，或甲對侵權行為沒有過失，則甲可在信託資產足夠償付之額度內，對信託財產有求償權 (right of indemnification)（通常乙須告甲個人，即使甲有權向信託財產求償），如請求超過信託財產時，受託人個人要負擔損失，當然如契約逾越受託人之權限，或侵權行為來自受託人自己之過失時，則仍須負個人責任，而對信託財產無補償請求權❷。

---

❷　一、受託人對他個人、受僱人在處理信託事務過程中所作之侵權行為，例如誹謗、傷害，負個人責任。例如受託人保有改建的信託不動產，因過失致建物一部發生危險，或託人修理樓梯，而工人疏於注意，致承租人因房子瑕疵受傷。英美普通法只承認具備法律上之人格者方能為侵權行為人，受託人不被認為具備與受託人個人分立之另一法律上之人格。訴訟上以受託人為被告，可自受託人自己財產取償，而不問信託財產是否足以支付，亦不問受託人是否能自信託財產獲得補償。

二、現今制定法之趨勢是於下列情形時可以受託人身分控告受益人，自信託財產取償（取代受託人個人責任）：

　　1.如受益人被賦予介入或採取其認為適宜行動之機會，且侵權行為乃受託人業務活動之普遍事故。

　　2.或受託人個人並無過失。

　　3.或侵權行為增加了信託財產之價值。（參照 Bogert, op. cit., p. 464）

三、受託人侵權責任之免責權 (indemnity)：

　　受託人對侵權行為可自信託財產補償之情形如下：

　　1.他個人並無過失。

　　2.即使受託人個人有過失，但侵權行為乃受託人正當從事活動之正常事故 (normal incident)（如經營報紙，受託人有時被他人告誹謗）。

由於傳統原則之嚴苛，美國許多制訂法已加以修正，例如「統一遺囑驗證法」(Uniform Probate Code，簡稱 UPC)，規定受託人只負代理人責任。因此除契約另有約定外，受託人對以受託人身分，在信託財產管理過程中，正當締結之契約不負個人責任，除非不當訂立或怠於透露其受託人之身分，與在契約上怠於指出該財產係信託財產 (UPC §3-808 (a), §7-306 (a))。同理在 UPC 下，受託人對其所作侵權行為，只有在其個人有過失時，才親自負責 (UPC §3-808 (b), §7-306 (b))，否則乙須以代理人身分告甲，而直接自信託財產取償。

二、我國法

㈠概　說

我信託法第 30 條「受託人就因信託行為對受益人負擔之債務，僅於信託財產之限度負履行之責任」，此乃仿日本舊信託法第 19 條之規定，即規定受託人有限責任。因受託人法律上雖係信託財產之權利人，實質上不過為受益人之管理人，故由信託財產所生之經濟上利益與不利益原則上歸屬

3.侵權行為增加了信託財產之價值（如將他人動產與信託財產混合，致信託財產增加價值）。

在有免責權時，受託人可：

1.以信託財產支付他人侵權行為賠償之請求。

2.於自己償付後，再向信託財產求償。（參照 Bogert, op. cit., p. 469）

四、受託人對契約之免責權：

受託人在其職權範圍內所締結之契約，且謹慎締結時，有權自信託財產支付債務，受託人可由於下列情形主張免責權：

1.自信託財產支付契約債權人。

2.對他以自己資金墊付之款項，向信託財產求償。

3.留置信託財產，至他以自有資金支出之款項獲償為止。

如某契約依信託條款乃違法不當，則受託人對其契約責任無免責權，但在因履行契約增加信託財產之價值範圍內可取償。（參照 Bogert, op. cit., p. 458）

例如受託人有權購買不動產，但同意付過高價格，則在合理價格限度，可自信託財產取償。

於受益人（即以受益人之計算為之）。

㈡受託人對第三人之契約責任

1.權限內之行為

⑴受託人按信託本旨處理信託事務，對第三人負擔債務時，受託人之責任為何？信託法並無明文，解釋上受託人應負無限責任❸，即對第三人與信託財產負連帶債務，亦即受託人就信託與第三人為交易時，如債務以信託財產不足清償時，交易相對人可就不足部分對受託人之固有財產予以執行。受託人對第三人可謂負擔一種類似無分擔部分之連帶債務❹。惟在與相對人交易時，不妨以特約將責任範圍約定以信託財產為限，受託人本身不另負責。又在共同受託人之情形，受託人應負擔連帶債務（信託法第 29 條）。但信託財產如債務超過時，有無必要適用為擔保債權人間公平之破產法？不無問題。日本學者以為信託財產一如遺產，有承認破產能力之必要，且隨著受託人有限責任化，有另採取保護債權人措施之必要。故日本新信託法特以明文創設所謂限定責任信託（第 216 條）。即就因有關信託事務之交易所生債務之責任財產限定為信託財產，同時為保護信託債權人起見，定有若干配套措施，包括以約定之登記為此種信託之效力要件（第 216 條），須對交易相對人表示此信託為限定責任信託（第 219 條），課受託人作成會計帳簿等義務（第 222 條）及課對第三人之損害賠償責任（第 224 條），就對受益人之信託財產之給付定有給付限制（第 225 條），對違反限制之填補責任（第 226 條）等。

⑵信託法就信託財產發生之義務與處理信託事務之義務之情形相同，受託人負個人之債務與人的責任。

2.權限以外之行為

受託人以受託人之資格所為權限外之行為（包含違法行為），原則上不拘束信託財產。只有受託人自己對第三人負擔債務與責任，其中又分為：

⑴基於一般權限以外之行為所負無權代理人之責任。

⑵違反信託本旨之處分行為被受益人撤銷（信託法第 18 條）時，可能

---

❸　新井誠，《信託法》，p. 173。

❹　四宮，新版，p. 73、287；新井，前揭，p. 173。

須對相對人負無權代理人之責任❺。

　　⑶關於正常事務處理所生之債務，因不履行而變為損害賠償債務時，就超過本來給付內容之部分應負責任。

㈢受託人對第三人之侵權行為責任

1.受託人之侵權行為

　　⑴受託人處理信託業務或在處理之際，對第三人作了侵權行為，由何人負責？

　　由受託人個人負責，被害人可請求受託人賠償損害，基於判決對其個人財產強制執行。

　　⑵受託人行為構成侵權行為時，信託財產是否負責？

　　可參照民法上法人侵權行為之規定處理，受託人個人與信託財產均應負責。美國信託法整編第二版追加第 271A 條，自原來信託財產不負責之傳統立場，改為在一定情形下，被害人可向信託財產請求賠償。統一信託法典第 1010 條亦係同樣旨趣。

2.信託財產本身之侵權行為

　　例如在工作物設置或保存有瑕疵之所有人責任，受託人無過失亦負損害賠償責任。惟此時係由受託人負個人責任，抑只由信託財產負責？美國統一信託法典第 1010 條就土地所有人無過失負責之環境責任 (CERCLA (42 U. S. C. §9607)) 規定：無過失之受託人不負責，於其有過失時，其個人才負責任。其結果，受託人無過失時，只有信託財產負賠償責任❻。

第三節　受託人之刑事責任

　　受託人將受託之金錢侵吞入己或因違反義務致受益人受損害之行為，

---

❺　受託人因違反信託本旨之處分行為，被受益人撤銷時，與權限以外法律行為無效之情形相同，受託人仍應負無權代理人之責任。但如符合信託法第 18 條所定撤銷之要件時，相對人就違反信託本旨往往有惡意或過失，故實際上受託人應負無權代理人責任之情形似不多見。（四宮，新版，p. 288 以下）

❻　參照能見，前揭，p. 231 以下。

可否成立侵占罪與背信罪，在英美與日本信託法書籍極少提到。在美國很多州，由於受託人故意、明知或毫不介意 (reckless) 之行為（但非單純過失）所致之信託違反，可能負擔刑事責任。其罪名常稱為「濫用」(misapplication)，其刑度視受託人不正行為致遭危險之金錢數量而定。重者可能面臨數十年之徒刑。但須注意在這些制定法大多規定其判罪不需受託人因「濫用」而受領利益。如受託人獲得利益，則法院可能另科以竊盜 (theft) 與侵占 (embezzlement) 等其他罪名❼。在日本如貫徹信託之通說，則信託財產乃受託人之物，並非刑法上「他人之物」（刑法第 335 條），故不成立侵占罪。又受託人將信託事務作為自己事務處理，故非刑法上「為他人處理事務」（刑法第 342 條），從而亦不成立背信罪。但此種看法不通，且日本判例認為為了收取債權所成立之信託，受託人將收取之金錢花掉，成立侵占罪；又由於出賣或設定擔保權，以籌措金錢為目的所為之「信託買賣」，買主為了自己利益出售標的物予第三人之行為，成立背信罪；亦即認為受託人可成立侵占罪與背信罪。又學者以為受託人此等行為對共同受託人雖不能成立犯罪，但在對信託財產（其背後之受益人）之關係上，可成立犯罪❽。

拙見以為，處理信託事務乃為受益人辦理事務，信託財產乃特殊之獨立財產，非受託人固有財產，不能拘泥於形式上信託財產屬於受託人名義，即排除成立侵占與背信罪之可能，反生違反信託本質與不合正義之結果。故原則上受託人如惡意違反信託本旨，將信託財產侵占入己，或嚴重違背信託本旨之行為致信託財產受損，如有積極證據，無妨成立侵占罪與背信罪，但其犯罪構成要件宜從嚴認定，以免對受託人動輒得咎，不願勇於任事，反有害受益人之利益。

---

❼ 參照 Beyer, Wills, Trusts & Estates (2 ed.), p. 432，又 Bogert 氏謂：在昔日受託人違反信託即使詐欺，亦不成立犯罪，但現代制定法 (statute) 常將受託人挪用信託財產 (appropriation) 定為竊盜 (larceny) 或侵占。(Bogert, op. cit., p. 566) 使受益人多了一種救濟手段。

❽ 四宮，新版，p. 286 以下。

第十七章 受託人之報酬

第一節 英國普通法

依傳統英國法之基本原則，受託人之職務為無償，不能取得報酬或利益。此原則之由來，部分係由於過去受託人常為委託人家族之一員或係資產家 (persons of substance)、或彼此間有血族關係 (kinships) 之故。在十八世紀確立之原則，往往發生違反衡平之結果，對受託人過酷或不合邏輯。

但近來已漸承認資產之管理需要專業，因此現在英國以專業之顧問，諸如律師 (solicitor)、會計師或銀行信託公司作為受託人之現象非常普遍。此類受託人只有在獲得充分補償之下，才要承受信託。

深度研究 ....

今日英國法對上述受託人無償之原則承認下述例外：

一、信託文件有規定

二、通常信託公司與公設受託人 (public trustee) 按標的價額收費。公設受託人擔任通常信託所收費用主要標準如下：

（一）受理費

第一個 50,000 英鎊	收 1.25%
超過 50,000 英鎊部分	0.5%
最少收費	175 英鎊

（二）管理費

第一個 30,000 英鎊	1.5%
30,000 至 150,000 英鎊	1.25%
150,000 至 375,000 英鎊	0.75%
375,000 至 2,500,000 英鎊	0.5%

超過 2,500,000 英鎊   0.2%

最少收費   25 英鎊 ❶

第二節　我國法

一、不採無償主義

　　日本舊信託法仿英國傳統，原則上採無償主義，在承受信託為營業及有支付報酬之特約時，例外可接受報酬。由於信託係以信賴關係為基礎，與民法上之委任如無特約乃無償同樣，原則上為無償單務契約，只有有特約與營業信託，始為有償與雙務契約。惟日本實際上信託幾乎都是營業信託與有償信託，該法採取無償原則，並非務實作法。

　　鑑於我國今日工商社會，信託幾乎皆係營業信託與有償信託，與昔日英國信託初始時代迥異，欲求受託人無償承受信託殊屬難得。故我信託法於第 38 條規定：「受託人係信託業或信託行為訂有給付報酬者，得請求報酬」，以符實際。所謂「訂有給付報酬」之約定，除訂定報酬本身外，尚包含報酬之支付義務人、支付方法、支付財源之特約，受託人可依此特約請求報酬。特約可分為兩種，其一為在信託行為訂定，其二為在另一個附隨行為上訂定。又特約不但委託人，且受益人亦可訂定，又自信託財產支付之特約及以受益人為支付義務人之特約亦有可能 ❷。我信託業法第 19 條第 1 項第 9 款明定，信託契約應以書面訂定，並應記載受託人之報酬標準、種類、計算方法、支付時期及方法。亦即報酬為信託契約之必要記載事項。

二、訂定給付報酬之人及數額

㈠由委託人訂定或約定之情形

　　不但委託人且受益人亦可為報酬之約定 ❸。如信託行為訂定或約定給

---

❶　參照 Oakley, op. cit., p. 530。

❷　松本，前揭，p. 204。

付報酬，而未訂定具體數額或基準時，可解為相當之數額，分述如下：

1.支付義務人未訂定或約定時，其支付義務人，可解為在生前信託為委託人，在遺囑信託為信託財產本身。

2.在遺囑信託，訂定委託人之繼承人為支付義務人時，只有在繼承人承認時，繼承人始負支付義務。

3.也有可能訂為自信託財產支付，或以受益人為支付義務人。亦有可能訂定或約定由委託人或其繼承人與信託財產受益人等負連帶支付義務❹。

(二)由受託人訂定之情形

如委託人准許受託人訂定自己之報酬時，則除所定不合理外，依受託人之決定。

銀行或信託公司多訂有費率表，除另洽報酬外，通例要求委託人接受。費率會因不同財產標的物之種類，如現金、證券、抵押權、共同信託基金及不動產有不少出入。但通常是基本費 (base charge) 加上按信託原本價值一定百分比之年費。此百分比自小信託 $\frac{2}{3}$ % 至大信託遞減，另加上在移轉信託原本時，收取按所分配財產價值之一定百分比之分配費。

(三)由受益人約定之情形

受益人約定自己給付時，固有給付義務。亦可能約定自歸屬於受益人之信託財產中支付。

三、報酬給付之時期

原則依當事人之約定，無約定時，可類推適用民法第548條有關委任之規定。即受託人非於信託義務之履行終了後不能請求。又信託因不可歸

---

❸ 又須注意：美國有若干州制定法訂有費率表，於委託人未明定報酬時予以適用。各州制定法所訂費率通常是向上遞減，較小信託收較高百分比。通常規定每年收取收益佣金，但有完全自信託收益支付，亦有由收益與原本分收，或由法院裁量將其一部由信託原本負擔。參照 Bogert, op. cit., p. 510。

❹ 松本崇，前揭，p. 204。

責於受託人之事由終了時，可按其履行之比例請求報酬。又若以期間定報酬時，非於其期間終了後，不能請求（參照日民第 648 條）。

受託人管理信託財產後，若信託行為變成無效或被撤銷時，受託人雖不能基於信託行為請求報酬，但可基於無因管理或不當得利請求❺。

如受託人之報酬可自信託財產收取，而被積欠時，依我信託法第 43 條準用第 39 條第 1 項、第 3 項、第 40 條及第 41 條之規定，受託人亦得以信託財產充之或出售，但須其權利之行使不致不符信託目的為限。又於信託財產不足清償或因不符信託目的不能出售時，亦可向受益人請求清償或提供相當之擔保（但性質上不生補償或清償債務問題），惟此時須受益人無拋棄其權利及受託人完全履行職務為前提，如受託人違反信託，不須先負填補信託財產之損失，則違反衡平，故信託法規定此時受託人非履行其義務後不得行使權利（第 44 條）。又此請求權亦因二年間不行使而消滅（第 40 條第 4 項）。又在此請求權未獲滿足前，受託人可拒絕移交信託財產予受益人（第 41 條）。

又注意信託法第 23 條規定，受託人因管理不當致信託財產發生損害或違反信託本旨處分信託財產時，委託人、受益人或其他受託人得請求以金錢賠償信託財產所受損害或回復原狀外，並得請求減免報酬❻。

四、信託報酬之增減

我信託法第 38 條第 2 項又規定：「約定之報酬，依當時之情形，或因情事變更顯失公平者，法院得因委託人、受託人、受益人或同一信託之其他受託人之請求增減其數額。」此項法院增減約定報酬數額之規定，除「因情事變更顯失公平者」一詞，係情事變更原則之一應用外，所謂「依當時之情形顯失公平者」，通常固指報酬與信託事務之繁簡，受託人責任之輕重不成比例之情形，但亦可參酌美國認定報酬是否合理之基準加以補充。按美國法院考慮之因素係包括：所收取與分配收益與原本之數目、受託人工

---

❺　大審判昭 15.3.9 評論二九卷民法，p. 668；另松本崇，前揭，p. 205。

❻　當受託人犯重大違反信託之行為時，法院有權減少報酬之一部或全部。

作成功或失敗、受託人擁有與使用之任何特殊技能、風險與責任之程度、所耗時間、完成工作之性質（例行性或非常困難）、受託人之服務對受益人之價值等，以期周延❼。此外該項並不以對受託人一方太苛為限，對委託人或受益人任何一方過重之情形亦包括在內；惟均須依訂約當時有顯失公平之情形，始足當之；與情事變遷原則，只因事後客觀情事變更，發生訂約時不能預料之情形，如按原約定對任何一方顯失公平之情形，須加以區別。故無論訂約當時或嗣後，如合於上述要件，法院可增減其數額，惟須待委託人、受託人、受益人或同一信託之其他受託人之請求。本條未提及委託人之繼承人，在理論上似亦應包括在內，因委託人之繼承人往往為給付義務人或有利害關係之故。

---

❼　Bogert, op. cit., p. 508 et seq.

第十八章　受託人之權利

第一節　稅捐、費用或債務負擔之求償權

受託人對外負無限責任，其情形包含：

一、受託人為了正當遂行信託事務，而與第三人為交易所支出之費用或負擔之債務。

二、就信託財產或處理信託事務所支出之稅捐或公課。

三、直接起因於信託財產所成立侵權行為之民法工作物責任。

關於信託財產之稅捐、負擔或信託財產管理上當然發生之費用（例如修理費、居間人之服務費等），只要信託關係存續，會經常發生，自應由信託財產本身負擔。此種義務可謂為與來自信託財產本身之權利相對應，包含與「處理信託事務所生之權利」相對應之義務。此等費用原由信託財產之機關即受託人，自信託財產（實體）之中清償為已足。但受託人個人先負擔債務，再自信託財產中清償，或個人先以固有財產向第三人清償，然後再向信託財產求償，均有可能。

又受託人在處理信託事務之際，自己無過失而蒙受損害時，受託人如不能向信託財產求償，不僅對受託人過苛，且將使有能力之人不願受託，或不願積極處理信託事務，對信託制度反生不利影響。故我信託法第39條規定：「受託人就信託財產或處理信託事務支出之稅捐、費用或負擔之債務，得以信託財產充之。前項費用，受託人有優先於無擔保債權人受償之權。第1項權利之行使不符信託目的時，不得為之」。即對此等費用與損害，排除信託法第35條禁止受託人將信託財產轉為自有財產或取得權利之原則，使受託人可自信託財產本身獲得求償。

一、以信託財產充之或出售信託財產

信託法第39條所謂「得以信託財產充之」乃可出售信託財產，自其賣

得價金取償之意。

按信託財產中金錢充足時，自可由其中受領補償，但若不充足，則可出售信託財產，自其價金中獲得補償。受託人信託財產之管理，通常可將信託財產出售處分。本條乃行使其個人之補償請求權，為超越管理權限範圍之行為，從而須由本條特別承認，以免成為違反第35條之行為，致其效力不能被承認。

受託人此種求償權之性質如何，有認為債權，亦有認為係自信託財產直接扣除補償額之一種形成權。按信託財產乃與受託人獨立之主體，故此種權利本來含有受託人對信託財產請求權之性質，於受託人任務終了後，成為亦可對信託財產強制執行之請求權（第75條）。只是在受託人在任中，便宜上承認自助行為而採一種形成權之形式。

第39條第3項所謂「權利之行使不符信託目的時，不得為之」，此句為我信託法所增，究何所指？按行使求償權，受託人雖可出售信託財產，但如導致信託財產喪失，同時因信託目的不能達成時，信託不能不歸於終了。而受託人善良管理人之注意義務，包含完成信託事務。因此出售信託財產之行為與善良管理人之注意義務，乃至完成義務，基本上居於對立關係，從而受託人為行使求償權，並非可隨時出賣信託財產，而在與善良管理人之注意義務關係上，受到一定之制約❶。

同條第2項規定，「前項費用，受託人有優先於無擔保債權人受償之權」，故其順序似應在有擔保物權之債權人之後。此處所謂「費用」應解為包含第1項稅捐、費用或負擔之債務三者，始能貫徹立法之意旨。

關於此優先權之性質如何，在日本法頗有爭論，實則此種優先權乃信託法特別承認之特殊擔保權，可謂為類似英美法上 lien 之特殊擔保權❷。在受託人更迭及信託終了之際，發生留置的效力。為了以此優先權對抗第三人，必要將信託公示及占有標的物❸。

---

❶　新井，前揭，p. 178。

❷　四宮，前揭，p. 140。

❸　松本，前揭，p. 209。

二、受託人得向受益人請求補償，或清償債務，或提供擔保

受託人就信託財產或處理信託事務所支出之稅捐、費用或負擔之債務或所受之損害（信託法第 42 條），歸根究底乃受託人為受益人而負擔或蒙受，故信託財產不足清償或換價困難時，為保護受託人，信託法特賦與其對受益人之直接權利。即受託人得向受益人請求補償，或清償債務，或提供相當之擔保。但信託行為另有訂定者不在此限。此項請求權因二年間不行使而消滅（第 40 條）。所謂「信託行為另有訂定」，包括訂定(1)不得向受益人行使此等權利，或(2)不必先以信託財產充之或不須具備信託財產不足清償之條件，逕可向受益人請求，或(3)可同時向信託財產及受益人行使請求權，或(4)可先對受益人請求提供擔保等多種情形。依尊重當事人意思之原則，自應從其所定。故第 40 條第 2 項規定「信託行為訂有受託人須先對受益人請求補償或清償所負之債務，或要求提供擔保者，從其所定」不過為信託行為特別訂定之一例而已，實際上並不以此為限。

如上開受託人之救濟權利未獲滿足（含信託財產不足，及向受益人請求，亦未獲滿足）時，則受託人可拒絕移交信託財產予受益人。但如受益人拋棄其權利（受益權）時，則不在此限。

三、受益人不特定及未存在時之處理

日本舊信託法第 36 條第 2 項但書規定「但受益人不特定及未存在時，不在此限」。因補償請求之相對人尚未特定或不存在時，無法行使權利。我信託法第 40 條就此點未加規定，諒可作同一解釋。又受益人不特定及未存在時，受託人可否對信託監察人請求補償？

按信託監察人之職責係在維護受益人之利益，監督受託人之執行職務。故為保護受託人之補償請求權，如使信託監察人與受益人現存且特定時相同，與受益人負相同之義務，並不適當。又由於受益人不能被強制接受其利益，故如放棄受益權，則免除伴隨受益人之地位之義務，自屬當然❹。

---

❹　松本，前揭，p. 210。

四、受託人違反信託義務時，須先履行賠償等義務，始可出售信託財產或向受益人請求

我信託法所定受託人出售信託財產，或向受益人請求等權利，乃基於信託財產之機關之地位之負擔，使其歸屬於本來應負擔之信託財產或受益人，故須以受託人完全履行信託財產機關之義務為前提。如其有違反信託之事實，不須先負填補信託財產之損失、回復信託財產原狀或返還利益之義務（信託法第 23 條）而許其行使此等權利，則與衡平原則不合，逸脫第 39、42、43 等條為保護受託人所特設第 35 條例外之旨趣。故受託人非先履行第 23 條或第 24 條第 3 項所定損害賠償、回復原狀或返還利益之義務，不得行使此等權利。

第二節　因信託事務所受損害之求償權

受託人因管理信託財產或處理信託事務可能蒙受損害，例如因收取出租信託財產之租金，發生車禍或被人毆傷，或因信託財產之變質、爆炸，致自己之固有財產受到波及，或身心受到傷害，或依民法第 191 條所有人責任之規定，對第三人負賠償損害義務。此時受託人在法律上有何救濟？我信託法第 42 條規定此時亦準用第 39 條至第 41 條之規定。因此等損害乃因執行信託事務所引起，自應由信託財產填補受託人固有財產之損失，故自衡平之立場，在受託人個人與信託財產之間成立一定之補償關係❺。此與受任人處理委任事務因非可歸責於自己之事由致受損害者，得向委任人請求賠償（民法第 546 條第 3 項）之理由相同。又此項支出乃信託財產本來應負擔之費用，受託人以其固有財產墊付，對信託財產乃一種不當得利，故受託人有返還或求償請求權。

詳言之，受託人如無不符信託目的，可出售信託財產，但須先履行損害賠償，回復原狀或返還利益之義務。又於信託財產不足清償，或因不符信託目的不能出售，且受益人無拋棄權利時，可請求受益人補償其損害，

---

❺　松本，前揭，p. 207。

或提供擔保。如受託人有過失時，準用民法第 217 條過失相抵之規定，不能如數獲得賠償。又此請求權因二年間不行使而消滅。此項期間似為時效期間。又受託人於此種權利未獲滿足前，可拒絕移交信託財產予受益人。

受託人對信託財產與受益人權利一覽表

權利項目	可否出售信託財產	出售價金是否優先於無擔保債權人	對受益人是否就「請求補償」、「清償債務」、「提供擔保」，三者之中擇一行使	權利行使其他限制	是否可拒絕移交予受益人
稅捐、費用及負擔之債務（§39）	可出售，條件為： 1.不可不符合信託目的 2.且須先履行損害賠償，回復原狀或返還利益之義務	是	是 1.信託財產須不足清償或因不符信託目的不能出售，但信託行為得另定 2.須受益人無拋棄權利 3.限二年間行使 4.須先履行損害賠償，回復原狀或返還利益之義務		是，條件為： 1.權利未獲滿足，即信託財產不足，及請求受益人亦未獲滿足 2.須先履行損害賠償，回復原狀或返還利益之義務
損害賠償（§42）	仝上	是	但只能請求補償損害或提供擔保，其餘均仝上	受託人有過失時，準用民法第 217 條損益相抵規定	仝上
報酬（§43）	仝上	否	可請求支付或提供擔保，其餘均仝上		仝上

第十九章 受益人之權利與義務

第一節 受益權之內容與性質

一、受益人之權利

受益人之權利基本上為收受信託所得利益，且於信託終了時，受領原本（信託之剩餘財產），前者又稱為收益受益權，後者亦稱為原本受益權。例如受託人甲為單一受益人乙保有信託財產，受益人乙有權請求受託人交付收益與移轉原本。又如甲為乙終身保有信託財產，而剩餘財產交予丙時，則乙有權請求甲交付收益，及履行受託人之其他義務；丙在乙死後有權請求甲交付收益及履行受託人其他之義務。惟上述乃狹義之受益權，信託法為保護受益人之利益起見，又承認各種權利，此乃廣義之受益權，包含下列各種：

㈠請求受託人執行信託。

㈡監督受託人執行信託。

㈢對信託財產之管理方法與委託人及受託人協議變更（第15條），且在因情事變更致不符合受益人之利益時，聲請法院變更（第16條）。

㈣對受託人辭任之同意權（第36條）及於受託人違反信託本旨處分信託財產時，聲請法院撤銷（第18條）。

㈤於受託人管理不當或違反信託本旨處分信託財產時，請求受託人賠償或回復原狀（第23條）。

㈥對受託人違反分別管理義務有歸入權等權利（第24條）。

㈦收受閱覽抄錄信託帳簿、財產目錄等文件及信託事務處理說明權（第32條）。

㈧於受託人違法自信託財產取得權利時之請求權（第35條）。

㈨在受託人違背職務等情形，聲請法院將受託人解任（第36條）。

㈩請求增減受託人之報酬（第 38 條）。

㈢遺囑信託之受託人拒絕或不能接受信託時,聲請法院選任受託人(第 46 條)。

㈡受託人變更時,結算文書之承認權及移交於新受託人時之會同權(第 50、68 條)。

㈢向法院聲請選任信託監察人及新信託監察人之權（第 52 條）。

㈣與委託人共同終止信託（第 64 條）。

二、受益人之義務

受益人之義務與受託人之權利相對應，故受益人所負主要義務如次：

㈠支付受託人報酬之義務。

㈡補償受託人所支出費用與所受損害之義務。

三、受益權之性質

受益權乃受益人之基本權利，惟此權利性質特殊，很難按大陸法系民法上物權與債權之分類，將其解劃歸為債權或物權，而應認為係信託法所創設之特殊債權，除債權要素外，亦含有物權之要素，而與民法上之債權不同，學者以為似宜改自財產權機能之觀點加以分析。即將財產權之機能分為管理權能與收益支配之權能，受託人享有管理權能，而受益人則享有收益與支配之權能。例如在不動產信託，受託人以出租等方法管理信託財產，將所生收益歸受益人受領，其將權利名義移轉予受託人，乃為了賦與其管理權能之目的，而財產權基本之收益與支配之權能，則成為受益權，歸屬於受益人。從而受益人對受託人之信託管理有監督之權限，而收益之課稅亦歸受益人負擔❶。亦有認為受益權類似股份有限公司之股東權，由自益權（獲得經濟上利益之權利）與共益權（乃監督之權限，為保護自益權之補充性權利）而成之複合或包括之權利❷。

---

❶　山田、田中，前揭，p. 94。

❷　新井，前揭，p. 53。

　　受益權為一種財產權，故有讓與性與繼承性。因非所有權，似亦應罹於消滅時效。所需之權利繼續不行使期間需多久？原則上仿一般財產權，似可認為十五年（民法第 125 條）。但在金錢信託等場合，因信託財產為金錢，其受益權實質上相當於金錢債權，故在日本學者以為似可認為較短時效，即十年與一年。而在日本實務上，似多以特約條款對其存續期間加以規定，如非過短，似無特別違法性❸。

深度研究　日本新信託法之新制

　　此次日本新信託法為強化受益人之保護起見，創設了不少新制度：
一、創設受益權取得請求權制度。
二、對受託人違反法令等行為，有禁止之請求權。

　　因信託法對受益人之事後救濟，在受託人無填補損失或回復原狀之資力時，並無意義。又撤銷受託人之處分行為，在相對人善意等無法撤銷時，受益人之法律上救濟有欠充分。故新法規定受託人違反法令或信託行為之規定，或有為此等行為之虞，對信託財產有生顯著損害之虞時，受益人對受託人得請求停止其行為（新法第 44 條第 1 項）。又受託人為違反公平義務之行為或有為此行為之虞時，亦同（同條第 2 項）。

第二節　受益權之得喪變更

一、受益權之發生

㈠自益信託

　　於信託行為發生效力時，由委託人取得受益權。

㈡他益信託

　　此乃民法第 269 條之第三人利益契約，民法規定第三人之權利，於其對債務人表示享受利益之意思時始行發生。但信託法規定被指定為受益人

❸　山田、田中，前揭，p. 95。

之人當然享受信託之利益（信託法第 17 條），即受益權之發生不須受益之意思表示，當然取得，從而委託人在受益人生存期中，難以將受益人變更為他人，受益人死亡後不得另行指定新受益人，此時由受益人之繼承人繼承其受益權。

遺囑信託被指定人於遺囑人死亡之同時當然享受信託之利益。但例外信託行為另有訂定，如須受益人意思表示時，則於受益意思表示（如信託行為無特別訂定，對受託人為之）時，取得受益權，如就受益權之歸屬定有條件或期限時，應從其訂定。

受益人尚未特定（例如以俱樂部會員為受益人之信託，其會員時常變動，無法於信託行為之當時特定。又公益信託之受益人不特定乃其特色）或尚未存在（例如指定為受益人之人尚未出生或法人尚未成立）時，受益權雖已發生，但尚未歸屬於受益人。此時為保護此等人之利益，確保信託之實行，法院可因利害關係人或檢察官之聲請選任信託監察人，代受益人為有關信託之訴訟上或訴訟外之行為（信託法第 52 條）。

被指定為受益人之人為胎兒時，依民法第 7 條「胎兒以將來非死產者為限，關於其個人利益之保護，視為既已出生」之規定，無論在生前信託與遺囑信託，於懷胎時起視為有權利能力，故可取得受益權，惟以死產為解除條件。如將來死產時，受益權亦隨權利能力之溯及消滅而同時溯及的喪失受益權❹。

二、受益之拒絕

他益信託之受益人雖當然取得受益權，唯若不欲享受信託利益時，可拋棄已發生之受益權❺，亦可不接受受益，因法律上不能強制其受益之故。如其拒絕受益時，則受益權溯及的不歸屬於該受益人。如信託行為未指定次位受益人時，則信託因目的不能達成，而向將來歸於終了。為了除去此種不安定狀態，日本新信託法已明定受託人有催告權（第 5 條）。

❹　四宮，前揭，新版，p. 128；施啟揚，《民法總則》，p. 68。
❺　吳文炳，《信託論》，p. 76。

三、受益權取得之效果

㈠委託人原則上不得變更受益人

受益人一旦取得受益權後，除信託行為另有約定外，委託人不得變更受益人，使受益權消滅或變更。

㈡共同受益人間之權利義務

受益人有數人時，稱為共同受益人，其權利義務，除信託行為另有規定外，不似受託人有數人時，為其公同共有（信託法第 28 條），而依民法之一般原則。即如信託行為未定應有部分時，各受益人以均等之比例，取得給付之請求權與義務（民法第 817 條）。從而受益權如有讓與性時，各人除可處分其應有部分外，就各受益人發生之事項，應各別獨立判斷。又其中一人死亡時，由其繼承人繼承其應有部分❻。

㈢受益權既基於信託行為而取得，故受到信託行為抗辯之限制

他益信託受益權雖非贈與或遺贈，但在經濟上發生類似效果，故民法繼承編有關遺贈之承認與放棄以及特留分之規定對於受益權能否準用值得研究。

㈣受益權之行使

一般受益權之行使依民法之一般原則。受益權雖含有物權性，但基本乃債權性質，對受託人之行使原則上不妨與債權同視❼。如受益人對受託人負擔支付報酬義務或費用等償還義務（信託法第 38 條、第 40 條）時，在行使受益權之際，受託人之義務與受益人之報酬支付義務及償還義務具有同時履行之關係。

在受益權證券化之情形，如受益權為無記名證券化時，其行使應提示受益證券。如喪失證券時，不能行使，而須依民事訴訟法上之公示催告程式取得除權判決。至指示證券，則準用無記名證券之情形。

受益權通常固由受益人自行行使，但在受益人眾多之集團信託，當事

---

❻　松本，前揭，p. 186。

❼　四宮，前揭，p. 321。

人往往約定由受益人會議以決議行之,此在我新信託業法已有明文規定❽。

四、受益權之移轉性與扣押可能性

(一)原　則

1.繼　承

受益權有無繼承性? 視受益人有何種受益權, 如為收益之受益權人, 除附有以其死亡為解除條件或終期外, 原則上可由受益人之繼承人繼承。受益權有繼承性時, 在受益人死亡之際, 如委託人欲重新指定受益人, 此時除委託人預先保留變更受益人權限(委託人可在信託行為自己保留變更受益人之權, 或賦予第三人行使)外, 非法所許。在受益權無繼承性之情形, 信託因受益人之死亡而終了。

2.讓與性與設定質權

受益權, 如上所述, 兼具對受託人給付請求權之債權性質及對信託財產物權性質之權利(如第 23 條之受益人回復原狀之權利), 而為一種財產權, 原則上有讓與性, 其讓與有加以規範之必要。故我信託法第 20 條規定:「民法第二百九十四條至第二百九十九條之規定, 於受益權之讓與, 準用之。」本條為我信託法所特有。因此舉凡何種債權欠缺讓與性、從權利隨同移轉(讓與之範圍或對從權利之效力)、證明文件之交付與必要情形之告知、債權讓與之通知、表見讓與(對債務人發生讓與效力之條件)、對於受讓人抗辯之援用與抵銷之主張(債務人對受讓人之效力)等有關規定, 對受益權之讓與均有準用。

3.受益權之讓與與設定質權之要件

受益權原則可設質, 且受益人之債權人原則可對受益權強制執行。

---

❽　我新信託業法規定:「信託業辦理信託資金集合管理及運用、募集共同基金, 或訂定有多數委託人或受益人之信託契約, 關於委託人及受益人權利之行使, 得於信託契約訂定由受益人會議以決議行之。受益人會議之召集程式、決議方法、表決權之計算、會議規範及其他應遵行事項, 應於信託契約中訂定。……」(第 32 條之 1)

在受益權含有指名債權性質之情形，非具備債權讓與與設定質權之對抗要件，受讓人與質權人不能對抗受託人及其他第三人。

(1)無記名證券化之受益權，其讓與或設質，因交付證券而成立，且其對抗要件以此為已足。

(2)在債權證書之受益權之設質，非將證書交付，不生效力。

(3)受益權對象之信託財產，如為應登記或註冊之財產權時，於讓與受益權時，受託人應變更登載❾。

(二)例　外

1.受益權乃一身專屬權之情形

委託人若注重受益人之人的因素，對該人以外之人不予以信託利益時，不應准許繼承、讓與、設質與強制執行，英美所謂扶養信託 (support trust) 屬之。但此屬少數例外，原則上應推定為非一身專屬之性質❿。

2.一般他益信託

在他益信託，即使委託人之意思並非賦予受益人一身專屬權，受益人將受益權讓與他人，並非委託人所預期，故在日本除特別賦予讓與性外，不准讓與及設質之學說甚為有力。但受益權乃兼具債權與物權雙重性質之財產權，即使在他益信託，原則上似應解為亦可讓與或為其他處分⓫。

3.禁止讓與、設質與扣押

(1)委託人在信託行為剝奪受益權之讓與性者，如非永久禁止讓與（此種信託會妨害物資之融通，其超過適當期間之部分，歸於無效)係屬有效⓬。如禁止讓與，則設質亦在禁止之列。但即使禁止讓與，仍可能加以繼承與扣押。因禁止讓與未必即表示具有一身專屬性。又剝奪財產扣押可能性，對第三人有害，可認為違反公序良俗之行為之故。禁止讓與與設質不能對抗善意第三人。應登記或註冊之財產權如將受益權禁止讓與之意旨加以登

---

❾　四宮，前揭，p. 154。

❿　四宮，前揭，p. 155。

⓫　四宮，前揭，p. 330。

⓬　松本，前揭，p. 64。

記或註冊，則可對抗此第三人。又一般在信託證書上有此記載時，則第三人可認為惡意 ⑬。若信託行為不但禁止受益權之讓與，且也禁止扣押之信託，例如浪費者信託 (spendthrift trust) 與保護信託 (protective trust)，雖為英美法所許可，但在日本有認為就禁止扣押部分可解為無效者 ⑭，在我國法下似可為同一之解釋。

(2)受託人對自己所管理信託財產上之受益權取得質權之行為，在日本學說並非立即無效，不過由於實行質權之結果，在單獨受託人成為單獨受益人時，原則上成為信託終了之事由而已。

五、受益權之有價證券化

(一)日本法

受益權有讓與性時，將受益權證券化是否可行？在日本或謂受益人不明確，原則上不准者 ⑮。亦有主張不妨轉換者 ⑯。似以後說較為有力。實際上日本在放款（貸付）信託法（第 8 條）與證券投資信託法（第 5 條）之類特別法，已承認無記名證券 ⑰。但近來有強烈主張：即使無承認證券化之特別法，自民商法理論言之，如在信託行為訂有不致產生困擾之條件，且在證券上記載信託契約之重要條款時，即使將受益權轉換為指示證券與無記名證券亦無妨准許者 ⑱。

(二)我國法

法務部在研議信託法草案時，本書作者鑑於傳統各種民事信託受益權之讓與，多循債權移轉方式行之，作為投資工具尚嫌不夠敏捷靈活，如能以受益權為標的，發行有價證券（謂之受益證券），則受益權讓與，不必經

---

⑬　青木徹二，《信託法論》，p. 309；四宮，前揭，p. 155。

⑭　四宮，前揭，p. 155。

⑮　大阪谷公雄，〈信託受益權の有價證券化〉，《信協》12 卷 6 號，p. 14 以下。

⑯　四宮，前揭，p. 153。

⑰　松本，前揭，p. 62；三菱銀行，《信託の法務と實務》，p. 117。

⑱　前揭日本「信託法改正試案」；四宮，新版，p. 323 以下。

受託人之同意。例如土地信託，受益人倘能隨時將受益權證書背書轉讓，或以移轉占有方式，設定質權，取得融資，可使受益權成為簡便之投資工具，在市場上輾轉流通，當大有助於信託資金之流通，不但可活潑金融市場，且有助於投資人資金早日回收。此乃美、日等國信託制度發展之趨勢與努力之方向，我國於引進信託制度之初，為保留將來發展之空間，實有預為規定，作為將來依循之必要。故倡議於第 37 條明定「信託行為訂定對於受益權得發行有價證券者，受託人得依有關法律之規定，發行有價證券」。如此可藉發行有價證券之方式，將受益權與證券緊密結合。受益權證券化在法律上意義，一方使受益權之轉讓手續簡化，提升受益權之流通性與變現性，同時可使其轉讓受善意取得制度之保護，強化轉讓之法律效力。該法第 37 條規定「依有關法律之規定，發行有價證券」，所謂有關法律，目前最典型者係證券交易法第 18 條、第 18 條之 2。且現今信託特別法准許受益權發行有價證券者更有不少，包括不動產證券化條例，金融資產證券化條例以及證券投資信託及投資顧問法等。

六、受益權之放棄

全體受益人即使放棄受益權，只要不能解為讓與受益權予受託人，則信託財產應復歸於委託人或其繼承人（信託法第 65 條）。

受託人就信託財產或處理信託事務所支出之稅捐、費用或負擔之債務或因此所受損害及信託報酬，受託人雖可請求受益人補償或清償（信託法第 40 條第 1、2 項）❿，但受益人放棄受益權時，則受託人已無法行使此等權利（同條第 3 項）。

但在土地信託此種事業執行型之信託，受託人通常皆借入建設資金，受益人享受自信託財產所生利益，若中途見到損益情況變化而放棄受益權，逃避補償債務等義務時，對受託人有失公平，尤其在自益信託更甚。故受託人為了免於此種不公平之負擔計，對自益信託之受益人，可考慮預先訂有不能

---

❿　受託人為信託財產負擔債務時，將受益人作為借入債務之連帶保證人，與請求受益人補償損害，可生同一效果。

放棄受益權之條款。自私法自治與公平原則觀之，此種特約似屬有效。

反之在他益信託，受益人如不能放棄受益權，不免變成片面強制受益人蒙受不利。從而在他益信託如預先約定：受託人對成為受益人之人，可告知負擔補償等責任，並限期催告是否放棄受益權之條款，似亦屬有效。在將自益信託之受益權讓與第三人之情形，似亦屬相同❷。

七、受益權之消滅

受益權為一種私權，又兼具債權與物權雙重性質，因此如有私權一般消滅事由、以及債權與物權之消滅事由時，則受益權亦歸消滅。但由於信託之特殊性，有下列變異：

㈠信託財產因不可抗力而消滅時，受託人對受益人只以信託財產負物的有限責任（信託法第 30 條）之結果，受益權亦歸消滅。

㈡單獨受託人之地位與單獨受益人之地位，即使歸屬同一人時，亦不遽即發生混同，而使受託人取得完全之權利。因受益權之義務人乃作為實質法律主體之信託財產，而受益權之權利人，乃受益人個人之故。

㈢以信託財產取得該信託之受益權時

除受益權證券化之情形外，受益權因混同而消滅。因受益權係以對信託財產之給付請求權為本體之故。只是此實質上與將信託財產給付受益人有相同結果，故須按信託行為所定給付之條件，如逸脫此條件時，並應經委託人同意❷。

㈣即使全體受益人放棄受益權，只要不能解為受益權讓與予受託人，則此時信託終了，信託財產復歸於委託人或其繼承人（第 65 條）。

㈤受託人不履行信託義務，受益人即使放棄不理，亦不應因此認為受益權消滅，信託歸於終了。

㈥通說以為原本與由受益權派生之個別給付請求權（例如收益請求權）雖因不行使而罹於時效，但其時效期間應考慮受益權之物權的層面，比一

---

❷　三菱銀行，《信託の法務と實務》，p. 121。

❷　四宮，前揭，p. 157。

般時效為長，而解為前者自因信託終了，信託財產返還請求權發生時起，後者自應給付之時起，經十五年而消滅。但信託行為定有更短時效期間，如該期間非屬過短，似屬可行❷。

㈦民法第 1145 條關於繼承權喪失事由之規定於遺囑信託有無準用?該條規定故意致被繼承人於死，或以詐欺或脅迫使被繼承人為繼承之遺囑或使其撤回或變更，或妨害為關於繼承之遺囑，或妨害其撤回或變更，或湮滅被繼承人之遺囑，或對於被繼承人有重大之虐待情事，經被繼承人表示其不得繼承者，當然喪失繼承權。此等規定於遺囑信託之受益人對委託人有類似行為時，可否準用使該受益人喪失受益權，將來國人逐漸利用遺囑設立信託時不免發生問題。由於信託法對此問題尚乏規定，致解釋上不無疑義。

1.受益人故意致委託人或其他受益人於死，或因而受刑之宣告，似可解為可類推適用喪失繼承權之規定，喪失受益權。

2.受益人以詐欺或脅迫妨害被繼承人撤回或變更遺囑信託，或受益人對委託人有重大虐待或侮辱，經委託人表示受益人喪失信託受益權時，似可解為信託之撤銷或變更，此時僅須由委託人向受託人表示撤銷或變更信託行為。

3.受益人偽造、變造、隱匿或湮滅委託人所立遺囑信託之遺囑時，宜類推適用該條規定，解為喪失受益權❸。

4.惟為避免法律適用發生疑義起見，似以在信託法或繼承法明訂相關規定為宜。

---

❷　例如日本貸付（放款）信託約款定有信託契約期間屆滿後 10 年間，受益人對受託人不行使權利時，失其權利。參照松本崇，前揭，p. 66。

❸　陳彥宏，〈論代替遺囑之可撤銷生前信託——以遺產規劃為出發點〉（中興大學法研所碩士論文，1995），p. 164。

深度研究 英美法上受益人之指定權 (powers of appointment) 暨日本新信託法之繼受

一、英美法上受益人之指定權

指定權之意義與功能：

指定權為英美物權法上之特殊制度，為我大陸法系國家物權法所無，亦為英美物權法尊重財產所有人財產處分自由之私法自治原則之一種表現。在英美人們從事資產規劃時，經常在起草信託文件時利用指定權之機制，而使信託之內容更富於彈性，且更能發揮其功能。它是財產所有人為了使其財產處分更有彈性與切合將來實際需要起見，可透過此種指定權，授權他人將來代為分配處分財產。被授權代為決定財產分配之人，取得決定如何分配他人（即授權人）財產之權利。換言之，指定權是財產所有人對其財產將來如何分配不作決定，而指定他人將來在此權利限制下，代他決定他的財產如何分配，或決定由何人、於何時受領多少分量。

指定權之功用甚多，包括為財產所有人爭取充分時間延緩分配財產，甚至減輕稅負等。例如可使某一世代的人將財產傳給孫子女一代，但對於如何精確分配財產延緩決定,同時該權利在他們子女一代的稅負可以減輕。

例如寡婦甲有一子乙，乙已成年，但尚無子女，如甲想為乙成立信託，她可給乙終身信託收益，原本於乙死亡時平均分配予乙的子女。問題是甲無法預知乙將來是否有子女？一共幾人？更不知在乙死亡時，乙之子女實際生活上之需要。甲與其預先隨意分配各人所得的分量，不如將所謂指定權賦予所信賴之人例如乙（或別人），由乙或被指定之人將來再代其決定由何人取得信託原本，以及實際的分量。甲由於創設此種指定權，可使其家產的分配（在此處為信託）切合將來情事的變遷，且可對財產如何使用，延緩作決定，在時間上可達一個世代之久。同時如甲能適當限制乙之權利範圍，則受到此權利限制之財產，於乙死亡時，不列入乙應稅遺產之內。

又例如夫甲三十五歲，妻乙三十二歲，現有三子女，丙男八歲，丁女五歲，另一女戊二歲。他們可望生育更多子女。甲經商已有可觀資產，且

可望自其父繼承可觀財產，乙也可望自其生父繼承資產，但他們目前不需依賴各人父親遺產之收入，且均不知各人父親遺囑之內容。如甲能保證活到通常之平均年齡，則可等到其子女長大結婚後，斟酌子女與他們配偶之實際情況後再對如何分配資產作決定，如此當然最為理想。問題是資產規劃必須立即訂下遺囑等處分方法，即甲現在就要為如何分配資產給現存或將來可能出生之子女作決定，正如甲會於當日死亡一樣。因為甲不知且無法預見將來要供養多少子女、其子女將來經濟狀況、財務需要、身心與品格發展情況、性向與就業能力、有無意外等，包括子女將來是否結婚？婚姻是否美滿？其配偶財務狀況如何？是否也要照顧或供養等？在英美法指定權制度下，甲無須自己作決定，更不必立即作決定，而可將分配財產之權力授予所信賴的人根據後來情況之發展，再替甲決定甲的財產如何分配，而延緩財產分配之決定。

指定權在方式方面，可用生前信託或遺囑。在對象方面，可賦予被授權之人概括或特別之指定權。即被授權之人可以任何自己喜歡之方式，指定任何人受領財產，或只能指定特定之人，或在特定範圍之人（視財產所有人之指示而定）中選擇受領財產之人選。被賦予指定權之人可能是家庭之成員或他人或信託之受託人，且不限於個人行使此種指定權，即授予銀行或信託公司亦無不可❷❹。

二、日本新信託法與指定權

此次日本新信託法似仿英美指定權之制度，承認委託人有委託他人代為行使受益人指定權之規定，值得注意。按其新信託法第 89 條主要規定如下：

「1.信託中定有指定或變更受益人權利（以下本條中稱為『受益人指定權』）之人時，行使該受益人指定權等，應向受託人以意思表示為之。

2.不論前項之規定，受益人指定權等，得以遺囑行使之。（以下略）」

---

❷❹　Stephenson & Wiggins, op. cit., p. 169 et. seq.

第二十章　信託監察人

一、信託監察人之必要

　　當受益人不特定（如公益信託）或尚未存在（如胎兒）時，由何人保護受益人，監督受託人職務之執行，殊有問題。美國法只仰賴政府機關，如檢察長 (attorney general) 與遺囑驗證法院 (probate court) 之監督，別無專門私人機關加以監督。日本舊信託法創設所謂「信託管理人」制度，代受益人監督受託人職務之執行。我信託法鑑於今日集團信託日益發達，為保護一般不特定受益人之利益，設置監督機構更形必要，亦設有類似日本信託管理人之職務。惟參照民法社團與財團法人及公司法監察人之規定，改稱為信託監察人（信託法第 52 條第 1 項）。

二、信託監察人之資格

　　我信託法規定：未成年人、禁治產人（受監護或輔助宣告之人）及破產人不得為信託監察人（第 53 條），因信託監察人係為保護受益人之利益而設，其職務除智慮與公正外，更需有信用，而未成年人、禁治產人及破產人，或欠缺行為能力，或欠缺信用，均不宜擔任。未成年人已結婚者，依民法規定，雖有行為能力（民法第 13 條第 3 項），但此婚姻成年制係出於生活上之需要，與治事能力無關，且信託法要求應較民法為嚴，故解釋上仍不得擔任此職務。

三、設置信託監察人之情形

(一)公益信託

　　在公益信託，受益人通常為不特定之公眾，難於監督受託人，更有另設機關，保護受益人之必要。故強制設置信託監察人（第 75 條）。惟人數如何，第 5 條僅稱「選任一人或數人」，並無限制，故雖僅一人亦無不可。

㈡私益信託受益人「不特定」與「尚未存在」之情形

受益人如能特定或存在，於信託行為效力發生時，即使未特定或非現存，亦屬無妨。惟在私益信託受益人未特定或未存在時（例如年金信託之受益人），雖可發生受益權，但因欠缺歸屬主體，為保護將來特定或存在之受益人，宜設置信託監察人。至私益信託與公益信託不同，並非一律強制設置信託監察人，只有為保護受益人之利益有必要時，才需設置。分述如次：

1.受益人不特定之情形

委託人雖以某種型態，指示受益人之範圍，但在該範圍內由何人受益，尚未具體決定時，此受益人乃不特定。又分為：

⑴只決定受益人之資格或要件，例如優勝之人，發明人之類，尚未具體決定符合該要件之人時。

⑵在一定時點，受益人雖屬特定，但受益人之要件因須具備一定地位或團體成員之資格，而其地位之取得或喪失，加入團體或退出，會導致受益人之內容變動，欠缺固定之情形。

2.受益人未存在之情形

例如將來出生之子女，將來設立之法人等是。至將來出生之頭胎子女、長男、長女或所有子女之類，乍觀之下，似屬特定，但實際上乃受益人尚未存在。

3.其他為保護受益人之利益有必要時

例如受益人人數眾多，經常變動之情形。諸如為團體會員之利益所成立之信託、集團信託（合同運用金錢信託，證券投資信託），以及要求受益人一致行動，會發生不便，甚至由各受益人行使信託之權利（異議權、撤銷權等），窒礙難行，而有選任信託監察人之情形是❶。

四、信託監察人之選任、辭任、解任及新信託監察人之選任

公益信託應置信託監察人（第 75 條），如公益信託成立之初，未置信託監察人時，宜解為目的事業主管機關，應不許其設立許可（信託法第 70 條）。

❶ 四宮，新版，p. 337。

　　無論私益或公益信託，信託監察人之選任（在一定要件下）屬於法院之職權（信託法第 52 條），在私益信託，信託監察人辭任之許可（信託法第 57 條）、解任（信託法第 58 條）、新信託監察人之選任（信託法第 59 條），亦為法院之職權，但在公益信託，此等權力由目的事業主管機關取代法院行之（信託法第 76 條）。

(一)選　任

1.信託行為之訂定

　　信託行為定有信託監察人之人選或其選任方法者，從其所定（信託法第 52 條第 1 項但書）。即若信託行為預先指定信託監察人之人選時，固應以所指定之人為信託監察人，如未具體指定人選，而僅指定其選任方法，例如在何種範圍內指定何人時，亦無不可。

2.利害關係人或檢察官聲請法院選任（第 52 條第 1 項本文）

　　所謂利害關係人，係指就信託財產現狀之保持，法律上有正當利益之人。除委託人、受託人、前受託人、受益人、信託監察人等有關當事人外，即受益人之債權人、委託人之債權人等亦包含在內。余以為委託人之繼承人與公益信託目的事業主管機關似亦可解為有聲請法院選任之權。利害關係之有無，由請求之人負舉證之責❷。

　　關於聲請法院選任信託監察人之程序，我國非訟事件法規定法院選任或解任信託監察人時，以裁定行之；於裁定前得訊問利害關係人。對於選任或解任信託監察人之裁定不得聲明不服（非訟事件法第 78 條）。

(二)辭　任

　　信託監察人有正當理由，例如患病、出任公職、就學或出國等，不欲或不能擔任該職務時，宜准其辭任。惟為審慎計，其依信託行為產生時，應經指定或選任之人同意，始能辭任。如由法院選任，或無指定或選任之人，或選任之人不為同意時，應經法院之許可，始得辭任（信託法第 57 條）。

(三)解　任

　　信託監察人怠於執行其職務，或如繼續執行職務，將發生利益衝突等

---

❷　松本，前揭，p. 70。

重大事由時，指定或選任之人得將其解任，而法院亦得因利害關係人或檢察官之聲請將其解任（信託法第 58 條）。

法院選任之信託監察人有信託法第 58 條所定解任事由時，法院得依職權解任之，並同時選任新信託監察人（非訟事件法第 77 條）。

受益人未特定或未存在，而選任信託監察人時，如受益人特定或存在，有能力或有法定代理人時，信託監察人之任務似應告終❸。

㈣新信託監察人之選任

信託監察人被指定或選任後，拒絕或不能接任時，除信託行為另有指定外，利害關係人或檢察官得聲請法院選任新信託監察人。又「信託監察人辭任或解任時，除信託行為另有指定外，指定或選任之人得選任新信託監察人，不能或不為選任者，法院亦得因利害關係人或檢察官之聲請選任之。」（信託法第 59 條）

五、信託監察人之法律上地位

㈠特殊權限（行使受益人之權利）

信託監察人有獨立地位，並非受益人之代理人，得以自己名義為受益人為有關信託之訴訟上或訴訟外之行為（信託法第 52 條第 2 項）。其以自己名義為行為之理由，係因受益人未現存或不特定，無法以其名義行使之故。行政院信託法草案該條理由欄謂：「信託監察人係為保護受益人之利益而設，自宜准其獨立於委託人、受託人或受益人之外，以自己名義為受益人為有關信託之訴訟上或訴訟外之行為」等語，未盡周延❹。

所謂訴訟上或訴訟外行為，係指在法院作為訴訟行為所為之行為，或在法院以外作為通常之法律行為或事實行為所為之行為，凡對信託財產違法強制執行，提起異議之訴之權利（信託法第 12 條），請求法院變更信託財產管理方法之權利（信託法第 16 條）固勿論，即受託人違反信託本旨處分信託財產時，撤銷其處分（信託法第 18 條）、因受託人管理不當請求受

---

❸　四宮，新版，p. 338。

❹　松本崇著，《信託法》，p. 71。

託人賠償或回復原狀或請求減少報酬之權利（信託法第 23 條）、因受託人違法將信託財產轉為自有財產或於信託財產取得權利，請求受託人將所得利益歸於信託財產之權利（信託法第 35 條）等。凡受益人現存且特定時，受益人應有之權利，均包含在內，皆可以信託監察人自己之名義行使，因信託監察人乃受益權廣義之管理權人之故。設有信託監察人時，受託人因無必要以多數受益人為相對人，可降低交涉之勞費❺。

　　至受託人更迭之際，會同移交之權利（信託法第 50 條），及信託關係消滅時對結算書及報告書承認之權利（信託法第 68 條），則係信託監察人固有之權利，不可不察。惟受益人固有之權利，例如實質享受信託利益之權，限制及補充受託人管理權之權能（例如對受益人特別賦予之同意權、指示權，將受託人違反信託行為改為適法之權能），參與信託命運之權能（例如協同委託人終結信託之權能，受託人辭任同意權、增加受託人、變更信託條款之權能）等權限，除信託行為另有規定外，信託監察人不能享有❻。又受益人得請求信託監察人為有關信託之訴訟上或訴訟外之行為，以保護受益人之權益（信託法第 52 條第 3 項）。

㈡職務之執行

1.信託監察人應以善良管理人之注意執行職務

　　此為信託法第 54 條所規定。因信託監察人之任務在監督受託人，須踐履高度注意義務，不問有無報酬，應以善良管理人之注意為之。如信託監察人欠缺此項注意，怠忽職務，致損害受益人時，似應負損害賠償責任。

2.信託監察人以自己名義行使職權

　　信託監察人與受益人間立於類似委任之關係（在集團信託，委託人在信託行為選任信託監察人之情形亦同），惟行使權限時，以自己名義，而與委任係以他人（即本人）名義為法律行為，權利義務直接歸屬於該他人不同。

3.共同信託監察人職務之執行

　　信託監察人有數人時，其職務之執行，除法院另有指定或信託行為另

---

❺　能見，前揭，p. 219。
❻　四宮，新版，p. 339。

有訂定外，以過半數決之（信託法第 55 條），即不適用共同受託人全體執行之原則，但信託財產之保存行為得單獨為之，以爭取時效。

(三)報　酬

信託監察人職責甚重，又須以善良管理人之注意執行其職務，如信託行為訂有報酬，自宜准其請求報酬，如訂為無償，亦應從之。故除信託行為另有訂定，應從其所定外，否則信託監察人亦可聲請法院斟酌其職務之繁簡，及信託財產之狀況，就信託財產酌給相當報酬，以期公平（信託法第 56 條）。此種報酬之決定，其管轄法院如何，我非訟事件法未加規定，日本非訟手續法係定為屬於受託人住所地之地方法院管轄（日非訟第 71 之 2 條第 1 項）。倘信託行為僅訂定支付報酬，但未明定支付方法或數額時，如何處理？拙見以為此時可比照無訂定之例，由信託監察人聲請法院酌給之。

(四)其他權限（固有權限）

1.在公益信託，除適用信託法第五章有關信託監察人規定外，受託人每年在將信託處理及財務狀況報請主管機關核備公告前，應先送信託監察人審核（信託法第 72 條第 3 項）。

2.目的事業主管機關撤銷公益信託許可，或為其他必要處置前，應通知信託監察人（及委託人、受託人）表示意見（信託法第 77 條第 2 項）。

3.信託關係消滅時，設有信託監察人之私益信託，受託人之結算書及報告書應取得信託監察人之承認（信託法第 68 條）；而在公益信託，受託人於向目的事業主管機關申報前亦同（含受益人或其他歸屬權利人等人）（信託法第 81 條）。

第二十一章　受託人違反信託本旨處分信託財產

一、受益人撤銷權之意義、作用與性質

受託人違反信託本旨處分信託財產時，其處分行為之效力如何，受益人有何救濟，此乃重大問題。關於此點我信託法第 18 條規定：「受託人違反信託本旨處分信託財產時，受益人得聲請法院撤銷其處分。

前項撤銷權之行使，以有左列情形之一者為限：

㈠信託財產為已辦理信託登記之應登記或註冊之財產權者。

㈡信託財產為已依目的事業主管機關規定於證券上或其他表彰權利之文件上載明其為信託財產之有價證券者。

㈢信託財產為前二款以外之財產權，而相對人及轉得人明知或因重大過失不知受託人之處分違反信託本旨者。」

受託人為違反信託本旨之行為時，受託人個人應負一定損害賠償責任（信託法第 23 條），其行為為法律行為時，原則上其效果不歸屬於信託財產，與無權代理之情形同樣（民法第 110 條），只拘束受託人個人。但信託之本旨為何，對第三人言，往往並不明確。如將無權代理理論適用於所有情形，效果不歸屬於信託財產，則大有妨害交易安全之虞。於是在受託人已完成處分行為之情形，為考慮處分行為之相對人之交易安全，其處分行為原則上視為有效，其行為效果仍歸屬於信託財產。但在另一方面，對受益人言，限於信託有登記註冊，或第三人惡意或重大過失時，受益人才可撤銷其行為。受益人可承認信託違反行為，將代位物當作信託財產；亦可選擇依本條行使撤銷權，以追及被處分之標的物。亦即我信託法與日本信託法相同，將撤銷權行使對象分為已辦公示之財產權與其他財產權二者而異其撤銷要件。前者以有無登記或註冊之客觀要素為基準，後者則以相對人及轉得人之惡意或重大過失之主觀要素為基準。且不問行為係無償或有

償，皆可作為撤銷權之對象，而與民法上債權人撤銷權（第244條）區別行為之有償與無償而異其效力不同。但登記或註冊之存在，不過對第三人公示該財產屬於信託財產之事實而已，至該財產之處分行為是否「違反信託本旨」之處分（即該處分行為之性質），並未公示，且無法公示。故信託法按公示與否，作為區別撤銷權可否行使之基準，在學理上並非妥當，且如此處理亦易使交易相對人顧慮登記或註冊財產之處分有被撤銷之危險，而可能阻礙一般信託財產交易之進行❶。

本條之旨趣，日本多數說以違反信託之法律行為亦係有效為前提，尤其自保護受益人之見地，賦予受益人對世之救濟方法。此自債權說之立場，固係當然之歸結。乍觀之下，此撤銷權有似民法上債權人之撤銷權（民法第244條），實則本條之撤銷權與債權人撤銷權乃不同性質，並非只有債權之效力，且並非純為全體債權人利益所承認之權利，而屬於信託法上特有之權利❷。即信託法對信託財產機關之受託人之違反信託行為，基於受益權，對信託財產具有物權色彩之追及力之權利❸。

本條所謂處分，所有權之移轉固勿論，即設定質權、抵押權、地上權等之處分行為以外，債務之免除等之單獨行為亦包含在內。處分之效力一應有效，而歸屬於信託財產。所謂相對人係指因受託人之處分行為，而取得信託財產，或在信託財產上取得權利之人；所謂轉得人係指自相對人更取得信託財產或其上權利之人。又在相對人取得信託財產之上取得其他權利之人，以及在相對人取得權利之上更取得權利之人，亦包含在內。

二、行使撤銷權之要件

對於受託人已為之處分行為，為考慮交易相對人之利益，信託法對撤銷權之行使設有下列限制：

(一)須信託財產已辦信託登記或註冊

---

❶　新井，前揭，p. 227以下。

❷　松本，前揭，p. 189。

❸　四宮，前揭，p. 117。

1.信託財產為已辦理信託登記之應登記或註冊之財產權。

2.信託財產為已依目的事業主管機關規定，於證券上或其他表彰權利之文件上，載明其為信託財產之有價證券者。此二者由於有信託之公示，故不問處分當時相對人或轉得人是否善意或惡意，均可行使撤銷權。

㈡**其他信託財產，因無信託公示制度，須相對人及轉得人二者明知或因重大過失而不知受託人之處分違反信託本旨者**

其理由如下：

1.受託人為了對相對人與轉得人撤銷，如以相對人之惡意或重大過失為已足，則轉得人雖無惡意或重大過失，亦可撤銷；如轉得人亦須惡意或重大過失，則相對人可能讓與於善意取得人，而免予撤銷權之行使，如此顯然不當之故。

2.受益人為了對轉得人撤銷，除了相對人惡意、重大過失之外，尚須轉得人亦係惡意或重大過失。因如定為只以轉得人之重大過失為已足，則撤銷之結果，善意之相對人有蒙受不測損害之虞之故。

㈢**主張相對人與轉得人有惡意或重大過失，須由受益人負舉證責任**

因處分無信託登記或註冊之信託財產，如無特殊情事，他人難於知悉受託人之處分行為違反信託本旨。

三、撤銷權之行使方法

委託人於信託成立後，除預先保留權限外，原則上已自信託之運作脫離，受託人管理信託財產應完全依照信託行為所定條款為之，如我信託法第12條、第16條、第23條、第24條、第32條、第35條、第36條等，但因委託人為生前信託之當事人，且為信託之設立人，對於信託財產之管理與信託目的是否實現有利害關係，且信託在我國，其監督不像英美有法院加以積極監督，故我信託法亦仿日本立法例，賦予委託人若干監督受託人之權利，例如：

㈠受益人對受託人違反信託本旨之處分，除了依信託法第23條請求受託人填補損失，或回復原狀外，亦可行使本條之撤銷權。即在二者之中，

可擇一行使。

㈡在英美法關於受託人違反信託本旨處分信託財產時，受益人之保護採追及主義 (following trust property)，即受益人可不經訴請法院裁判方式，逕以單獨行為追及被不當處分之標的物，但我國信託法並不採此種立法主義。又在日本信託法下，撤銷不須以訴訟方式在裁判上為之，亦可在裁判外以意思表示，片面發生效力，其目的在謀迅速回復信託財產。但我信託法仿民法上債權人撤銷權之規定，規定須由受益人聲請法院撤銷其處分，立法意旨係因涉及交易安全，在求其審慎。

㈢撤銷權不必由受益人全體共同為之，而得由其中一人為之，此與日本舊信託法第 32 條「受益人有數人時，其一人依前條規定所為撤銷，為其他受益人生其效力」之意義不同，但實質似無二致。信託法第 18 條第 1 項後段規定「受益人有數人者，得由一人為之」，即表示共同受益人非必由全體一同起訴；數人間對行使撤銷意見不一致時，不依多數決。為了保護信託財產，達到設立信託之目的，以主張行使撤銷權之人之意見為優先，可由其中一人單獨起訴。其理由係由於撤銷權之行使，發生信託財產回復，再成為信託財產之構成部分，或信託財產上設定之其他權利消滅，其效力乃物權性的，對當事人不可分割。不是發生債權性的回復權利之效果，而是由於回復信託財產，在信託財產與物的相關關係上，全體受益人之受益權發生物權性的回復，從而受益人中一人行使撤銷權之效果，對不行使撤銷權之受益人，亦當然發生撤銷之效果❹。即撤銷權之效果不問對受益人利益或不利益，其效力應一律及於全體受益人。例如受託人違反信託本旨，以十萬元出售股票，在被撤銷當時，股票價格下跌至八萬元，由於受益人中之一人行使撤銷權，雖回復該八萬元之股票，但因須返還十萬元價金，此時對其他受益人雖屬不利，亦須接受。

在日本撤銷之意思表示應向何人為之，有爭論。第一說對受託人為之，第二說對受託人與其相對人為之，第三說對受託人之相對人或轉得人為之。三說對立，而以第三說為比較多數說。實則撤銷之意思表示，應向被撤銷

---

❹　松本，前揭，p. 196 以下。

法律行為之當事人之受託人與其相對人為之，而對標的物取得人為標的物之返還請求❺。

㈣可行使聲請撤銷權之人，法條固明定為受益人，但余以為為保護受益人之利益，於受益人不存在或不特定時，信託監察人亦可為之。因此種撤銷權在維護受益人之受益權，而非保護有瑕疵之法律行為之當事人，故與受益人居於同樣地位之信託監察人，亦應認為可行使此撤銷權❻。惟委託人等不可行使此等撤銷權，只能行使信託法第 23 條之損失填補或回復原狀及減免報酬之請求權❼。

㈤此項撤銷權自受益人知有撤銷原因時起一年間不行使而消滅，自處分時起逾十年者亦同（信託法第 19 條）。其長度似仿民法第 245 條債權人撤銷權之除斥期間之規定，因撤銷權乃以單獨行為發生法律效果之形成權，一旦有效行使，則確定發生撤銷之效果。故此期間屬於除斥期間，而非時效期間，性質上不發生請求權中斷之問題。按日本信託法定為自知有撤銷原因時起一個月以內或自處分時起一年內行之。鑑於此項撤銷權影響第三人之交易安全，法律關係不宜久懸未決，有早日確定之必要。日本信託法所定時間雖屬過短，但我信託法規定不無過長之嫌。又該條所謂「知有撤銷原因」，並非單純知悉受託人有處分之時，而是知悉其處分違反信託目的之時。

關於期間之計算方法，信託法並無特別規定，應依民法相關規定（第 119 條至第 124 條）。故年應依曆計算（民法第 123 條），其始日不算入（民法第 120 條）。期間不以年之始日起算者，以最後之星期、月或年與起算日相當日之前一日為期間之末日（民法第 121 條）。

受益人如同意或追認此種受託人違反信託本旨之處分時，即使在本條所定期間內亦不可再行使撤銷權。又本條撤銷權雖告消滅，如受託人之處分行為符合債務人詐害行為之要件時，受益人可以債權人之資格，行使民

---

❺　松本，前揭，p. 191。

❻　松本，前揭，p. 195。

❼　松本，前揭，p. 192。

法上詐害行為撤銷權（民法第 244、245 條）❽。

四、撤銷權之效力

違反信託本旨之處分，在行使撤銷權前對信託財產仍發生效力，於經法院撤銷後，始溯及處分時歸於無效。從而相對人或轉得人已取得信託財產時，該財產溯及處分之時，成為信託財產而歸屬於受託人。又相對人或轉得人在信託財產上取得其他權利時，亦溯及當初，其權利歸於消滅。受託人職務上應取回標的物及返還原收取之償金。受託人怠於踐履此職務時，受益人可依民法上債權人之代位權規定（第 242 條），代位行使此權利。

深度研究 美國法下受益人之追及權 (tracing)

在美國法之下，受託人違反信託時，受益人可向受託人、繼任之受託人 (successor trustee) 或第三人追及信託財產，或其代替物，自占有人回復其物，稱為「信託追及之原則」(trust pursuit rule)。追及之資產（或其出產物）仍屬受益人之財產，雖然其形狀已改變或已易主，除非占有人是有償之善意買受人 (bona fide purchaser for value) 且不知 (without notice of) 信託之違反，否則受益人可要求其返還。

受益人須就追及該資產，抑或請求賠償二者之中擇一行使。如受託人用信託資產支付自己的債權人，後來死亡或變成無支付能力時，受益人只有對其遺產有普通債權人之請求權。不過依照所謂膨脹資產之原則 (swollen assets doctrine)，美國若干法院認為受託人之資產實際上已經受益（不當得利），故受益人可要求回復。

如受託人支付他自己或第三人債務，而不能追溯時，受益人可代位行使 (subrogated) 已受償之債權人之權利，亦即受益人之地位與前債權人相同，享有同一救濟方法❾。

---

❽　松本，前揭，pp. 192, 199。

❾　Reutlinger, op. cit., p. 227.

第二十二章　受託人之出缺與更迭

一、受託人之出缺

信託不因欠缺受託人而不成立，在英美法自昔有所謂「信託不因欠缺受託人而無效」(Trust will not fail for short of a trustee) 之諺語。按受託人出缺，有許多原因：

㈠成立信託之初未指定受託人。

㈡被指定之受託人不合格（拒絕就任、遺囑信託之受託人於信託生效前死亡、法院由於無行為能力等拒絕確認其選定），或在設立信託後死亡，被解任或辭任。

㈢受託人欠缺就任之法律上能力。

二、受託人之出缺與信託之終了有別

信託一旦有效成立後，形成以信託財產為中心之獨立財產管理機構，獨立於委託人、受益人與受託人個人之意思，追求信託目的並繼續獨自之活動，原則上不因受託人（個人因素）任務之終了而引起信託之終了或消滅，在信託目的達成前仍行存在。可由選任新受託人以謀信託事務之傳承。信託法第45條第1項規定：「受託人之任務，因受託人死亡、受破產、禁治產（監護或輔助）宣告而終了……」。即表示受託人之更迭，不過係以信託關係存續為前提之名義人或管理權人之交替而已，與信託本身之終了，應加區別。

三、受託人任務終了之原因

㈠受託人之死亡、破產或禁治產或解散

信託法第45條規定：「受託人之任務，因受託人死亡、受破產、禁治產（監護或輔助）宣告而終了。其為法人者，經解散、破產宣告或撤銷設立登記時，亦同。」

按受託人死亡（為自然人）或解散（法人）時，因已非權利能力人，其任務應行終了，自屬當然。至破產或其他事由雖不影響其權利能力，但既已喪失信賴，故受託人之任務亦應歸於終了。惟須注意委託人若發生死亡、受破產或禁治產宣告時，不但對信託之存續並無影響，而且受託人之任務亦不終了，亦即信託本身不受委託人出缺之影響，仍行存續。

受託人發生上述事由時，因信託係以信賴關係為前提，故原則上其地位不能由其繼承人、合併時之新設法人或存續法人當然承繼，其職權不能由此等人代為行使，此時條文規定「新受託人於接任處理信託事務前，原受託人之繼承人或法定代理人、遺產管理人（死亡之情形）、破產管理人（破產之情形）、監護人（禁治產之情形）或清算人（法人解散之情形）應保管信託財產，並就信託事務之移交採取必要之措施。法人合併時，其合併後存續或另立之法人亦同。」此點與民法第551條「……如委任關係之消滅有害於委任人之利益之虞時，受任人或其繼承人或其法定代理人於委任人或其繼承人，或其法定代理人能接受委任事務前，應繼續處理其事務。」意旨相似。惟因原受託人之繼承人、法定代理人、遺產管理人、監護人或清算人並非真正受託人，故不應運用處分信託財產❶。

(二)辭　任

受託人接任信託職務後，如發現管理事務或工作負擔過重或不符合受益人之利益時，可否擺脫信託義務？按受託人比民法上委任之受任人享有更強大之權限，與受益人立於深刻之信賴關係。故信託法與民法上之委任不同，在委任，受任人原則上可隨時終止契約（民法第549條），而受託人則不能任意辭任。分述如次：

1.信託關係人之同意

(1)私益信託

受託人除信託行為另有訂定外，非經委託人及受益人之同意，不得辭任，但有不得已之事由時，得聲請法院許可其辭任(信託法第36條第1項)。

A.除信託行為另有規定外，受託人之辭任須經委託人及受益人之同

❶ 四宮，新版，p. 262。

意❷，或需不得已之事由，且須經法院許可（同條項但書）❸。所謂信託行為另有規定，例如准許任意辭任或經其他共同受益人之同意可以辭任之類❹。所謂不得已之事由，諸如天災、疾病、出國、健康不佳、本身工作繁忙、無力兼顧信託事務之類❺。即一般情形辭任，應經委託人與受益人雙方之同意，從而辭任之意思表示應對雙方為之❻。除信託文件另有規定外，單純提出辭呈與法院，或通知受益人甚至委託人辭任之意，尚不足以成立辭任。

B.委託人已死亡時，即使在遺囑信託，亦不需經其繼承人之同意，因同意受託人辭任與否應由設立信託之人個人加以判斷之故。

C.受益人不特定或未存在之情形，雖亦有主張須經信託關係人之同意始可辭任者，但如有信託監察人，在私益信託，解釋上似應經其同意，始

---

❷ 如所有受益人有行為能力，且同意受託人辭任時，則事後不可對受託人自該時起未履行信託義務提出異議，但此行為並不妨害對受託人主張先前之違反信託行為，亦不免除受託人移交予後任前，就信託財產實施通常之注意義務。如受益人為未成年人，或其他不能對辭任予以同意時，則單純基於他們同意之辭任尚不能發生效力。（參照 Bogert, op. cit., p. 106）

❸ 在受託人向法院請求許可辭任時，受益人乃必要之當事人。法院可對受託人課以准許辭任之條件，例如由受託人提出會計報告 (account) 或放棄佣金。法院亦可先要求受託人提出滿意之會計報告，表明已履行義務，或在受託人違反信託之情形，已對信託財產就所生之損失予以補償。在辭任純為受託人之便利時，法院可命受託人支付程序之費用，反之如辭任之理由非關受託人個人問題時，法院可命由信託財產負擔費用。

❹ 信託文件亦可規定辭任之程序，例如提出書面辭職書予其他受託人。

❺ 通常美國法院並不強迫辭意甚堅之受託人留任，而下列被認為係辭任之充分理由：
　1.繼續留任會對受託人造成不便。
　2.受託人不能繼續留任，且信託財產數量增加。
　3.受託人要出國。
　4.受託人與受益人間有嚴重摩擦與不合。（參照 Bogert, op. cit., p. 105）
　法院對批准辭任與否有裁量權。

❻ 四宮，新版，p. 262。

可辭任。

　　D.依信託行為之所定，或經受益人、委託人之承諾而辭任時，該受託人並不立即失去受託人之地位。已辭任之受託人「於新受託人能接受信託事務前，仍有受託人之權利及義務」（第36條第4項）。即仍負有繼續管理義務。

　　(2)公益信託

　　在公益信託，由於受託人之辭任攸關公益，不可輕率准許，故即使有委託人、受益人（或代其之信託監察人）之承諾，或信託行為有准許規定，仍不能准許。故信託法規定「公益信託之受託人非有正當理由，並經目的事業主管機關許可，不得辭任」（第 74 條），即排除信託關係人之承諾而辭任。

　　2.受託人喪失資格

　　如依信託行為須具特定資格之人始能充任受託人者（例如董事長、理事之資格），則受託人於喪失該資格時，其任務終了（參照日本舊信託法第44 條）❼。

　　3.由許可而辭任

　　受託人有不得已或正當之事由（例如天災、疾病、出國）時，在私益信託得聲請法院，在公益信託得聲請目的事業主管機關許可其辭任。惟私益信託受託人須於委託人及受益人不同意辭任時，始有聲請法院許可其辭任之必要。但公益信託之受託人雖經委託人同意，亦不可辭任，須先經目的事業主管機關許可。如辭任之時間對受益人不利時，法院或主管機關似宜拒絕批准。例如受託人提起之訴訟尚未結案，或有其他事務未辦結，此時宜將受託人留任，直至事務辦理完結是。受託人在法院對其辭任採取最後動作前，可撤回辭任或繼續辦理受託人之任務❽。如辭任經取得法院或主管機關許可時，受託人是否亦應向委託人及受益人表示？按此情形，委託人（與受益人）之同意雖非辭任之要件，但自事理觀之，辭任之意思表

---

❼　四宮，新版，p. 264。

❽　參照 Bogert, op. cit., p. 105。

示，似亦應對受益人（或信託監察人）及委託人雙方為之，於法院或主管機關許可與辭任之意思表示二要件具備時，辭任始成立而生效。

4.由命令解任

「受託人違背其職務或有其他重大事由時」，在私益信託「法院得因委託人或受益人之聲請將其解任」（第36條第2項），在公益信託，得申請目的事業主管機關為之，該機關亦得依職權為之（第76條）。

⑴何謂違背其職務，何謂其他重大事由，易生爭議❾。

由於將受託人解任對受託人名譽發生嚴重不利影響，故美國法院多對解任之准許有所顧慮❿。

學者有以為並非任何違背職務即逕作為解任事由，因一般情形不妨由受託人之賠償損害責任解決，故雖有違背其任務之行為或不作為，但如僅係微細失誤或怠慢或不正確，尚難與重大事由相當。至構成解任事由之「重大事由」，係指可推知受託人如繼續留任，將來會妨害信託事務適當之進行，有害於受益人利益之事實⓫。至受託人與受益人不和與關係不愉快，通常不構成解任之原因⓬。但如受託人與受益人敵對關係過於嚴重，尤其如受

---

❾　按移居國外、拒絕處理信託事務、或欠缺處理之適應能力、行蹤不明、因犯罪被拘束自由、生病等似可構成重大事由。參照松本崇，前揭，p. 235。

❿　Bogert, op. cit., p. 571.

⓫　四宮，新版，p. 265。按在美國法下被法院認為足以解任之理由是心神喪失(insanity)，習慣性酗酒，極度欠缺理性，因涉及不誠實之犯罪而被判刑，無支付能力，破產及離開該州。至違反信託，被法院認為解任之充分事由是：受託人不服從法院命令，不服從信託文件之指示，怠於或拒絕行動，將信託財產與受託人個人財產混合，怠於計算，取得利益而不利於受益人，不忠實，取得未經授權之報酬，挪用或企圖挪用信託資金，及違反信託引起巨大損失等。但若受託人單純判斷錯誤，誤解義務或善意所作之信託處分，如未引起巨大損失，尚不足構成解任之理由。至受託人怠於與共同受託人合作，如頑固與妨礙(obstruction)行為使管理陷於停頓，有時可構成解任之理由。

⓬　信託乃委託人授權受託人而非受益人管理信託財產，成立信託即表示委託人不願受益人控制該信託財產之管理，而受益人也常以為他比受託人更能管理信託，受託人投資政策過於保守，及在其他方面對受託人吹毛求疵，易生摩擦。

託人之惡意或偏見乃受託人與受益人不和之原因時，則似較合於解任之事由。例如受託人有惡意，且受託人對賦予受益人之收益有裁量權時，法院可能擔心受託人難於作公正與不偏之管理，則可能成為另定受託人之事由❸。

(2)又受託人即使由遺囑選任，如有重大事由時，仍可由法院或主管機關解任❹。

(3)在美國解任常常與連同受託人因違法行為被追究報告帳務(accounting) 一起進行。聲請解任可由任何一個對信託執行有財產上利益之人為之。可由受益人全體或其中一人為之，甚至亦可由一個共同受託人為之。公益信託則由檢察長提出聲請。但委託人則無此權利，除非須先在信託文件上保留此權利❺。

通常所有受益人應列為訴訟之當事人，所有與信託有利害關係之人應參加訴訟。聲請解任之人須證明如受託人繼續任職，會對受益人之利益產生嚴重之危險。

(4)如信託義務附隨於遺囑執行人之職務，於遺囑執行人被解任或辭任時，亦被視為解除受託人之職務。但如遺囑執行人與受託人之職務依遺囑可以分割，且同一人占兩職務時，則將遺囑執行人解任，並不影響受託人之職務❻。

四、新受託人之選任

受託人無論辭任或解任，「除信託行為另有訂定外，委託人得指定新受

---

❸ Bogert, op. cit., p. 514.

❹ 法院或主管機關將受託人解任時，理論上對於應登記或註冊之財產權，應儘速囑託登記註冊之機關記載於信託原簿。參照日本不動產登記法第110條之8等。

❺ Bogert, op. cit., p. 572.

❻ 在美國有極少數案件，法院不解任與選任新受託人，而指定財產管理人(receiver)管理與維護信託財產。財產管理人為法院之官員，須遵守法院所下之命令。在信託期間剩餘不多或在財務困難之商業目的之信託，或信託資金有被浪費或濫用之虞時，法院往往作此種指定。參照 Bogert, op. cit., p. 576.

託人，如不能或不為指定者，法院得因利害關係人或檢察官之聲請，選任新受託人，並為必要之處分。」（信託法第 36 條第 3 項）此點與日本舊信託法「在新受託人選任前，為彌補信託事務處理之事實上空檔，法院或主管官廳得選任信託財產之管理人……」（日本舊信託法第 48 條）設有信託管理人之規定不同。又在公益信託，選任新受託人應向目的事業主管機關而非法院聲請，且該主管機關亦可依職權為之（信託法第 76 條）。法院於指定新受託人前，似應諮詢受益人意見❶。所謂必要之處分，係指對信託財產為應急之措施，例如封印、保管、變賣、修繕等❶。

又列檢察官為聲請人一點，為我信託法之特殊制度，因檢察官代表公益，目的在補強利害關係人萬一不作為時之不足。如信託行為中就受託人之選任方法有特別規定時，自應依其規定，此時未必有聲請法院或主管機關選任之必要。法院或主管機關對新受託人可否定其報酬，在日本舊信託法有明文（第 49 條第 4 項、第 8 條第 3 項、第 72 條），我信託法雖無明文，理論上似可為同一解釋。因至少可包含於「命其他必要之處分」內。

「已辭任之受託人於新受託人能接受信託事務前，仍有受託人之權利及義務」（信託法第 36 條第 4 項），但已解任之受託人依法條文義，似須立即離職移交（尤其在違背職務之情形），不適用辭任後於新受託人能接受信託事務前，仍有受託人之權利及義務之規定，以免對信託事務之進行或受益人之利益發生損害。

被選任為新受託人之人，非經其承諾不能成為受託人。如依信託行為被指定為新受託人之人，不承受或不能承受時，仍適用上述聲請法院或目的事業主管機關選任新受託人之原則處理❶。

---

❶　在美國法下，法院對新受託人之指定應諮詢受益人之意見，且往往尊重他們對新人選之建議。

❶　四宮，新版，p. 266。

❶　四宮，新版，p. 267。

五、受託人更迭之效果

(一)信託之承繼

1.對信託財產之關係

如上所述，受託人之更迭不外為信託財產名義人或管理權人之交替，故須變更信託財產名義。

(1)積極財產

A.「受託人變更時，信託財產視為於原受託人任務終了時，移轉予新受託人」(信託法第 47 條第 1 項)。由於前受託人任務終了與新受託人就任在時間上往往有一段間隔，故本條設信託財產擬制移轉之溯及規定，以免信託財產發生無主狀態之困擾[20]。即新受託人法律上當然承繼信託財產，不需有特別承繼或移轉行為。且其承繼並非信託財產之讓與，不過為管理權人之交替，因此例如信託財產中即使有租賃權，亦不需出租人之承諾。

B.「共同受託人中之一人任務終了時，信託財產歸屬於其他受託人」(第 47 條第 2 項)。此時其餘受託人承受任務終了之受託人因信託行為對受益人所負擔之債務 (第 48 條第 4 項)。

C.請求賠償信託財產所受損害或回復原狀之權利(信託法第 23 條、第 24 條第 3 項)，由於屬於信託財產，故新受託人亦得對原受託人行使 (第 48 條第 3 項)。

D.受託人更迭時，各財產須辦理權利移轉或受託人變更之登記或其他公示方法，否則不得以受託人之變動對抗第三人。

(2)債　務

A.對受益人之債務

受託人變更時，由新受託人承受原受託人因信託行為對受益人所負擔之債務 (信託法第 48 條第 1 項)。共同受託人中一人任務終了時，亦準用此條項之規定，故殘存受託人承繼職務終了之受託人之債務，而前受託人則被免除[21]。

---

[20]　松本，前揭，p. 244 以下。

B.對其他人之債務

(A)對第三人之債務

因處理信託事務所生之債務，前受託人依然負無限責任，債權人可對信託財產扣押。「原受託人因處理信託事務負擔之債務，債權人亦得於新受託人繼受之信託財產限度內，請求新受託人履行。」（信託法第 48 條第 2 項）「對於信託財產之強制執行，於受託人變更時，債權人仍得依原執行名義，以新受託人為債務人，開始或續行強制執行。」（信託法第 49 條）

(B)前受託人有費用（信託法第 39 條，包含任務終了後為信託財產所支付之債務）及損害之補償請求權（信託法第 42 條）或報酬請求權（信託法第 38 條）時，可對信託財產強制執行。為行使上述權利（請求權），得「留置信託財產，並得對新受託人就信託財產為請求」。「新受託人提出與各個留置物價值相當之擔保者，原受託人就該物之留置權消滅。」（信託法第 51 條第 2 項）新受託人對原受託人得行使第 23 條及第 24 條第 3 項所定之權利。

2.對訴訟之效果

有關信託財產之訴訟，受託人有當事人適格，受託人任務雖告終了，但受託人所選任訴訟代理人之訴訟代理權不生影響（民事訴訟法第 73 條、第 173 條）。「受託人之信託任務終了者，訴訟程序在新受託人承受其訴訟以前中斷」（民事訴訟法第 171 條），此時「須新受託人承受訴訟程序」。

(二)事務之移交與責任之解除

「受託人變更時，原受託人應就信託事務之處理作成清算書及報告書，連同信託財產會同受益人或信託監察人移交予新受託人。」（信託法第 50 條第 1 項）移交為原受託人之義務，如怠於履行，可以訴訟加以強制。此義務包括信託事務之計算、信託財產之交付、登記註冊等公示方法之移轉、帳簿檔及其他之移交等，但原受託人行使留置權時，得拒絕移交信託財產。

因受託人對受益人負有以善良管理人之注意處理信託事務之義務。如

㉑　四宮，新版，p. 269。

不履行，須負債務不履行之責任。但此種責任在受託人離開受託人地位後，並非無限期繼續負擔。在對新受託人辦理移交完畢，取得受益人或信託監察人承認後，原則上可以解除，以後至少對前受託人不能追究執行上之責任，以謀衡平。因移交是否完全，只憑結算書及報告書一時未能完全確認，可能事後發覺報告或計算有疏漏或錯誤，或雖無疏漏或錯誤，但有移交不清之情形，故需取得受益人或信託監察人之承認，以保護受益人之利益。此時受益人或信託監察人之「承認」，其法律上性質，與私法一般「承認」之情形相同，乃一種觀念通知❷。即通知承認記載事項之事實，而由此發生責任解除之效果，並非基於承認之意思，而係基於法條之規定。

　　按日本舊信託法用「前受託人對受益人關於移交之責任視為解除」，文義有欠明確，我信託法改為「就其記載事項對受益人所負之責任視為解除」（信託法第 50 條第 2 項本文），其範圍較狹。信託法用「責任解除」字樣，所謂責任之解除與責任之免除意義不同：(1)責任之免除乃就個別責任單獨為之，而責任之解除係就各種責任概括為之。(2)責任之免除係針對已發生之責任，而責任解除更進而針對尚未確定是否發生之責任而言。(3)不正之行為雖可作為責任免除之對象，但不得作為責任解除之對象。如文書所記載之事項雖經受益人或信託監察人承認，但原受託人日後被發現有不正當之行為時，其責任仍不解除（信託法第 50 條第 2 項但書）。所謂不正當之行為在日本有不同學說，通說以為係指惡意及重大過失之加害行為而言，諸如製作虛偽之計算書、隱匿重要事項等。

---

❷　松本，前揭，p. 257。

第二十三章 信託之變更或終了

一、信託之變更

㈠除信託行為保留變更權外，嗣後原則上不得變更

信託生效後，如委託人於文件上未保留變更之規定時，關於受益人、投資、管理方法等條款，原則上即告確定。即使嗣後須更換受益人或變更受益權之範圍，或欲就投資政策作新的指示，除委託人係惟一受益人，即使事先未保留變更權限，仍可變更信託條款（信託法第 63 條）❶外，已無法達到目的。

受益人亦無權變更信託財產之處分或管理之條款，惟可放棄或讓與其利益，以阻止委託人達成設立信託之目的。單純由委託人與受託人之合意亦不能變更信託條款。如所有受益人皆有行為能力，並與受託人同意變更信託條款時，則可變更。

㈡變更之權限可保留予自己或賦予他人

如預先保留變更之權限時，可由委託人保留予自己，亦可保留予他人，例如受託人❷或受益人中之一人或數人。此種權限於財務情況及委託人與受益人之關係發生變動時非常必要。但將變更權保留給委託人，可能會使委託人負擔所得稅，且於死亡時遺產可能負擔遺產稅❸。

---

❶ Bogert, op. cit., p. 515.

❷ 受託人只能在信託條款明示授權限度內，始有權終止或修改信託，此種權利之實施須按委託人在信託條款所宣示之意思為之。
如受託人被賦予動用原本之裁量權時，可能解為如被合理要求實現委託人之目的時，由於分配所有原本而終止信託。參照 Bogert, op. cit., p. 669。

❸ 故委託人於設立信託後，不得因改變主意，對信託管理不滿，或因其他原因將信託撤銷，而請求將信託財產取回（如委託人成立信託，係出於詐欺、脅迫或無行為能力時，則可撤銷信託，惟此乃另一問題）。因此例如委託人為其妻設立信託，未在信託文件保留撤銷權 (power of revocation) 時，若其後與其妻不睦；或於富有

二、信託條款之更改

㈠委託人更改信託條款

委託人可在信託文件上保留改變信託條款之權或授予他人此種權利，及在一定條件下，關係人可更改信託條款，已如上述。

㈡法院變更私益信託管理方法

私益信託成立後，有時委託人在信託文件上就信託管理所作之指示，後來發現不切實際，妨害信託目的之實現。其原因或由於信託財產或當事人之情況發生變遷，非委託人當初所預見，或由於委託人當初對管理方法之指示不夠賢明或周到。例如委託人指示，在其寓所設置一慈善機構，但由於鄰近社區之改變或該地點不適宜，在別處設立更佳。此時更好的作法是出售該不動產，將所得價金投資在適當地區之建物。又如為退休傳教士之家設立信託之人，指示住戶之妻不准同住，後來發現此條款大大減少申請入住之人數。

故我信託法規定「信託財產之管理方法，因情事變更，致不符合受益人之利益時，委託人、受益人或受託人得聲請法院變更之。前項規定，於法院所定之管理方法，準用之。」即賦予法院變更信託管理方法之權，惟需待委託人（日本舊信託法第23條規定委託人之繼承人亦得聲請）、受益人或受託人之聲請，始能發動（信託法第16條第1項）。例如委託人指示受託人將不動產出售，將所得投資於商業，或禁止為超過一年之出租，或禁止將不動產設定抵押權，但由於情事發生變遷，致拘泥於此等條款，將妨礙受託人管理信託財產及受益人利益之情形是。總之，私益信託信託財產

之時期為其子女設立信託，而日後財政情況惡化，亟需信託財產供自己使用時，並不能終止信託，取回信託財產。其例外為委託人乃唯一受益人之場合，可撤回信託。

不過委託人在決定是否保留撤銷權時，固須考慮世事無常，他日可能需將信託財產取回，但也須考慮此種權利在稅捐上之效果。因在可撤銷之信託，委託人可能須支付信託收益之稅捐，同時於死亡時，信託財產可能被視為其遺產之一部，而須負擔遺產稅，其理由係該財產之所有與收益至委託人死亡時始行移轉之故。

之管理方法，因情事變更致不符合受益人之利益，均可適用該條規定。至於變更之情事是否委託人於為信託行為時無法預見，自條文文義言似非所問。

本條規定是否亦適用於公益信託不無疑義。本書採積極說，因否則公益信託只有於符合第 73 條規定之要件時，始能由目的事業主管機關變更信託條款，而信託條款與信託管理方法相較，層次較高，如此當不利於公益信託目的實現之故，況美國法院亦認公益信託亦有適用。

如委託人或受託人或受益人對法院證明有此情形存在時，法院有權允許受託人不按照委託人當初所定管理條款 (administrative provisions)，變通辦理，或使用其他管理方法，以實現信託之目的。法院主要考慮信託文件中受益人受益權之規定，至於達到此種結果所用方法之條款則係次要。換言之，在美國法之下，法院變更信託財產之管理方法，須不逾過可達到委託人意欲結果所需之限度。法院不可干涉受託人為達到受益人取得預期利益所作之努力。法院不能改變信託之標的，或更改受益人之比例，或增加新受益人，因如此乃重寫委託人之信託文件或遺囑，未經委託人同意擅當分配委託人財產之權❹。聲請對信託條款變通辦理，如僅係為受託人方便，或為增加受益人較委託人預期更多之受益時，則不在許可之列。又法院所定之管理方法，雖為變更信託行為原定方法之結果，但如變更之後，復因情事變遷又不符合受益人之利益時，上述信託關係人仍可聲請法院再次予以變更（信託法第 16 條第 2 項）。

㈢主管機關變更公益信託之條款

公益信託成立後不免發生信託行為當時不能預見之情事，由於公益信託可永久存在，故其中有許多歷史非常古老，後來由於社會、經濟、政治或其他情況之變動，條款常變成過時，無法執行（即所謂不可能）或不切實際 (impossible, inexpedient or impractical of fulfillment)。例如 1790 年美國為消滅黃熱病 (yellow fever) 所成立之信託，到了 1970 年代，由於此種疾病已不復存在，變成無存在之價值。且許多委託人所成立之公益信託，可能

---

❹　Bogert, op. cit., p. 518.

由於創立人計畫不切實際，或缺乏遠見，致成立之初，即行不通。基於此等理由，英美兩國法律早即賦予法院准許變更公益信託之條款，以適應情況之需要。英國近來則賦予慈善事業委員會 (Charity Commission) 變更之權❺，而日本信託法則將此變更之權賦予主管機關以代法院。

我信託法亦規定「公益信託成立後發生信託行為當時不能預見之情事時，目的事業主管機關得參酌信託本旨變更信託條款」（我信託法第 73 條）。該條與上述信託法第 16 條相同，皆屬情事變遷原則之應用，且係仿英美法 cy pres doctrine 而來❻，目的事業主管機關有權將不切實際或不當管理之條文予以變更，排除其適用，但此種權限並不包括變更遺囑人處分條款 (dispositive provision) 之權。原來在英美法之下，在公益信託，法院有更重要之權限，而為私益信託所無者，即所謂 cy pres 之權限。所謂 cy pres，其原意乃愈接近愈好。因法院欲儘量維持並執行公益信託，對其條款之解釋儘量從寬，使其發生效力，而達到設立人對公眾所預期之利益。

在我國法下，目的事業主管機關行使變更權時，須參酌信託本旨，此點與英美法參酌委託人信託目的雖頗近似，但裁量範圍似更為廣泛。又此種變更信託條款之權力，僅於公益信託始克享有，且歸屬於目的事業主管機關，於普通信託則無此種可能。

至援引本條之要件，是否需要因情事變遷致影響信託目的之實現，條文並未提及（但與私益信託不同，因無受益人，故不發生不符合受益人利益之問題）。申言之，在公益信託，為配合信託目的之公益性，較諸私益信託，賦與國家機關更大之變更權（變更信託條款），惟與私益信託不同之處，包括⑴此時其變更權不在法院，而在目的事業主管機關❼，此點亦與英美

---

❺ Bogert, op. cit., p. 522.

❻ 本書以為此條亦係 cy pres 原則之應用，因該原則在英美法適用範圍頗廣，不限於公益信託終結後剩餘財產歸屬人無著之情形，更多是如何使難於執行之信託，避免因情事變更被迫終止，而能繼續存續，妥善利用與有效發揮，亦即涵蓋公益信託繼續存在與發揮效力之層面。誠然我信託法第 73 條不似第 79 條使用「類似之目的」字樣，但實質上似無不同。惟有日本學者似僅以為其舊信託法第 73 條為 cy pres 原則之應用，而未提及此條（日本相當條文為舊信託法第 70 條）。

法歸法院不同。因目的事業主管機關與該信託關係較法院密切，對該信託之情形亦較法院更為瞭解。(2)與私益信託不同，此時變更權無待委託人、受益人或受託人之請求，主管機關亦可基於其職權主動行使之。(3)變更權之程度與範圍，異常廣泛。主管機關不以信託財產之管理方法為限❽，一切信託事項均可變更；且不僅可變更委託人所定之信託條款，亦可變更主管機關原已變更之信託條款（第 73 條，第 84 條準用第 16 條第 2 項）❾。

因公益信託影響之範圍比私益信託廣大，且多與主管機關之行政目的有關。主管機關變更信託條款時，應囑託土地登記機關辦理信託內容變更登記（土地登記規則第 133 條）。

㈣無歸屬權利人時，使公益信託存續或移歸公益機構

依我國信託法，公益信託關係消滅，而無信託行為所定信託財產歸屬權利人（含歸屬權利人未指定及歸屬權利人放棄其權利之情形）時，目的事業主管機關得為類似之目的，使信託關係存續，或使信託財產移轉於有類似目的之公益法人或公益信託（信託法第 79 條）。此條乃 cy pres 原則之應用。

此與日本新「公益信託法」規定主管官署可依信託之本旨命信託為類似之目的而繼續（同法第 9 條），但不能使信託財產歸屬於有類似目的之公益法人或公益信託稍有不同。本條所謂「類似目的」如何認定，我信託法並無進一步闡明，理論上不宜過寬，亦不可過狹，須斟酌委託人之原意，配合時空之變遷。此點似應瞭解英美法上 cy pres 原則之旨趣與應用，以作為解釋與運用之參考。

按在英美法，為了適用 cy pres 之原則，除了上述，情況發生變遷，致

---

❼　此時關係人可否聲請法院變更，我信託法雖未規定，但此次日本新法（關於公益信託之法律）（將公益信託單獨另訂為單行法），則明文規定不可聲請法院裁判。（第 5 條第 2 項）

❽　cy pres 應與行政變通 (administrative deviation)，即因情事變遷，將信託之管理條款加以改變之情形加以區別，後者在私益與公益信託均可援用。(Bogert, op. cit., p. 520)

❾　松本，前揭，p. 305。

原來信託條款之執行變成不可能或不切實際外，委託人在原來信託條款狹隘特定目的之背後，須有比較概括性 (general) 之公益意思 (intent) 可以尋繹。雖然法院對不可能或不切實際 (impossibility or impractically) 等要件之解釋有廣狹不同，但信託財產可用到比委託人原本所意圖更佳或更有效率，尚嫌不足。例如甲捐贈某私立大學，指定用在醫學院，該大學當局認為該校法學院更需要錢，且使用於法學院對社區助益更大。此時目的事業主管機關不可應用 cy pres，將金錢供法學院使用。但如果醫學院已不存在，且可認為委託人有較概括之目的，如提升私立大學之職業教育，而不僅使醫學院受益時，則目的事業主管機關可指示將錢改供法學院使用。

　　由於 cy pres 乃儘量接近之意，目的事業主管機關應移用於與委託人原來意思儘量接近之目的。故上例如委託人概括 (general) 之目的是促進醫學教育，則較適當作法是將款移歸另一所醫學院。如甲真正只欲資助該特定之私立大學醫學院 (因為其母校)，則不能援用 cy pres，而應讓信託終結。

　　因本條之立法精神係傾向於使公益信託存續，故應努力尋覓在原始較特定目的背後之一個較概括之公益目的。而且值得注意的是 cy pres 原則基本上對一個公益信託僅能在其他方面有效，但無法進一步實現之場合才能援用。例如，甲成立信託，供其子乙就讀私立大學醫學院之需 (乃私益信託，非公益信託)，後因乙死亡致信託之目的不能達成。此時法院不能應用 cy pres 將信託資金贈與醫學院用於公益目的[10]。因為 cy pres 對私益信託並不適用。又例如遺囑人留下金錢，將其著作出版流通以為有利公眾，法院認為該著作並無價值，故該信託非公益信託。如該信託並無其他目的時，則歸於無效，而其財產不能用以印行其他對社會有益之著作[11]。

　　又上述第 79 條主管機關「為類似之目的，使信託關係存續，或使信託財產移轉於有類似目的之公益法人或公益信託」之手續如何，信託法並無明文。似應準用上開第 73 條公益信託條款變更時之手續[12]。此外目的事業

---

[10]　Reutlinger, p. 213 以下。

[11]　Bogert, p. 513.

[12]　同說，參照松本，前揭，p. 316。

主管機關是否行使該條賦予之權限，乃屬於該機關裁量權之範圍，不負應為繼續或移轉信託財產行政處分之義務，從而如委託人所定目的過狹，無法將剩餘財產轉用於類似目的時，則應依第 65 條之規定復歸於委託人，於未移轉前，則適用第 66 條之規定。

深度研究　英美法上 cy pres doctrine 之要件與應用

Cy Pres 一詞係來自法文 "cy pres comme possible"，乃「儘量接近」之意。在英美法下 cy pres 權限之應用如下：

一、使法院適用此原則之緊急狀況是不可能 (impossibility) 或不切實際 (impracticality) 或不權宜 (inexpediency)：

例如成立信託幫助教會成員住入老人之家，但這些地方現在已無空位，或將來亦無空位，則可適用 cy pres 原則。如所贈資金因數量有限，不足以尋覓並維持一所醫院時，則是不可能。

如設立慈善事業之時，其目的已被他人以其他方法達成時，則是不切實際或不權宜。例如捐出財產在某處興建紀念碑，但當捐贈生效時，當地已建造了類似目標之紀念碑。又例如如信託資金有剩餘，如捐贈協助水災或其他災害之災民，而於所有災民被照顧後仍有餘款時，則可適用 cy pres 原則❸。

二、下列最能說明 cy pres 原則之應用：

在 Jackson v. Phillips 一案 (14 Allen, Mass., 539)，遺囑人設立兩信託，第一個為喚起終結奴隸制度之心，第二個協助逃亡之奴隸。但在遺囑人死後不久，奴隸制度被廢除，已無需要提倡廢除奴隸制，且也無逃亡奴隸可以協助。美國法院認為捐贈人心裡有廣泛協助黑人之目的，情事之變遷使法院適於將該資金用於與遺囑人所選擇類似之目的。最佳代替目的是應用第一個信託資金於教育南方已解放之黑人，第二個信託資金用在遺囑人所住城市內貧困之黑人，而以過去逃亡之奴隸為優先。

---

❸　參照 Bogert, op. cit., p. 525。

又如在 Ely v. Attorney General 一案 (202 Mass. 545, 89 N.E. 166)，信託是為了在遺囑人土地上建立耳聾小孩之家，但由於資金不足，遺囑人之意願無法實現，法院准許資金用在協助在遺囑人住宅數里外已存在之其他類似機構。

三、有些美國法院解釋 cy pres 原則之根據係出於推測委託人之意思 (imputed 或 inferred intent) [14]。

適用此原則之前提要件，必須委託人有比較廣泛與概括協助一般公益事業，或某一類由其自己或其他方法所選擇之公益目的之意願。委託人之意願不可失之過狹或特殊。換言之，不可只對一種特定目的及單一方法關心，而不及其他。委託人之意願必須對應用其捐贈於公益有若干彈性。例如某捐助人由於對其出生地及其所信仰宗教之情感上理由，欲提供資金在其出生之市鎮，建造某特定教派之教會。若該市鎮於該教會設立後，人口銳減，已無信仰該宗教之信徒時，此際可認為委託人之意願比較狹隘，有地方性，且其關心只在促進一市鎮之某教派，而非資助該宗教或其他地區之一般宗教，從而該資金不得使用於資助鄰近地區之同一宗教[15]。

四、當事人向法院聲請

cy pres 之權限，除明白由委託人授與外，乃屬於衡平法院所有。但受託人於認為發生適用該原則之情形時，可向法院聲請指示是否適用該原則。此際須提起訴訟，以該州檢察長（該州人民之代表身分）作為對造當事人或由檢察長提起。法院通常如認為該案之情事適合應用 cy pres 原則時，則將該案交予稱為 master 之官員調查證據，並聽取關於新信託管理計畫之建議，然後做成新計畫之報告，作為裁判之基礎[16]。

五、法院之審酌

法院在釐訂新信託管理計畫，將信託資金應用於與原委託人目的儘量接近之目的時，如信託目的在促進特定種類公益事業，例如教育，則法院

---

[14]　Bogert, op. cit., p. 521.

[15]　Bogert, op. cit., p. 524.

[16]　Bogert, op. cit., p. 526.

可能將資金運用於同類之公益事業。不過有時移用於他種公益目的，如委託人以遺囑設立數個公益信託，其中有一目的不能達成，則常將該財產分配於該遺囑人所指定之其他公益目的。又如委託人捐助之機構已解散時，則通常將剩餘財產移交同性質之其他機構[17]。

六、法院之命終結信託

如信託之執行變成異常困難或法院認為終結最符合受益人之利益時，法院可命終結信託。

三、信託之合併與分割

信託可否合併或分割？日本舊信託法與我信託法對此問題並無規定，但為同一家庭設立二個或更多信託，並非不尋常，故發生信託可否合併，以達到管理上經濟目的之問題。又可否將單一信託分割為兩個或更多信託，因如此可適應不同投資目的，或符合受益人之分配要求，亦可能獲得稅捐上減免之利益。

按美國許多州制定法已准許信託在若干情況下，可以分割，而統一信託法典 §416 更准許受託人將信託合併與分割，不需經法院或受益人之許可，惟需通知若干受益人[18]。

此次日本新信託法已對信託之合併與分割設有專條加以承認。

---

[17]　同[16]。

[18]　Bogert, op. cit., p. 669.

第二十四章　信託之終了

信託雖係以信託財產為中心之管理機制，但委託人設立信託之目的完成或不能完成已經確定，或發生其他信託終了之事由時，信託即失去法律上存續之根據，此時繼續的信託法律關係向將來歸於消滅。

一、信託之終了原因

信託關係因下列事由而終了：

(一)存續期間屆滿或解除條件成就或發生信託行為所定事由（信託法第 62 條）

信託之存續期間通常於信託文件上明訂，如數年，此時信託存續至所定之期日，當然終止。此種期間不必為確定期間，即使以作為計算標準之一人或數人之生存期間（終身）作為信託存續期間亦無不可（事實上此種情形在英美極為常見）。委託人亦可訂定信託應存續至某人（例如受益人）成年時（在受益人未成年期間存續），或特定人結婚時為止。且可賦予他人（例如受託人）訂定信託存續期間之權限。

如信託文件未明定存續期間或終期時，可視為於委託人設立信託之目的達成時，信託歸於消滅。即默示以其成立信託之目的來訂定信託之期間，而解為委託人意欲信託存續至信託目的之完成為止。因信託不能比其達成目的所需更長。例如為教育孫子女之信託，於其教育完成時歸於終了。又如為防止已婚婦女之財產被其夫花用所設立之信託，可解為僅於其婚姻關係存續中存續。

信託法就信託之存續期間並未設任何限制，一般信託不問短期或長期係屬有效。但其例外為信託期間雖已屆滿，但信託之目的顯然尚未完成時，學者以為此時信託似應解為不終了。因信託之存續期間乃以完成信託目的通常認為必要之期間為標準所定者，期間本身並無絕對意義之故❶。

---

❶ Scott, op. cit., §334；松本崇，前揭，p. 263；又四宮，新版，p. 347。

㈡信託目的已完成或不能完成或變成不法

信託目的如已經完成，則信託失去繼續存在之根據。故信託法將信託目的已完成定為信託關係消滅原因之一。又信託之目的客觀上顯然不能完成時，如使信託繼續存續，反而違反委託人之意思，在社會上亦無此必要。故信託法將信託目的不能完成亦定為信託終了之原因。惟信託目的已完成與不能完成，有時事實上難於嚴格區分，而不乏均符合二者之情形。以下分別說明：

1.信託目的完成

例如信託之目的為扶養委託人並支付其喪葬費用，信託於其死亡並付清所有費用時終了。又如信託目的在清償委託人之債務，而日後已由信託財產以外之來源償清債務時，亦同。在認定委託人之信託目的時，不但應考慮信託文件之文字，且須斟酌當時委託人、受益人及委託人家屬暨其他各種情況。

如私益信託之目的於原定存續期間屆滿前完成時，則信託視為終了，不必再要求信託繼續。

2.信託目的不能完成或變成不法

⑴信託目的不能完成

如信託效力發生後，因情事變遷，信託財產變成太少，以致信託全部或一部繼續成為不切實際，或目的不可能實現。又如甲將家屋交付信託，供一群子女之用，但子女後來不願共居一處是，此時信託歸於終了❷。

⑵信託目的由於法令變更變成不法

如私益信託於設立時合法，在存續中由於法律變更，變成不合法，則信託歸於終了。例如受益人成為依法令不能享有某種財產權之人，或此種人成為受益人時，或銀行股份之信託原屬合法，後來由於通過有關表決權信託之法律致變成不合法。又如為外國人成立之合法信託，後來與該外國發生戰爭，依戰時法律規定，政府將該信託財產予以扣押是。又如信託為

---

❷ 私益信託如委託人指示不完全、或在成立信託之時，目的違法或不可能（如信託財產滅失或被第三人執行），則信託不成立。

出售不動產而成立，後來法令禁止買賣，而該不動產在禁止以前未賣掉，此時信託因目的不能達成而終了。在以上信託終了情形，除委託人另訂定其他處分外，由委託人或其繼承人取得該財產❸。

惟在公益信託與私益信託不同。如無法按委託人之原定目的實現時，原則上可適用上述 cy pres 原則，儘量按與委託人意願相近之方向予以處理。

㈢信託財產之滅失

例如信託之目的在出售房屋，以其價金作捐助之用，但該房屋因失火而滅失是。但若以火災保險金可完成信託之目的時，信託仍可存續。

㈣受益權乃一身專屬，而受益人死亡時

受益人之死亡對信託之存續無關，除非委託人以其作為信託存續期間之標準，否則於其死亡時，其受益權原則移轉於其繼承人。反之如委託人之意思注重受益人個人，其他之人不能享有信託利益時，則於受益人死亡時，受益權不移轉予其繼承人，信託因失去受益權歸屬之主體而歸於終了。此時若自受益人限於一代之信託目的觀之，亦可認為係信託目的完成之一例。

在代理，本人之死亡、破產、喪失行為能力原則上可使該法律關係歸於消滅（民法第 550 條）；但在信託，委託人之死亡、破產、喪失行為能力，除以其生存期間為存續期間之標準外，對信託之存續並無影響。同理，受託人之死亡、破產、喪失行為能力，亦不使信託關係歸於消滅。此際可再以新受託人（即所謂補充受託人 substitute trustee）代之，又委託人或受託人為法人時，因解散或撤銷設立登記而消滅時亦然（信託法第 8 條第 2 項）。

㈤受益人拒絕受益

在他益信託，受益人拒絕受益時，則受益權溯及的不歸屬於該受益人，此時信託行為如未指定次順位之受益人時，則信託向將來歸於終了。

㈥受益人全體放棄受益權

受益人全體放棄受益權，如可解為受益權讓與受託人時，又當別論，

---

❸　Bogert, op. cit., p. 537.

否則此時信託歸於終了，信託財產復歸於委託人或其繼承人。

㈦享有信託利益全部之委託人之終止

我信託法第 63 條規定：「信託利益全部由委託人享有者，委託人或其繼承人得隨時終止信託」。

所謂由委託人享有信託利益全部，係指享有信託財產之原本與收益之全部之意。亦即委託人成為原本受益權與收益受益權之全部之歸屬主體(受益人)，而非指單純獨占受益權之意。換言之，此時變成完全之自益信託。按信託目的之設立人與信託財產之實質歸屬人既希望信託終了，自無勉強禁止之理，故我信託法規定委託人或其繼承人得隨時終止信託。在日本亦有人以為「享有信託利益全部」，係以單獨受益人為前提，如受益人有數人之場合，則不適用該規定者，但有人認為並無如此限定之必要，只要委託人與繼承人全體意思合致，即有該條之適用者❹。

乍觀之下，信託與民法委任（民法第 549 條）相似，當事人可隨時行使終止權，但在委任契約，終止權由雙方當事人享有，而信託只限於委託人或其繼承人始有終止權。惟委託人或其繼承人於不利於受託人之時期終止信託者，應負損害賠償責任（信託法第 63 條第 2 項）。例如約定於一定期間支付報酬，在屆滿前終止信託時，委託人或其繼承人對受託人應支付餘存期間之信託報酬，但如有不得已之事由時，不負損害賠償之責。例如信託財產所剩無幾，或因市場失序，價值大跌，已不需受託人，以節省報酬之支出；或受益人因醫療或留學亟需提前變賣信託財產，以挹注支出；或受益人已有時間與經營能力，可自行管理信託財產等情事是。

㈧委託人與受益人共同終止信託

我信託法規定：「信託利益非由委託人全部享有者，除信託行為另有訂定外，委託人及受益人得隨時共同終止信託」（第 64 條）。所謂信託利益非由委託人全部享有，包括信託財產原本及收益，於信託終了時，全部由委託人以外之人享有，以及部分由委託人享有，部分由以外之人享有，委託人之地位與受益人之地位分屬不同之人之他益信託，亦即受益權之一部為

---

❹　松本崇，前揭，p. 267。

他益信託（例如委託人本身為原本受益權之受益人，而以第三人為收益受益權之受益人），兩種情形。如經委託人與受益人全體共同終止，法律似無不准之理。此時或委託人與受益人非為同一人，或委託人僅屬受益人中之一人，故如欲終止信託，須由委託人與受益人共同為之。即在第一種情形，應由全體受益人同意，在後者須由委託人與受益人雙方或由繼承受益權之繼承人全體同意。然如於不利於受託人之時期終止信託者，受託人與受益人應連帶負賠償損害責任，但終止信託係出於不得已之事由時，免負賠償責任❺。

㈨受益人請求法院終止

在他益信託，如其目的係在保護一時之受益人，延展信託財產之給付時期，藉以保存原本之情形，受益人往往對委託人對此種贈與所加之限制，感到不耐，不乏請求法院命令信託提前終止，以便早日分配財產。

如委託人仍生存，與所有受益人共同申請終止信託時，美國法院每准許其請求。因主要尊重委託人之意願，並實現其指示，現其意願既已變更，不妨准予終止。此種原則只適用於私益信託中之生前信託。

但在委託人已死亡，或反對信託提前終了之情形，法院可否依受益人之請求，准予提前終止信託？此問題爭議甚大，美國各州法律不一。假設所有受益人均已成年，有行為能力，而一致欲提前終止信託，而委託人若干信託目的尚未完成，且可因信託之繼續而達成時，此際應否准予終止？例如甲為其十二歲之男孩乙成立信託，指示受託人給付純收益予乙，或代乙支付生活費，直至乙二十五歲止，然後將信託原本移交予乙。設乙於二十一歲時，請求法院終止信託，並請求受託人將信託財產移交予乙。此時，

---

❺ 此乃參考上開民法委任第 549 條及日本信託法第四試案第 58 條之 2 規定。又日本舊信託法第 58 條規定「除前條情形外，在受益人享受信託利益之全部之場合，如非以信託財產不能清償其債務及其他有不得已之事由（例如非以信託財產為之，則難於維持生計，或受益人移民海外等）時，法院得因受益人或利害關係人（受益人之債權人、保證人、物上保證人等）之請求，命為信託之解除」，但此立法例為我信託法所不採。

由於甲為乙提供財產管理人，並扶養乙成年，直至智慮成熟始交付原本之目的尚未充分達成；而信託繼續存續至乙二十五歲，始可完成。在此情形，美國大多數法院不准許受益人之請求。在有名之 Claflin v. Claflin 一案❻，受託人被遺囑人指示於其子二十一歲時，支付其子一萬元，到二十五歲，另付一萬元，當其子三十歲時，始給付信託原本。該信託文件未含浪費者條款，其子到了成年，聲請法院准予支付原本。法院駁回其聲請，理由是：在適用此原則之各州，如信託是一浪費者信託，則只要信託存續一天，防止受益人不慎與發生不幸之目的即未完成。美國大多數法院遵循該 Claflin 案判例，不准受益人之請求。理由是：在法律許可範圍內，捐贈人對其財產可為所欲為，有權依照其意願與判斷來處分其財產或設計其贈與，包括附上他所欲之條件或限制，法院須實現財產移轉人之意願，不可改變或重塑他們的贈與。

但在英國與美國少數州法院，可能准許提早終止。其理由係如信託並非浪費者信託，法院不准終止信託，受益人仍可以出售其利益而間接取得原本之方法，迴避法律之規定，且此種出售由於買受人至將來始可取得原本，不無風險，通常價格甚低，對受益人不利之故❼。

惟茲有應注意者，如受益人中僅一部分請求法院提早終止信託，分配原本於所有受益人時，則法院不應准許其請求。因他們企圖強加其意願於他受益人。如若干受益人只聲請法院終結信託之一部，則問題更為複雜❽。又受託人與受益人一起聲請終結信託亦無作用，因受託人對受益權原無利益，且不能以其放棄其代表之身分為準❾。至於對受託人支付報酬並非信

---

❻　Claflin v. Claflin, 149 Mass. 19. 20 N. E. 454, 3 L.R.A. 370.

❼　Bogert, op. cit., p. 545.

❽　*如信託之目的對受益人之一部已完成，而他們之利益可分割時，則可准信託之一部歸於消滅。例如保有部分信託財產之目的係為了確定委託人之兒子有無遺腹子分配資產，後來確定該兒子死亡未遺有子女時，法院認為就該部分財產之信託目的已達成，故該部分財產可分配予有權受領之受益人。但如若干結果按委託人之意思乃信託之目的而尚待完成時，則法院不易依若干受益人之請求而終止信託之一部。參照 Bogert, op. cit., p. 546。*

託之目的，故受託人基於會失去報酬反對提前終止信託，更無關宏旨❿。

㈩混同（受益人之地位與受託人之地位以及不同受益權歸屬於同一人）

受益人與受託人因繼承或合併等原因概括承受他方之地位時則發生混同，此時委託人之目的已無法由信託達成，故信託應告終了。例如委託人設立信託，指定其夫為唯一受託人與生存期間之受益人，且規定原本在其夫死亡時，分配予委託人之女。如其女於其夫死亡前死亡，留下其夫為其唯一繼承人時，則其夫變成唯一受託人與唯一受益人，此時權利發生混同而使信託歸於終了，由其取得該財產⓫。又如信託指定甲與乙為終身信託利益之受益人，並指定甲乙死亡後，剩餘財產（原本）歸屬於丙，但甲乙二人後來被指定為甲與乙及丙信託利益之受託人，如丙死亡，甲乙二人成為其法定繼承人，致其財產歸屬於甲乙二人之情形是。

又不同受益權歸屬於同一人時，原則上可使信託歸於消滅。但如信託之繼續，可使委託人目的中一個或數個繼續完成時，則信託不因混同而消滅。例如甲成立信託，將收益交付乙終身享有，原本於乙死亡時交付予丙，而丙將其剩餘財產之利益移轉予乙，此際如信託唯一之目的在為丙保存財產，則信託可歸於消滅。但如可認為委託人另有目的，即於乙終身由受託人代其管理財產，使其免除管理財產之負擔，防止其受愚蠢或不當管理之害時，則此時不應發生混同之效果。同理，在浪費者信託亦不消滅。例如信託為甲終身附有浪費者信託之條款，而將剩餘財產交與乙，甲不能將其利益移轉予乙，以發生混同之效果。如乙將其利益移轉於甲，亦不生混同之效力，因否則將使委託人保護甲之意欲無法達成⓬。

---

❾　例如在 Young v. Snow 一案，信託規定保持財產完好並支付收益二十年，所有受益人與受託人聯合聲請法院在二十年屆滿前終結信託，但法院遵循 Claflin v. Claflin 一案之旨趣予以駁回。參照 Bogert, op. cit., p. 544。

❿　Bogert, op. cit., p. 543.

⓫　參照 Restatement (Second) of Trusts, Sec. 341.

⓬　Bogert, op. cit., p. 540.

(圭)**公益信託因撤銷設立許可而消滅**

公益信託違反設立許可條件(參考民法第 34 條法人撤銷許可之規定)、監督命令或為其他有害公益之行為時,目的事業主管機關得撤銷其許可(信託法第 77 條第 1 項),經撤銷後不能不歸於消滅(信託法第 78 條)**⓭**。

(圭)**信託業被主管機關命其將信託契約移轉於其他信託業**

新信託業法規定: 信託業因業務或財務顯著惡化,不能支付其債務或有損及委託人或受益人利益之虞時,主管機關得命其將信託契約及其信託財產移轉於其他信託業。信託因解散、停業、歇業、撤銷或廢止許可,應洽由其他信託業承受其信託業務。移轉或承受受益人不同意或不為意思表示者,其信託契約視為終止(第 43 條)。

二、信託終了之效果

因信託之終了,信託關係向將來歸於消滅。

(一)**信託關係在移轉信託財產於歸屬權利人前,視為存續**

信託法第 66 條規定:「信託關係消滅時,於受託人移轉信託財產於前條歸屬權利人前,信託關係視為存續,以歸屬權利人視為受益人」。何謂信託關係視為存續,此時該信託之性質為何? 日本學者以為由於信託行為設立之信託(設定信託或任意信託)雖告終了,但成立一種法定信託,使信託關係存續,以保護歸屬權利人**⓮**。亦即此時信託關係繼續之目的係在移轉剩餘財產予歸屬權利人。所謂歸屬權利人係指信託終了後,殘存信託財產應歸屬之主體之謂。

(二)**歸屬權利人**

⓭ 此乃仿日本信託法第四試案第 72 條之 2 之規定。

⓮ 日本學者有以為: 在歸屬權利人係「信託行為所定信託財產之歸屬權利人」時,可認為原信託(設定信託)之延長(處分原本以至清算之階段)。在歸屬權利人係「委託人或其繼承人」之場合,則係推定當事人之意思,及基於衡平立場,而相當於謀求剩餘財產復歸於委託人之所謂「復歸信託 (resulting trust)」。參照松本,前揭, p. 287。

　　殘存信託財產於信託關係消滅時，應歸屬於所謂「歸屬權利人」，其人選因私益或公益而不同。

1.私益信託

(1)信託行為所定之歸屬權利人

　　委託人在信託文件定有歸屬權利人時，基於私法自治之原則，自應首先尊重其指示。

(2)如信託行為未指定時，依下列順序定其歸屬權利人：

　A.享有全部信託利益之受益人

　　按受益權分為收益受益權與原本受益權，所謂享有全部信託利益之受益人，係指對此二者具有受益人身分之人，如信託行為未另定歸屬權利人時，以享有全部信託利益之受益人為歸屬權利人，乃事理之當然。

　B.委託人或其繼承人（信託法第 65 條）

　　信託行為未定歸屬權利人時，如由受託人保有剩餘財產，不符委託人之意思。如復歸於信託設立人與財產出捐人之委託人或其繼承人，乃推定當事人之意思，亦與公平原則契合之故。

2.公益信託

　　信託行為定有歸屬權利人時，歸屬於該人，如無訂定時，則主管機關得依信託本旨為類似目的使信託關係存續或使信託財產移轉於有類似目的之公益法人或公益信託（信託法第 79 條）。法律之所以承認此種信託（一種法定信託），乃因與委託人之意思及社會之要求合致之故。此原則只在公益信託適用，稱為可及的近似之原則 (cy pres doctrine)。

(三)信託財產歸屬之性質

　　信託財產歸屬於歸屬權利人，究係發生物權的效力，抑或債權的效力？在日本少數說以為受託人移轉之義務，乃移轉占有權，所有權本身已移轉於歸屬權利人。多數說以為在移交予歸屬權利人完畢前，所有權仍殘存於受託人。日本判例以所謂債權說為前提，採多數說之見解。即並非因信託終了，信託財產當然移轉於歸屬權利人，尚待受託人辦理清算手續，履行對歸屬權利人之移交義務。

(四)剩餘財產歸屬人之權利

在美國法下，信託財產歸屬權利人有如下權利：

1. 如受託人對原本受益人之權益有損害之行為，例如管理不當或侵占信託財產時，可對受託人起訴，要求其對其信託違反負責。

2. 如先前之收益受益人行為損害原本（如土地）之價值時，可以損耗 (waste) 為理由，予以訴究。

3. 通常原本收益人可將該權利（甚至在到期前）出售或以其他方法予以處分。當然如該利益實現之可能性甚微，或須經漫長時間時，其價值可能不大❶。

(五)受託人之權利義務

由於原信託之終了，成立一種法定信託，惟此法定信託乃擬制既存信託之存續。故與過去基本上仍保持同一性，但因法定信託目的在移轉財產於剩餘財產歸屬權利人。故受託人之權限限於了結現務，移轉信託財產予歸屬權利人（使其具備對抗要件）❶，在此等事務完畢前保存信託財產，適當收取收益❶。換言之，信託終了時，受託人之權利義務並不立即終了，受託人有權利與義務取得信託財產之占有，加以防護、處理，並須在準備會計報表、分配信託財產及責任解除所需期間內，踐履其他為了結信託事務所必要之行為。此外尚應注意下列各點：

1. 受託人通常尚須變更登記，交付權利之證明文件。除受託人事前同意以現金支付外，只須以其現存之形態移交。受託人移交信託財產及在了結期間所獲之收益須迅速為之。如由於不合理延遲交付，致財產貶值或毀損滅失，可能須負責任❶。

❶ Dobris & Sterk, Ritchie, Alford & Effland's Estates and Trusts: Cases and Materials, p. 671.

❶ 如信託財產已移歸於權利歸屬人時，關於應公示之財產權，取得人非具備對抗要件，如塗銷信託之類，不能以其非信託財產對抗第三人。

❶ Scott, Trusts & Trustees, §344, §355；四宮，《信託法》（新版），p. 353；松本，前揭，p. 287。

❶ McBride v. McBride, 262 Ky. 452, 90 S.W. 2d 736 (1936); Surratt v. State to the Use

2.受託人不能從事新的積極投資，因此乃違反移交之義務。但並非須立即變更過去一直繼續之運用或管理方法。例如在土地信託（信託財產為土地建物），建物如有承租人在使用中，此時似無終止其租賃關係之必要，而將信託財產連同租賃契約移交予歸屬權利人，反而符合土地信託按現狀將信託財產移交予歸屬權利人之旨趣。

3.信託債務如何清償，乃一難題。受託人雖可留下債務，將信託財產交付歸屬權利人，但一般在清償信託債務後，才將所餘財產移交。如無可供清償之金錢時，似可出售將其價金供清償之用。至未到期之信託債務受託人對信託債權人雖無期前清償之義務，但可認為有清償之權限，惟應考慮受益人之利益❶。

㈥續行或開始強制執行及受託人之留置權

1.對信託財產之強制執行

第三人對信託財產開始之強制執行於信託終了後不受影響，其後仍可對信託財產之歸屬權利人開始或續行（信託法第 67 條準用第 49 條）。

故即使在納入權利歸屬人一般財產之後仍可續行。此時續行之強制執行手續不僅在原信託存續期間中開始者，即在法定信託後才開始者，亦包含在內。

2.受託人之留置權

受託人個人對信託財產之損害補償請求權（信託法第 42 條），報酬請求權（信託法第 43 條），在納入歸屬權利人一般財產之後，可否強制執行？日本舊信託法第 54 條明定可以，但我信託法第 51 條對此點漏未規定，理論上宜採積極說。故如財產之中未移交完畢者，受託人可加以留置，並得對歸屬權利人就信託財產為請求，此等請求權包含在法定信託階段所發生者❷。歸屬權利人得提出與各個留置物價值相當之擔保，以消滅受託人就該物之留置權。（第 67 條準用第 51 條第 2 項）

---

of Bollinger, 167 Md. 357, 175 A. 191.; Bogert, op. cit., p. 534。

❶　能見，前揭，p. 264。

❷　松本，前揭，p. 292。

(七)結算書及報告書之承認

「信託關係消滅時，受託人應就信託事務之處理作成結算書及報告書，並取得受益人、信託監察人或其他歸屬權利人之承認」（信託法第 68 條第 1 項），但主要應經歸屬權利人之承認，至受益人尤其收益受益人有無承認必要，似係次要。

又受託人變更時，原受託人有「連同信託財產會同受益人或信託監察人移交於新受託人」之規定（信託法第 50 條），而此時並無規定受託人應連同信託財產移交予歸屬權利人，立法上似有疏漏。

此外結算書及報告書經歸屬權利人承認時，除受託人有不正當行為外，受託人就其記載事項對歸屬權利人所負之責任視為解除（信託法第 68 條第 2 項準用第 50 條第 2 項）。其餘可參閱本書有關受託人更迭部分之說明。

(八)其他相關問題

1.民事訴訟程序之停止

民事訴訟法第 171 條規定：「受託人之信託任務終了者，訴訟程序在新受託人承受其訴訟以前當然停止」。惟在信託終了時，因已無新受託人，只有由信託財產歸屬人承受。

2.剩餘財產之歸屬

信託終了後，如最後仍有財產殘存，未能處分時，如何處置？我信託法並無明文，日本舊法下，有人以為此時可與公益法人解散最終處理相同，歸屬於國庫者❷。但在我民法為依第 44 條之規定，應歸屬於地方自治團體而非國庫。

---

❷　田中，前揭，p. 162。

第二十五章　私益信託之監督

一、監督機關與監督方法

信託原為私法上法律關係，原則上應委諸當事人自治，但因受託人之任務繁重，在社會上又扮演重要機能，而且名義上又係信託財產之所有人，故有時不免有違反信賴，侵占信託財產之虞。信託法為維持信託之信用起見，於第 60 條第 1 項規定「信託除營業信託及公益信託外，由法院監督」。即原則上以法院為信託之監督機關。營業信託則受主管官署（行政院金融監督管理委員會）之監督（信託業法第 4 條），而公益信託則按各信託之目的事業之內容，由其主管機關分別加以監督（第 72 條）。

二、私益信託之監督

私益信託之監督由法院（受託人住所地之法院）為之（非訟事件法第 76 條第 1 項），但僅能被動的依聲請為之，而不能依職權為種種監督。以下將法院之監督分述如次：

㈠法院可因利害關係人，或檢察官之聲請，許可受託人將信託財產轉為自有財產，或於該信託財產上設定或取得權利（信託法第 35 條第 1 項第 3 款）。

㈡法院得用利害關係人或檢察官之聲請，檢查信託事務，並選任檢查人加以檢查，或命為其他必要之處分（信託法第 60 條第 2 項）。對於法院選任檢查人之裁定不得聲明不服（非訟事件法第 79 條）。法院得就信託財產酌給檢查人相當報酬，其數額由法院徵詢受託人意見後酌定之。必要時，並得徵詢受益人、信託監察人之意見（非訟事件法第 81 條）。檢查人之報告應以書面為之。法院就檢查事項認為必要時，得訊問信託監察人（非訟事件法第 80 條、第 173 條）。

㈢法院得准許受託人辭任，依聲請將受託人解任，選任新受託人，及

在遺囑信託受託人拒絕或不能接受信託時，依聲請選任受託人（信託法第36條、第46條）。

　　㈣依聲請選任信託監察人（信託法第52條）；許可其辭任（第57條）

　　㈤法院可依聲請變更信託財產管理方法（信託法第16條）等。

　　㈥可對不遵守法院命令或妨礙其檢查之受託人處罰鍰（信託法第61條）。此係仿民法第33條受設立許可法人之董事或監察人之處罰規定。

　　㈦法院認為必要時，得命受託人提出財產目錄、收支計算表及有關信託事務之帳簿、文件，並得就信託事務之處理，訊問受託人及其他關係人。對於此項裁定，不得聲明不服（非訟事件法第76條）。

深度研究　日本新法下法院監督之更張

　　日本舊信託法所以將非營業信託受託人置於法院監督之下，乃因制定當時，社會上有假信託之名辦理高利貸之惡質公司，民間對信託制度欠缺信賴。但今日社會對信託認知程度已經提高，情況丕變。且法院對信託設立之事實欠缺瞭解，又欠缺制度上配套措施，致行使監督職權有實際困難。故其新信託法刪除法院監督之規定外，新課受託人信託財產狀況之報告義務。另增設檢查人制度，期能透過受益人等發揮監督受託人之實效。即受益人懷疑受託人有不法行為或違反法令或信託行為規定之重大事實時，得聲請法院選任檢查人。檢查人得請求受託人報告信託事務處理等狀況，或調查信託之帳簿、文書或其他物件。檢查人應向法院報告調查結果，並副知受託人與受益人。法院認為必要時，應命受託人將調查結果使受益人周知（第46條、第47條）。

附錄一　歐洲信託法原則

第一條　信託主要特色

一、在信託一個稱為「受託人」之人擁有與他私人財產分離之資產，且應為另一個稱為「受益人」之人之利益或為達到某種目的處理這些資產（信託資金）。

二、受託人與受益人可以在一個以上，一受託人亦可為受益人中之一人。

三、信託資金之獨立存在，使其免於受到受託人之配偶，繼承人與自己債權人之請求。

四、受益人關於該分離之信託資金有個人權利，且對受託人與該資金之任何部分被不法移轉之第三人亦有財產權 (proprietary rights)。

第二條　信託之設立

原則係為了成立信託，稱為「委託人」之人以設立一個獨立信託資金之意思，應在其生前或在死亡之時移轉資產予受託人。但委託人亦得以明示自己成為其特定資產之受託人之方式設立信託。

第三條　信託資金

一、信託資產不但由原始嗣後增加之資產，而且由原始或嗣後增加之資產隨時之變形物而構成。

二、信託資產不可用以滿足對受託人個人之請求權。信託資金只可在委託人設立信託不違反保護其債權人，配偶或繼承人之法律之限度內，滿足與受託人以受託人資格交易之債權人請求權，及受益人或有執行目的信託職務之執行人 (enforcer) 之請求權。

三、除信託條款另有訂定外，一個擁有數個信託之受託人應將各信託資金與其私有財產分離，且各信託資金亦應彼此分離。

第四條　為了受益人或可執行之目的而設立之信託

一、委託人於設立信託時，應指定已確定或可確定之人作為受益人或指定有執行人之信託目的。

二、在委託人怠於設立影響信託資金全部之權利之限度內，受託人為委託
人或其繼承人之利益成為該資產之所有人。

三、任何受益人或任何目的信託之執行人 (enforcer) 有權獲得為保護其利
益之資訊，且可要求受託人對其報告。

四、除信託條款另有規定外，受益人得處分其權利。

五、任何受益人或任何目的信託之執行人有權在司法上尋求執行信託
條款。

第五條　受託人之義務與權限

一、受託人應依法律與信託條款實施其作為所有人之權利。

二、受託人之基本義務為遵從信託條款，以合理注意照顧信託資產，以最
有利於受益人之方式行動，或在目的信託場合實現此等目的。

三、受託人應將信託資產分離並加保護，做成正確帳目且應提供受益人與
執行人為保護其利益所需之資訊。

四、在信託條款或法律另有許可限度內，受託人應親自履行其職務。應誠
實行動，除另有授權外，避免任何利益衝突。

五、受託人應對信託資金負責，對信託資金因其違反信託所受之任何損失
應由其個人賠償，且應對違反其義務所得之任何利益由其個人填補信
託資金。

第六條　受益人對違反信託之受託人之救濟

法院因受託人違反信託，對受益人可提供之救濟，包括命受託人不為
特定行為，或將受託人解任更換他人，或命支付賠償損失或回復利益。法
院亦得宣示受託人之特定資產乃信託資金之一部，且從未變成其私人財產
之一部，或應視為履行其責任之擔保。

第七條　第三人之責任

如受託人不法移轉信託資金之一部予不受善意買受人或其他保護之受
讓人時，受託人應對信託資金之損失加以補償，或被命保持該移轉之資產
（或其變形）作為與其個人財產分開之信託資金之一部，或作為履行其責
任之擔保。此種責任亦擴張及於任何嗣後不受善意買受人或其他保護之受

託人。

第八條　信託之終止

一、如所有受益人生存已經確定，皆有完全行為能力，於有協議時，得要
　　求受託人終止信託，並分配信託資金予他們及他們所指示之名義人
　　(nominees)，而不受信託條款之限制。但委託人若干重要目的尚未達成
　　時，受益人不得終止信託。

二、信託因下列原因而終止

　　㈠所有信託資金已分配予受益人或已用於信託目的時，或

　　㈡由於無受益人，且依照信託條款，不問生存與否，無人能成為受益
　　　人時，或

　　㈢由於某人實施終止權。

三、於信託存續期間，准許之期限將至時（但受託人須保有足夠資產對可
　　能責任為合理準備），信託資金應由受託人依照信託資金此時如何分配
　　之信託條款儘可能迅速加以分配。但如無此種條款時，信託資金應由
　　受託人為委託人或其繼承人之利益享有。

四、在目的信託，如此等目的已儘可能完成或變成不能實現時，除信託期
　　間相同或被延展外，信託資金應由受託人為委託人或其繼承人之利益
　　享有。

附錄二　日本新信託法修正重點

日本信託法自 1922 年（大正 11 年）制定後，經八十年以上實質未受修正，為因應社會經濟發展與需要，於 2004 年全面修正，2005 年公布「信託法改正要綱試案」，經參採大眾意見後，於 2006 年（平成 18 年）由國會通過。新信託法修改之處極為繁多，且新增不少規定及制度，由於可能帶動或刺激我信託法之修正，故其動向值得注目。以下僅扼要介紹修正重點如次：

一、受託人權利義務之合理化與明確化

為使委託人及其他信託當事人可自由設計信託起見，新法將受託人之權利及義務任意法規化，包含

㈠受託人之權限除信託財產之管理或處分之外，又有為達成信託目的所必要行為之權限，但信託行為可對此權限加以限制（第 26 條）。

㈡受託人之義務中

1.將自己執行之義務大幅緩和，信託行為定有准許委託時，及信託行為雖無約定，但衡諸信託目的乃屬相當時，准許將信託事務委託第三人處理（第 28 條）。但受託人仍負選任適切之第三人，且為必要且適切之監督之義務等（第 35 條）。

2.受託人原則須負善良管理之注意義務，但信託行為可對此注意義務加重或減輕（第 29 條）。

3.除規定一般忠實義務（第 30 條）外，列舉利益相反行為之類型，原則上加以禁止，例外凡依信託行為所定被容許、及對受益人開示重要事實經其承認，及其行為為合理達成信託之目的，且顯然無害受益人之利益時，准許為利益相反之行為（第 31 條、第 32 條）。

4.關於分別管理義務，原則上就能登記或登錄之財產為信託之登記或登錄，在不能登記或登錄財產之中，動產以外形上能區別之狀態予以保管，其他財產計算上區別為已足，但信託行為另有訂定時，從其所定（第 34 條）。

受託人欠缺時被選任之信託財產管理人與受託人之職務代行人之權利義務（第 66-73 條）及信託終了時以後辦理受託人業務之清算受託人之權利義務（第 177-181 條）並加以強化。

二、受益人之利益與權利保護之強化

㈠列舉對雖依信託行為之規定仍不能限制受益人權利行使之權利，並明示此等規定為強行法規（第 92 條）。

㈡為了對受益人情報開示更為合理與有實效起見，

1.就信託財產及信託財產責任負擔債務之狀況，承認對受託人有請求報告之權利（第 36 條）。

2.對受託人於財產目錄之外，原則上課以作成借貸對照表及損益計算書等文件或電磁紀錄之義務，且須將其內容向受益人報告（第 37 條）。

3.此等書類或電磁紀錄自作成之日起須保存十年（同條）。

4.原則上准許閱覽，抄寫此等書類或電磁紀錄（第 38 條）

5.又在受益人二人以上之信託，對受託人原則上可請求開示其他受益人之姓名或名稱及住所，及其所有之受益權之內容（第 39 條）。

6.作為受託人違反權限行為之救濟手段，承認對處分行為之相對人行使撤銷權（第 27 條），作為受託人任務懈怠行為之救濟手段、承認損失填補請求權及原狀回復請求權（第 40 條）、充實受益人選任檢查人之申請權人之規範（第 46 條、第 47 條）。除此等事後救濟手段外，更創設對受託人違法行為之停止請求權，作為事前之救濟手段（第 44 條）。

7.在受益人複數之信託，一方課受託人公平義務（第 33 條），他方依信託行為所定複數受益人之意思決定可以多數決行之（第 105 條），採納受益人集會制度（第 106-122 條），對反對信託重要變更決議之受益人賦予受益權取得請求權，以謀保護（第 103 條）。

8.在受益人不特定或未存在之情形，舊信託法（第 8 條）雖亦承認選任信託管理人代受益人行使其權利（第 123 條），新法更設有關信託管理人之資格（第 124 條）、權限（第 125 條）、義務（第 126 條）、費用及報酬（第 127 條）、任務終了時之規律（第 128-130 條）之規定。同時由於新承認選

任信託監督人代受益人行使權利、監督受託人（第 131 條），而設有信託監督人之權利（第 132 條）義務（第 133 條）、任務終了時之規律（第 134–136 條）及資格、費用與報酬（第 137 條、第 124 條、第 127 條）之規定。又新承認選任受益人代理人，作為代理行使複數受益人權利之人（第 138 條），並就受益人代理人之權限（第 139 條）、義務（第 140 條）、任務終了時之規律（第 141–143 條）及資格、費用與報酬（第 144 條、第 124 條、第 127 條）加以規定。

　　9.一方充實有關受益權之讓與、設質、放棄之規定（第 93–99 條），同時就受益債權與信託債權之關係（第 101 條）及受益債權之消滅時效（第 102 條）予以闡明。

三、承認多樣信託利用型態

（一）擴大受益權有價證券化之範圍

　　將受益權有價證券化，從來限於投資信託及放款（貸付）信託等特別法才有規定，現准許信託行為預先訂定發行受益證券作為表示受益權之有價證券（受益證券發行信託）（第 185 條）。

（二）創設限定責任信託

　　在日本舊法之下，關於信託事務之交易所生之債務，原則上受託人以信託財產同時以自己固有財產負履行責任，即負無限責任。信託債務之債權人於受託人不履行債務時，可就信託財產及受託人之固有財產予以執行。受託人以自己固有財產清償信託債務時，雖可對信託財產有求償權，但如信託財產價值不足求償時，則其差額由受託人負擔。換言之，由受託人就信託債務補足其信用。

　　但在信託財產管理運用手法高度化，且土壤污染等情形，開始追究從前所未見之所有人責任之今日，受託人負擔信託財產之價值不足清償信託債務之風險愈益加重。

　　在此種情形下，就信託債務如不准以信託財產為限負履行之限定責任，則受託人對信託之承受將躊躇不前。故新法特創設限定責任信託制度，受託人只以信託財產就信託所有債務負履行責任（新信託法第 216 條）❶。

為保護信託債權人起見，限定責任信託除須將限定責任信託之約定登記為效力要件（第 216 條）外，尚須對交易之相對人表示為限定責任信託（第 219 條），而且課受託人作成會計帳簿等文件之義務（第 222 條）與對第三人負損害賠償責任，對受益人信託財產之給付亦定有給付限制（第 225 條）與對違反限制之填補責任（第 226 條）。

㈢創設信託宣言之制度，即委託人可以書面或電磁紀錄記載或記錄之方法，使委託人自己成為受託人之自己信託（第 3 條）。

㈣創設目的信託制度，所謂目的信託，乃受益人未定之信託。依通說，信託欲有效成立，受益人須於信託行為時特定與現存。故在日本舊信託法下，除了公益信託外，不准成立此種信託。惟因中間財團法人（既非公益目的，亦非分配盈餘予社員為目的之營利目的）之社員與目的信託之潛在受益人類似，且中間法人之活動目的不限於公益之目的，與目的信託相似，而法律既准許中間財團法人，若不承認目的信託，則法人與信託制度有失權衡。故此次日本信託法以明文對目的信託加以規範（新法第 258 條、第 259 條）。

此種目的信託包括兩種：

其一為實際受益人為無權利能力人之情形，例如飼養寵物為目的之信託，死後欲以自己居所作為紀念館加以管理為目的之信託，以及自己死後，為了故人與其親屬以墓地之管理或祭祀為目的之信託。另一種為信託目的不能認為公益之情形。例如以對發展特定企業有功之人發給獎勵金為目的之信託❷。

但考慮如信託期間過長可能阻礙財產之流通，故其有效期間不得超過二十年（第 259 條）。但須登記（同條），同時對交易相對人表示乃限定責任信託（第 219 條），受託人被課作成會計帳簿等義務（第 222 條）及對第三人負擔損害賠償責任（第 224 條），且規定對受益人給付信託財產，給付限制（第 225 條）又對違反限制之填補責任（第 226 條）。

---

❶ 新井誠，《信託法》（第三版），p. 384 以下。

❷ 新井誠，《信託法》（第三版），p. 400 以下。

㈤明示定有於委託人死亡時取得受益權之信託（遺囑代用信託）（第 90
條、第 148 條）及定有因受益人之死亡，他人取得受益權之信託（後繼遺
贈型受益人連續信託）為有效（第 91 條）。

㈥明示以擔保權作為信託財產之對象，以委託人為被擔保債權之債務
人，以受託人為擔保權人，受益人為被擔保債權之債權人之信託（第 21 條
第 1 項第 3 款、第 55 條）為有效。

四、創設信託破產制度

從來破產法不承認信託財產之破產，因信託財產並非法律上之權利主
體，信託財產可否有破產能力，不無問題。惟遺產雖非法律主體，但日本
破產法已特別承認其有破產能力，對信託財產似欠否認破產能力之根據。
由於日本新信託法已創設限定責任信託之新信託類型，故信託財產破產處
理手續之充實遂更形重要。何況即使一般信託，由於引進信託財產之破產
制度，可使信託債權人對風險易於管理，且可期待自信託財產以儘量有利
且公平之方式受清償。

尤其在新信託法下，在事業信託，信託可成為主體經營事業，利害關
係人多歧之情形，尤有其優點。又美國聯邦破產法已就 "business trust" 承
認破產適格（同法第 301 條、第 303 條、第 101 條(13)(41)）。

故新法不限於限定責任信託，而就信託一般創設破產制度，以破產作
為信託終了之原因之一（新法第 163 條第 7 款），此外，為了規範信託財產
之破產，對其破產法亦大幅配合修正❸。

五、創設信託之合併與分割之制度

所謂信託之合併乃將同一受託人所受託之複數信託之信託財產作為一
個新的信託之信託財產之謂。信託之合併有似公司之合併，例如將不同之
年金信託統合為一，加以運用，可提升信託之效率。

日本舊信託法並無信託合併之規定，應以何種手續進行，有欠明確。
新法特以明文加以規定（新信託法第 151–154 條）❹。

---

❸　新井誠，《信託法》（第三版），p. 392 以下。
❹　新井誠，《信託法》（第三版），p. 365 以下。

關於信託之分割，日本舊信託法並無有關規定，新法就其實施分割手續加以規範（新信託法第 155-162 條），以調整關係人之利害關係。新法下信託分割有二，一為「吸收信託分割」，另一為「新信託分割」❺。

六、其他主要修正

以上之外，修正詐害信託之要件與效果（第 11 條）、充實受託人複數情形之規範（第 79 條，民法第 87 條）、明示委託人得任意訂定權利範圍（第 145 條）、明示信託變更之自由（第 149 條）等。

七、此次信託法修正之立法形式，雖制定信託法之新法律等，但並不將舊信託法廢止，而改稱為「有關公益信託之法律」，刪除公益信託以外規定，使公益信託之規定更加完備，其概要如次：

㈠受益人未定信託之中，以公益為目的（公益信託），受託人非經主管官署准許不生效力，存續期間不限二十年（第 2 條）。

㈡公益信託由主管官署監督（第 3 條），主管官署得檢查事務處理，命必要之處分，受託人每年一回定期公告信託事務及財產狀況（第 4 條）。

㈢公益信託為變更、合併、分割前應經主管官署許可（第 6 條），如發生信託行為當時無法預見之特別情事時，主管官署得命變更（第 5 條）。

㈣公益信託之受託人有不得已事由為限，得經主管官署許可辭任（第 7 條）。

㈤目的信託屬於法院主管，在公益信託則屬於主管官署監督（第 8 條）。

㈥公益信託終了時，在未定歸屬權利人或歸屬權利人放棄其權利時，主管官署得按信託之本旨使信託為類似之目的而繼續（第 9 條）。

㈦主管官署得將其權限之全部或一部委任行政官署（第 10 條）。

㈧屬於主管官署之事由得將其全部或一部交都道府縣知事等執行機關處理（第 11 條）。

八、隨著信託法之施行，對相關法律（破產法、信託業法、附擔保公司債信託法、投資信託及投資法等）配合修正❻。

---

❺　新井誠，《信託法》（第三版），p. 368 以下。

❻　小野傑、深山雅也，《新しい信託法解說》，p. 3 以下。

附錄三　日本新信託法若干重要條文

＊宣言信託

第 3 條第 3 項

特定人表示按一定之目的，對自己所有之一定財產，應自為管理、處分或其他為達成該目的之必要行為，並於公證書及其他書面或電磁紀錄上載明該目的，特定該財產之必要事項及其他法務省令規定之事項者。

第 4 條第 3 項

一、以公證書或以經公證人認證之書面或電磁紀錄為之者，於該公證書等作成時生效。

二、以公證書等以外之書面或電磁紀錄為之者，則以附有確定日期之證書，將該信託之作成與信託內容通知被指定為受益人之第三人時生效。

＊信託之成立

第 4 條第 4 項

信託行為附有停止條件或始期時，於該停止條件成就或始期屆至時生效。

＊揭露義務

第 39 條第 1 項

受益人有二人以上者，受益人得請求受託人以適當方法揭露其他受益人之姓名或名稱與住所、其他受益人之受益權內容。

＊受益人對受託人行為之制止

第 44 條

一、受託人為違反社會或信託行為規定之行為，或有為該等行為之虞時，受益人得請求受託人停止該行為。

二、受託人有為違反公平執行義務之行為或有為此等行為之虞，有因此明顯發生損害之疑慮時，受益人得請求受託人停止該行為。

＊檢查人之選任

第 46 條

關於受託人信託事務之處理，有足以懷疑不正行為或違反法令或信託行為所定之重大事實時，受益人為調查信託事務處理之狀況、信託財產以及信託財產責任負擔債務之狀況，得聲請法院選任檢查人。

＊受託人任務終了之事由

第 56 條

受託人之任務除信託清算完結外，尚有：

一、受託人個人死亡。

二、受監護。

三、破產（中略）受託人受破產程式開始之決定。

四、法人受託人因合併以外理由而解散時。

五、辭任。

六、解任。

七、信託行為所定事由。

＊受益權之讓與性

第 93 條

受益人得讓與其受益權，但其性質不允許讓與者，不在此限。

＊受益權之設質

第 96 條

受益人得將其受益權設定質權，但其性質不允許設定者，不在此限。

＊受益權之放棄

第 99 條

受益人得向受託人為拋棄受益權之意思表示。

＊受益債權與信託債權之關係

第 101 條

受益債權之順位劣後於信託債權。

＊受益債權期間之限制

第 102 條

受益債權自得行使時起，經過二十年而消滅。

＊委託人地位之移轉

第 146 條

委託人之地位，得經受託人及受益人同意，或依信託行為中訂定之方法，移轉予第三人。

＊遺囑信託委託人之繼承人

第 147 條

遺囑信託，委託人之繼承人不因繼承而承繼委託人之地位，但信託行為另有訂定時，從其所定。

＊信託之變更

第 149 條

信託除信託行為另有訂定外，得經委託人、受託人及受益人間之合意，予以變更。

一、明顯未違反信託目的時，由受託人與受益人合意變更。

二、明顯未違反信託目的且符合受益人利益時，由受託人以書面或電磁紀錄為變更之意思表示。

三、明顯無損害受託人之利益時，由委託人與受益人為之。

四、明顯未違反信託目的且無損害受託人之利益時，由受益人為之。

＊信託之合併

第 151 條

信託除信託行為另有訂定外，得經原各信託之委託人、受託人及受益人間之合意，予以合併。

一、明顯未違反信託目的時，由受託人與受益人合意合併(應通知委託人)。

二、明顯未違反信託目的，且符合受益人之利益時，由受託人以書面或電磁紀錄為合併之意思表示，通知委託人與受益人。

＊信託之分割

第 155 條

信託得經委託人、受託人及受益人間合意為吸收分割。

第 159 條

信託得經委託人、受託人及受益人間合意為新設分割。

＊信託終了之事由

第 163 條

一、信託被合併時。

二、對信託財產作成破產程式開始之裁判時。

＊因特別情事命信託終了之裁判

第 165 條第 1 項

因信託行為當時無法預見之特別情事，對照信託目的及信託財產狀況與其他情事，終了信託明顯符合受益人之利益時，法院得因委託人、受託人或受益人之聲請，命令信託終了。

＊為公益由法院命信託終了之裁判

第 166 條

法院於下列情形，認為確保公益應不許信託存續時，得依法務大臣、委託人、受益人、信託債權人或其他利害關係人之聲請，命該信託終了。

一、基於不法之目的而為信託時。

二、受託人逾越法令或信託行為規定之權限，或有濫用之行為，或有牴觸刑罰法令之行為，雖經法務大臣之警告，仍繼續或反覆為該行為時。

＊信託財產之保全處分

第 169 條

法院於有第 166 條第 1 項聲請之情形，得依法務大臣、委託人、受益人、信託債權人或其他利害關係人之聲請，或依職權，於就同項聲請為決定前命由管理人管理信託財產之處分。亦得命其他必要之保全處分。

＊清算之開始原因

第 175 條

信託終了時（除（中間省略）外），應依本節規定進行清算。

第 176 條

信託即使於該信託終了之情形，於清算結束前仍視為存續。

主要參考文獻目錄

英　文

一、專　書

- Hayton, The Law of Trusts (4 ed.) (Sweet & Maxwell, 2003)
- The American Bar Association, Guide to Wills & Estates (Random House, 1995)
- Andersen, Gaubatz, Bloom & Solomon, Fundamentals of Trusts & Estates (Matthew Bender, 1996)
- Haskell, Preface to Wills, Trusts & Administration (2 ed.) (1994)
- Mclnnis, Trust Functions and Services (American Institute of Banking, 1971)
- Clarke, Jack W. Zalaha, August Zinsser III, The Trust Business (American Bankers Association, 1988)
- Rikoon, Managing Family Trusts (John Wiley & Sons, 1999)
- Martin M. Shenkman, The Complete Book of Trusts (2 ed.) (John Wiley & Sons, 1997)
- Henry W. Abts III, The Living Trust (Contemporary Books, 1989)
- Bogert, Oaks, Hansen, Neeleman, Cases and Text on the Law of Trusts (7 ed.) (Foundation Press, 2001)
- Oakley, The Modern Law of Trusts (16 ed.) (Sweet & Maxwell, 1994)
- Restatement of the Law Second, Trusts, 2d (American Law Institute, 1973)
- Esperti & Peterson, Loving Trust, The Smart, Flexible Alternative to Wills and Probate (Penguin Books, 1991)
- Perspective of Law, Essays for Austin Wakeman Scott (Little Brown, 1964)
- Ramjohn, Sourcebook on Law of Trusts (Cavendish Publishing Ltd., 1995)

- Pettit, Equity and the Law of Trusts (5 ed.) (Butterworths)
- Zabel, The Rich Die Richer and You Can Too (Willy & Inc., 1995)
- Bogert, Trusts & Trustees (West Publishing Co., 1965)
- Bogert, Trusts (Hornbook Series) (6 ed.) (West Publishing Co., 1987)
- Mennell, Wills and Trusts in a Nutshell (West Publishing Co., 1979)
- Scoles, Halbach, Link, Roberts, Problems and Materials on Decedents, Estate and Trusts (Aspen, 2000)
- Scott, The Law of Trusts (3 ed.) (Little Brown, 1967)
- Scott, Abridgment of the Law of Trusts (Little Brown, 1960)
- Underhill's Law of Trusts and Trustees (9 ed.) (Butterworths, 1939)
- McClintock on Equity (Hornbook Series) (2 ed.) (West Publishing Co., 1948)
- Bogert, Trusts and Trustees (2 ed.) (1960)
- Gerry W. Beyer, Wills, Trusts and Estates (2 ed.) (Aspen Law & Business, 2002)
- Dobris & Sterk, Ritchie, Alford & Effland, Estates and Trusts Cases and Materials (Foundation Press, 1998)
- Clifford & Jordan, Plan Your Estate (Nolo, 2000)
- Reutlinger, Wills, Trusts and Estates: Essential Terms and Concepts (Little Brown, 1993)
- Leimberg, et al., The New New Book of Trusts (Leimberg Associates, Inc., 2002)
- Gregor, Trust Basics—An Introduction to the Products & Services of the Trust Industry (American Bankers Association, 2003)
- Edwards & Stockwell, Trusts & Equity (3 ed) (Financial Times. Pitman Publishing, 1997)
- Hanbury, Modern Equity (7 ed.) (Stevens & Sons, 1957)
- Clarke, Zalaha & Zinsser, The Trust Business (American Bankers

Association, 1988)

二、期　刊

‧ Trusts & Estates

日　文

一、專　書

‧ 四宮和夫,《信託法》（新版）（有斐閣，1989）

‧ 松本崇,《信託法（特別法コンメンタール）》（第一法規，昭和47年）

‧ 三菱信託銀行研究會,《信託の法務と實務》（三訂版）（金融財政事情研究會，平成10年）

‧ 能見善久,《現代信託法》（有斐閣，2004）

‧ 海原文雄,《英米信託法概論》（有信堂，1998）

‧ 山田昭,《信託の話》（東洋經濟，1984）

‧ 田中實,《信託法入門》（有斐閣，1992）

‧ 田中實,《公益法人と公益信託》（勁草書房，昭和55年）

‧ 田中實、山田昭,《信託法》（學陽書房，1989）

‧ 鴻常夫,《商事信託法制》（有斐閣，1998）

‧ 道垣內弘人、大村敦志、滝澤昌彦,《信託取引と民法法理》（有斐閣，2003）

‧ 小林桂吉,《信託銀行讀本》（改訂新版）（金融財政事情研究會,昭和58年）

‧ ドノヴアン‧W. M. ウォーターズ著,新井誠編譯,《信託の昨日、今日、明日》（日本評論社，2000）

‧ G. W. キートン、L. A. シエリダ著,海原文雄、中野正俊監譯,《イギリス信託法》（有信堂，1988）

‧ 新井誠,《高齡化社會と信託》（有斐閣，1995）

‧ 新井誠,《信託法》（有斐閣，2002）

‧ 新井誠,《新信託法の基礎と運用》（日本評論社，2007）

‧ 知的財產研究所,《知的財產權の信託》（雄松堂，2004）

- 吳文炳,《信託論》(日本評論社，昭和 11 年)
- 《信託の實務》(經濟法令研究會，昭和 61 年)
- 《信託實務のコンサルタント》(經濟法令研究會，昭和 45 年)
- 細矢祐治,《信託經濟概論》(文雅堂，昭和 13 年)
- 細矢祐治,《信託法理と信託法制》(巖松堂，大正 15 年)
- 大阪谷公雄,《信託法の研究》(上下) (1991)
- 信託協會編,《信託實務講座》(全八卷) (有斐閣，昭和 37 年)
- 別冊 NBL 編集部,《信託法改正要剛試案と解説》(商事法務,平成 17 年)
- 新井誠,《信託法》(第三版) (有斐閣，2008)
- 小野傑、深山雅也,《新しい信託法解説》(三省堂，2007)
- 野村アセット投信研究所,《投資信託の法務と實務》(金融財政事情研究會，2002)

二、期　刊

- 《信託》
- 《信託法研究》

中　文

- 楊崇森,《信託與投資》(正中書局，民國 66 年)
- 朱柏松,《公有土地信託之研究》(行政院研考會，民國 87 年)
- 方嘉麟,《以比較法觀點論信託法制繼受之問題》(月旦出版，民國 83 年)
- 方嘉麟,《信託法之理論與實務》(元照，2003)
- 朱斯煌,《信託總論》(中華書局，民國 30 年)
- 史尚寬,《信託法論》(商務印書館，民國 61 年)
- 陳福雄,《信託原理》(華泰文化，2003)
- 於趾琴主編,《新金融商品大觀》(聯經，2003)
- 陳月珍,《信託業的經營與管理》(金融人員研訓中心，民國 85 年)
- 林隆昌,《信託、保險、節稅規劃》(永然文化，民國 92 年)
- 《我國信託業務未來發展方向之研究》(專題報告) (中央信託局，民國

78 年）

・溫俊富,《實用信託法》（正典出版文化有限公司，民國 96 年）

・謝哲勝,《信託法》（元照，2007）

・台灣金融研訓院,《信託實務》,（民國 95 年）

・台灣金融研訓院,《信託法制》,（民國 95 年）

・賴源河、王志誠,《現代信託法論》（五南圖書出版公司，民國 90 年）

・《法務部信託法研究制定資料彙編》（一、二、三冊）（法務部，民國 83 年）

專利法理論與應用　楊崇森／著

　　專利法同時涉及法律與技術層面，但坊間並無深入有系統之書籍，使讀者每以未能入門為苦。作者以其湛深學術素養與豐富行政經驗，針對專利法上各種問題，參考各國與國際公約之理論與現況，從不同角度加以深入析述，並佐以實例說明，理論與實務並重，深度與廣度兼顧，且不時提出獨特見解，使讀者對深奧之專利法理論與實際運作易於通曉，無論對學術界與實務界都是一本難得的好書。

商事法　劉渝生／著

　　本書採用教科書之形式編寫，其內容包括商業登記法、公司法、票據法、海商法、保險法及公平交易法六大部分。讀者在閱讀時，不妨參照相關法律條文逐次研讀，可使體系及內容更加明確。在各章節後附有問答題，可測知讀者了解程度。一般之問答題為參加國內考試應予加強重點所在，實例式之問答題則有助於將理論與實際融為一爐，讀者解答後，不但會有豁然貫通之感，且學習興趣亦能相對提高。

銀行法　金桐林／著

　　本書係作者根據實際從事銀行業務之體驗，將現行銀行法分十一章，條分縷析，逐一闡釋立法意旨及精義所在，更索引友邦國家之銀行法規及銀行制度以為參證；其他如相關之貨幣銀行學理論、主管機關依據銀行法制定之管理規章，與補充性、解釋性之規定，亦予以介紹。本書立論務期新穎，取材力求實用，可作為銀行從業人員之參考，大學商法科學子之補充，以及各界人士準備各類考試之最佳用書。